O PREÇO DE
TODAS AS COISAS

Eduardo Porter

O PREÇO DE TODAS AS COISAS
Por que pagamos o que pagamos

Tradução
Cássio de Arantes Leite

© Eduardo Porter, 2011
Todos os direitos reservados, incluindo o direito de reprodução integral ou parcial, em qualquer formato. Esta edição foi publicada mediante acordo com Portfolio, membro da Penguin Group (USA) Inc.

Todos os direitos desta edição reservados à
EDITORA OBJETIVA LTDA.
Rua Cosme Velho, 103
Rio de Janeiro – RJ – Cep: 22241-090
Tel.: (21) 2199-7824 – Fax: (21) 2199-7825
www.objetiva.com.br

Título original
The Price of Everything: Solving the Mystery of Why We Pay What We Do

Capa
Marcelo Pereira

Revisão
Tamara Sender
Michele Paiva
Cristiane Pacanowski

Editoração eletrônica
Filigrana

CIP-BRASIL. CATALOGAÇÃO-NA-FONTE
SINDICATO NACIONAL DOS EDITORES DE LIVROS, RJ
P879p

Porter, Eduardo
  O preço de todas as coisas : por que pagamos o que pagamos / Eduardo Porter ; tradução Cássio de Arantes Leite. - Rio de Janeiro : Objetiva, 2011.

  Tradução de: *The price of everything : solving the mystery of why we pay what we do*
  287p.   ISBN 978-85-390-0246-7

  1. Valor (Economia). 2. Valores. I. Título.

11-1907.   CDD: 338.521
                            CDU: 338.5

Para Gisele e Mateo

Sumário

INTRODUÇÃO
Os preços estão por toda parte
9

CAPÍTULO UM
O preço das coisas
21

CAPÍTULO DOIS
O preço da vida
44

CAPÍTULO TRÊS
O preço da felicidade
61

CAPÍTULO QUATRO
O preço das mulheres
79

CAPÍTULO CINCO
O preço do trabalho
106

CAPÍTULO SEIS
O preço do grátis
124

CAPÍTULO SETE
O preço da cultura
146

CAPÍTULO OITO
O preço da fé
167

CAPÍTULO NOVE
O preço do futuro
186

EPÍLOGO
Quando os preços falham
208

Agradecimentos
226

Notas
228

Índice
271

INTRODUÇÃO

Os preços estão por toda parte

QUALQUER UM QUE já tenha visitado um lixão em um país em desenvolvimento sabe que valor é um conceito ambíguo. Para a maioria das pessoas dos países desenvolvidos, o lixo doméstico não tem valor, claro. Por essa razão, o jogamos fora. Aparentemente, os noruegueses se dispõem a pagar cerca de 114 dólares a tonelada para que alguém separe seu material reciclável do lixo comum. Um estudo das famílias na Carter Community do Tennessee, realizado há vários anos, revelou que elas se dispunham a pagar 363 dólares por ano, em dinheiro atual, para evitar um aterro sanitário nas suas imediações.

Mas, se formos um pouco além de nossa experiência imediata, o lixo se torna um bem valioso. Em Kamboinsé, nos arredores de Ouagadougou, Burkina Faso, os fazendeiros pagam aos lixeiros municipais para jogar despejos sólidos não separados em suas plantações de sorgo e painço como fertilizante — pedaços de plástico inclusive. O preço corrente em 2003 era de quatrocentos francos por tonelada. Em Nova Déli, um estudo em 2002 verificou que catadores de lixo ganhavam duas rupias por quilo de garrafas PET e sete rupias por quilo de recipientes de xampu de plástico duro. Uma criança trabalhando a pé nos aterros sanitários de Déli podia fazer de vinte a trinta rupias por dia.

O lixo, de fato, nos confronta com a mesma proposição de valor de qualquer outra coisa. O preço que afixamos nele — o que negociaremos para tê-lo, ou para nos livrarmos dele — varia em função dos benefícios ou dos custos que o acompanham. Uma sacola cheia de garrafas PET de duas rupias é mais valiosa para uma criança indiana que não comeu hoje do que para mim, um jornalista bem alimentado em Nova York. O que ela tem de fazer para consegui-la — passar um dia revirando o lixão da capital da Índia, pondo a vida e a saúde em risco — não é, para ela, um preço alto demais a pagar, porque sua vida é praticamente a única coisa de que dispõe. Ela não tem muita escolha a não ser se arriscar por comida, roupa, abrigo e qualquer outra coisa de que necessite. Eu, por outro lado, tenho muitas coisas. Disponho de uma renda razoável. Se existe algo que tenho em pouca quantidade, é tempo livre. Os cinco centavos que posso conseguir por uma garrafa PET vazia no quiosque de reciclagem do supermercado não valem o trabalho de trocá-la.

O propósito dessa comparação não é enfatizar que os ricos têm mais oportunidades que os pobres. É mostrar que os pobres escolhem dentre suas opções do mesmo modo que os ricos, estimando os preços de suas alternativas. Os custos e os benefícios relativos dos caminhos abertos diante deles determinam o comportamento da menina indiana mais pobre e do adulto americano mais rico. Tais valores são moldados pelas oportunidades que eles têm e as restrições que enfrentam. O preço que colocamos nas coisas — o que vamos negociar por nossas vidas ou por nosso lixo — diz muito sobre quem somos nós.

O preço do lixo fornece uma diretriz para a civilização. A poluição tem menos valor nos países pobres. Seus cidadãos estão mais prontamente dispostos a aceitar a sujeira em troca do crescimento econômico. Porém, o preço relativo da poluição cresce à medida que as pessoas se tornam mais ricas. E no fim ela acaba ficando cara o bastante para ser capaz de alterar o caminho do desenvolvimento. A China é um lugar poluído. Contudo, subjacente a seu ar carregado e à sua água insalubre está uma escolha que pesa os custos de poluição em saúde debilitada, rios contaminados e assim por diante contra o custo de diminuição da produção ou a reequipagem das instalações para controlar os resíduos. É uma escolha diferente da que a Suíça precisa fazer, pois é um país onde a preservação dos recursos ambientais — conservar a pureza do ar, das árvores, da fauna selvagem — é considerada mais valiosa do que prover trabalho nas fábricas aos agricultores desempregados. O número de suíços que são membros de organizações ambientais é o dobro do de chineses. Mais de um terço da população suíça acredita que a poluição ambiental é o problema mais importante enfrentado pela nação; apenas 16% dos chineses acham a mesma coisa.

Mas à medida que a China cresce, o preço de se construir mais uma usina de energia alimentada a carvão, medido em termos de sua contribuição para a chuva ácida, o aquecimento global e tudo o mais, irá um dia exceder o valor que os chineses atribuem à produção extra. À medida que continua a crescer, provavelmente passará das indústrias mais perniciosas, como siderurgia e química, para setores menos poluidores, como serviços médicos e financeiros. Um dia, talvez, ela até compre seu aço e seus produtos químicos de países mais pobres com maior tolerância à degradação da água e do ar. Em outras palavras, irá se comportar de um modo mais semelhante à Suíça e aos Estados Unidos. Um estudo concluiu que as emissões de dióxido de enxofre atingem seu pico quando a renda per capita de um país gira em torno de 8.900 a 10.500 dólares. Nos Estados Unidos, as emissões de dióxido de enxofre subiam vertiginosamente até a aprovação da Clean Air Act (Lei do Ar Puro), em 1970. Desde então, as emissões caíram pela metade.

EIS AQUI O argumento central deste livro: toda escolha que fazemos é moldada pelos preços das opções que se apresentam diante de nós — o que calculamos como sendo seus custos relativos — pesadas em relação aos seus benefícios. Às vezes, as trocas são transparentes e diretas — como, por exemplo, quando escolhemos a cerveja que está em promoção em detrimento de nossa marca favorita. Mas a menina que vasculha o lixão na Índia talvez não tenha consciência da natureza de sua transação. Saber onde procurar pelos preços que governam nossas vidas — e compreender a influência de nossas ações nos preços dispostos diante de nós — não vai apenas ajudar a estimar melhor nossas decisões. Os preços que se apresentam diante de nós enquanto indivíduos e sociedades — o modo como nos levam a agir, a maneira como se alteram conforme seguimos um ou outro caminho — fornecem uma perspectiva privilegiada do desenrolar da história.

Há quase duas décadas, quando era economista-chefe do Banco Mundial, Lawrence Summers, ex-conselheiro econômico principal do presidente Barack Obama, assinou seu nome em um memorando sugerindo que faria sentido os países ricos exportarem seu lixo para os países pobres. Como os salários são mais baixos nos países pobres, afirmava, sofreriam menos perdas se os trabalhadores ficassem doentes ou morressem. "Creio que a lógica econômica por trás do despejo de lixo tóxico nos países de salários mais baixos é impecável e deveríamos enfrentar a questão", dizia o documento. Além do mais, a poluição era menos importante em um país pobre com outros problemas: "A preocupação com um agente que causa uma alteração de um em um milhão nas probabilidades do câncer de próstata será obviamente muito mais elevada em um país onde as pessoas sobrevivem para ter câncer de próstata do que em um país onde a taxa de mortalidade entre crianças abaixo dos 5 anos é de duzentas a cada mil."

Tendo vazado alguns meses antes da Conferência das Nações Unidas sobre Meio Ambiente e Desenvolvimento (a ECO-92), no Rio de Janeiro, o memorando confirmou para os críticos que o Banco Mundial considerava os países pobres lixões. O raciocínio é "perfeitamente lógico, mas totalmente insano", escreveu o falecido José Lutzenberger, o então ministro brasileiro do Meio Ambiente, em uma carta a Summers. Furioso, o vice-presidente Al Gore sabotou a chance de Summers se tornar presidente do Conselho de Assessores Econômicos do então presidente Bill Clinton. Summers pediu desculpas, explicando que o documento era uma tentativa de oferecer um "contraponto sarcástico" para aprofundar o pensamento analítico sobre o comércio de lixo.

Lutzenberger tinha razão. Os salários não são o único ponto de referência do valor das pessoas. O preço de lidar com lixo em países pobres em geral é zero não porque seus cidadãos não estão nem aí para a poluição, mas porque seus governos não executam leis relativas à emissão de poluentes. Mas Summers também não estava totalmente errado: em países mais pobres, um meio ambiente despoluído é menos valioso do que outras coisas que são mais abundantes em nações mais ricas — escolas, por exemplo. Muitas nações em desenvolvimento agiriam mais de acordo com seus interesses negociando lixo pela chance de construir mais uma escola.

O PREÇO DE CRUZAR FRONTEIRAS

A maioria de nós pensa em preços no contexto de sair para fazer compras. No mercado, os preços racionam o que consumimos, determinando como alocamos recursos entre nossas diversas necessidades. Eles nos lembram de estabelecer prioridades dentro dos limites de nossos orçamentos. Assim como os preços orientam nossos padrões de compra, eles orientam as decisões das empresas que fabricam o que compramos, possibilitando-lhes ir ao encontro da nossa demanda com seu fornecimento. É assim que os mercados organizam uma economia capitalista.

Mas os preços estão por toda parte, não apenas afixados às coisas que compramos em uma loja. Em cada encruzilhada, os preços nos empurram para tomar um curso de ação ou outro. De certa forma, isso é óbvio: toda decisão corresponde a uma escolha entre opções às quais atribuímos diferentes valores. Mas identificar esses preços nos permite compreender mais plenamente nossas decisões. Elas podem ser medidas em poder de compra, dinheiro vivo ou crédito. Mas custos e benefícios também podem ser determinados em função de amor, trabalho ou tempo. Nossa moeda corrente mais importante é, de fato, a oportunidade. O custo de tomar uma dada ação ou adotar um dado caminho consiste das alternativas que estavam disponíveis para nós no momento. O preço de uma fatia de pizza de cinco dólares é todas as outras coisas que poderíamos ter feito com os cinco dólares. O preço do casamento inclui todas as coisas que poderíamos ter feito se tivéssemos continuado solteiros. Um belo dia sucumbimos à sedução do amor e do companheirismo. Anos mais tarde, nos perguntamos o que diabos aconteceu com a liberdade que negociamos lá no altar. Os economistas chamam isso de "custo de oportunidade". Mediante a avaliação dos custos de oportunidade, organizamos nossas vidas.

Só por ter nascido, a menina catadora de lixo em Déli precisou superar a tendenciosidade arraigada nos pais indianos contra garotas — o que tem levado à disseminação de abortos de fetos femininos. O censo indiano de 2001 registrou 927 garotas com a idade de 6 anos ou menos para mil meninos. Isso se aproxima das 1.026 garotas para mil meninos no Brasil e 1.029 nos Estados Unidos. A tendenciosidade deve-se a uma análise profundamente desfavorável de custo-benefício: enquanto meninos estão destinados a ficar com a propriedade familiar e cuidar dos pais na velhice, as filhas precisam conseguir um casamento, o que requer um oneroso dote. Para restabelecer o equilíbrio de incentivos, governos regionais por toda a Índia têm feito experimentos com programas antipobreza voltados a aumentar a predisposição dos pais a ter filhas mulheres. Em 2008, Déli lançou um programa para depositar 10 mil rupias na conta de meninas recém-nascidas em famílias pobres — fazendo depósito subsequentes à medida que elas progridem na escola. O objetivo é construir um mecanismo de amparo pecuniário para que elas se casem ou tenham educação superior. Um programa de seguridade social lançado em 2006 em Haryana paga a pais que têm apenas filhas mulheres quinhentas rupias por mês, entre a idade de 45 e a idade de 60 anos, quando é substituído pela pensão pública geral.

OS PREÇOS ESTÃO POR TODA PARTE

LEMBRO-ME DE UMA conversa que tive há alguns anos com um imigrante ilegal em Stockton, Califórnia. Eu trabalhava no *Wall Street Journal* escrevendo sobre a população hispânica dos Estados Unidos. O imigrante me instruía a respeito dos méritos relativos de atravessar seus dois filhos clandestinamente do México *por el monte* — uma penosa caminhada através do deserto — ou *por la línea*, passando pelo posto de controle oficial usando documentos falsos. A escolha era dura. Ele não devia ganhar mais do que oito ou nove dólares por hora colhendo aspargos, cerejas e tudo o mais que era cultivado no vale californiano de San Joaquin. Ele teria de pagar cerca de 1.500 dólares por cabeça para um "coyote" conduzir seus filhos pelo deserto. Calculava, porém, que conseguir um falsificador de documentos para fazer com que passassem pelo posto de controle da fronteira lhe custaria cerca de 5 mil dólares por filho. A conversa lançou uma fria luz sobre o tipo de análise implacável de custo-benefício que governa a vida das pessoas.

Ao longo da última década e meia, o orçamento da Patrulha de Fronteira cresceu aproximadamente cinco vezes. As taxas médias dos "coyote" cresceram nesse mesmo patamar, chegando a 2.600 dólares em 2008. Contudo, o preço que cresceu mais acentuadamente é mensurado segundo as probabilidades de perecer no caminho, visto que uma travessia de fronteira que costumava levar menos de um dia em torno de San Diego se tornou uma jornada de três a quatro dias através do deserto do Arizona, evitando ladrões e a Patrulha da Fronteira, carregando galões de água. Em 1994, 24 migrantes morreram tentando atravessar a fronteira. Em 2008, o número de mortos foi de 725. O cálculo do imigrante com quem conversei foi bastante direto. Para trazer seus filhos para os Estados Unidos por um posto de controle, ele teria de trabalhar mais tempo para conseguir o dinheiro da travessia. Mas isso reduziria o risco de seus filhos morrerem no meio do caminho.

O debate entre americanos sobre imigração ilegal é em si mesmo uma discussão sobre preços. Os críticos afirmam que imigrantes ilegais reduzem o valor da mão de obra nativa oferecendo-se para fazer os serviços por menos. Eles argumentam que os imigrantes impõem um fardo sobre os moradores locais quando utilizam os serviços públicos, como educação para seus filhos e assistência médica emergencial.

Esses argumentos são mais fracos do que parecem. A maioria dos imigrantes ilegais ocupa o mercado de trabalho usando identidades falsas, e os impostos são retidos em seus contracheques como os de qualquer outro trabalhador. Eles não podem usufruir dos benefícios da maioria dos programas de governo. E há evidência insuficiente de que os imigrantes derrubam os salários dos trabalhadores americanos. Algumas indústrias só existem graças à barata mão de obra imigrante — a indústria agrícola da Califórnia nos vem à mente. Eliminem-se os imigrantes, e os empregos nas fazendas também desaparecerão, junto com uma variedade de trabalhos que vai do campo às linhas de empacotamento. Se isso acontecesse, importaríamos aspargos e morangos.

Imigrantes ilegais de fato afetam os preços nos Estados Unidos. Um estudo calculou que o pico na imigração vivido entre 1980 e 2000 reduziu em mais de 9% o preço médio de serviços como empregadas domésticas ou jardineiros, sobretudo porque os imigrantes trabalhavam por menos. Mesmo assim, o impacto disso sobre os salários locais foi desprezível, porque imigrantes ilegais pobres competem no mercado de trabalho com outros imigrantes ilegais pobres.

A política em relação à imigração sempre foi determinada por quem arca com seus custos e quem extrai seus benefícios. Imigrantes ilegais são tolerados pelo sistema político porque sua mão de obra barata é útil para os agronegócios e outras indústrias. Ela provê as americanas de classe média com babás a preços acessíveis. Isso sugere que os pronunciamentos do governo sobre a questão são apenas da boca para fora e que provavelmente não muita coisa será feita. A criação de uma via legal para que imigrantes ilegais trabalhassem nos Estados Unidos seria politicamente arriscada e forneceria um grande incentivo para novos influxos ilegais. Por outro lado, interromper a imigração ilegal totalmente seria algo de custos proibitivos. O status quo é confortável demais para que uma reformulação dessas seja aceita.

O vaivém da maré imigratória continuará a ser determinado por imigrantes potenciais avaliando a perspectiva de um trabalho de salário mínimo — talvez um primeiro degrau na escada da prosperidade — contra os custos impostos pela brutal fronteira. O preço ocasionalmente poderá ser alto demais. Quando o desemprego atingiu um pico após a crise financeira de 2008, muitos imigrantes potenciais decidiram permanecer em casa. O Departamento de Segurança Interna estima que a população imigrante ilegal caiu por volta de um milhão de seu auge em 2007 para 10,8 milhões em 2009. Mas isso se mostrará não mais do que um brevíssimo interlúdio na tendência histórica mais ampla.

OS PREÇOS MANDAM

Considerando a capacidade que os preços têm de moldar as escolhas das pessoas, é um tanto surpreendente que os governos não os utilizem com mais frequência para conduzir o comportamento de seus cidadãos. Por exemplo, campanhas de saúde pública podem ser um bom jeito de educar as pessoas sobre os riscos de determinados comportamentos, como fumar ou usar drogas. Mas nem se aproximam da eficácia dos preços quando se trata de fazer as pessoas pararem. Quatro décadas após o presidente Nixon ter lançado seu programa de "Guerra contra as Drogas", seu uso permanece obstinadamente popularizado. Entre 1988 e 2009, a parcela de alunos do último ano do ensino médio que admitiam ter usado drogas no mês anterior cresceu de 16% para 23%. A parcela de adolescentes que haviam fumado um cigarro no mesmo período caiu de 28% para 20%.

Isso é um paradoxo. Embora seja ilegal menores comprarem cigarros, os adultos podem adquiri-los facilmente. Drogas, por outro lado, são ilegais para todo mundo. Ser pego com uma quantidade mínima de cocaína no estado de Illinois pode levar de um a três anos de prisão. Entretanto, a diferença é menos paradoxal se considerarmos como o preço desses vícios evoluiu. Uma bateria de impostos municipais, estaduais e federais praticamente dobrou o preço de um maço de cigarros desde 1990 para cerca de 5,20 dólares em média. No dia 1º de julho de 2010, o preço mínimo de um maço de cigarros em Nova York subiu de 1,60 dólar para 10,80 dólares — dos quais 7,5 dólares são de impostos. Por outro lado, o preço de revenda de um grama de cocaína nas ruas de Nova York era de 101 dólares em 2007, cerca de 27% a menos do que em 1991. O preço da heroína desabou em 41%, para 320 dólares o grama. Preços em queda refletem o fracasso das políticas de deter o fornecimento de substâncias ilegais para o mercado americano. Mas sugerem também uma potencial solução: a um preço suficientemente alto, os adolescentes deixariam de pagar. Comparada à malograda guerra contra as drogas, a legalização, regulação e taxação das drogas pode ser o caminho mais eficaz para restringir o uso.

Consideremos o que poderia ser conseguido se ajustássemos o preço da gasolina. Nos Estados Unidos, a gasolina barata permitiu às pessoas se mudarem para casas maiores mais longe do trabalho, da escola e das compras. Apenas na última década ou algo assim, o trajeto casa-trabalho médio dos americanos subiu de 15 para 18 quilômetros. A residência típica cresceu de 162,6 metros quadrados para 167,9 metros quadrados.

A Europa raramente se espraiou de modo similar. Suas cidades ficaram restringidas pela história. Elas foram construídas há centenas de anos, quando se locomover por longas distâncias custava muito tempo e esforço. Durante a Revolução Francesa, o rei Luís XVI levou 21 horas para fugir pelos 240 quilômetros que separavam Paris de Varennes. O espraiamento moderno foi contido pela taxação da gasolina. Os europeus pagam de duas a três vezes mais do que os americanos pelo combustível. Isso explica em parte por que Houston, no Texas, abriga aproximadamente a mesma população da cidade portuária alemã de Hamburgo, mas 2.500 pessoas a menos por milha quadrada.

Com todas as diferenças de formação que possam existir entre as cidades americanas e as europeias ocidentais, ambas são notavelmente diferentes do desenvolvimento no bloco soviético, onde os preços de mercado exerceram pouco ou nenhum papel na alocação da terra. Setenta anos de distribuição arbitrária feita pela burocracia comunista produziram um cenário urbano pontilhado de velhas fábricas decrépitas em áreas privilegiadas no centro da cidade, ao passo que as zonas residenciais apresentam-se mais densas longe do centro, nos anéis de prédios de apartamento das eras de Stalin, Khrushchev e Brezhnev.

Um estudo dos especialistas em financiamento residencial e planejamento urbano do Banco Mundial após o colapso da União Soviética detectou que 31,5% da área construída em Moscou era ocupada por indústrias, comparado a 6% em Seul e 5% em Hong Kong e Paris. Em Paris, onde as pessoas pagam um preço extra para morar perto das facilidades do centro, a densidade populacional atinge o ponto máximo a cerca de 3 quilômetros do centro da cidade. Em Moscou, essa marca fica a 15 quilômetros de distância.

Os preços dão sentido a inúmeras dinâmicas díspares no curso da história humana. Os progressos na tecnologia do transporte que reduziram o custo da distância possibilitaram a primeira grande onda de globalização econômica no século XIX. A pandemia de obesidade estava fadada a acontecer quando corpos projetados para sobreviver em um ambiente de comida escassa passaram a se empanturrar assim que se viram cercados de calorias baratas e abundantes no mundo criado pela tecnologia moderna.

Há poucos modos de compreender melhor o poder dos preços do que visitar lugares onde não lhes é permitido exercer sua função. Durante uma viagem para Santiago de Cuba, há alguns anos, fiz um tour pela cidade com uma mulher de aparência miserável que, para minha surpresa, se revelou ser pediatra do principal hospital da cidade. Ela me lembrava um pouco uma bruxa — fibrosa e magra como um caniço. Sua boca perdera dois dentes da frente. Ela me contou que os havia perdido durante o surto de desnutrição que assolou a ilha após o colapso soviético em 1991, quando os recursos econômicos vitais que eram transferidos para a ilha foram interrompidos. A médica possuía um Lada caindo aos pedaços. Era muito inteligente. No entanto, em tudo o mais, não parecia muito diferente de qualquer menor abandonado, vivendo do mercado negro no limite da sobrevivência, oferecendo tanto seus serviços de guia em seu carro como uma caixa de cigarros caída da traseira de um caminhão. Ela me cobrou dez dólares para rodar pela cidade o dia todo. Não pude deixar de me perguntar como era possível que as decisões coletivas que haviam moldado as perspectivas de Cuba na época podiam levar uma pediatra a achar aquilo um plano que valesse a pena.

QUANDO OS PREÇOS SAEM PELA CULATRA

Como tudo o que é poderoso, os preços devem ser manuseados com cuidado. Experimentos com ajustes podem produzir consequências inesperadas. Preocupado com as baixas taxas de natalidade, em maio de 2004 o governo australiano anunciou que pagaria um "*baby bonus*" de 3 mil dólares australianos para crianças nascidas a partir do dia 1º de julho. A reação foi imediata. Mães que já esperavam filhos próximos a essa data adiaram as cesarianas que estavam programadas e fizeram de tudo para não parir antes dela. Os nascimentos caíram por todo o mês de junho. E no dia 1º de julho a Austrália presenciou mais partos do que em qualquer outra data nas três décadas precedentes.

Criar impostos para as famílias baseando-se no número de janelas em suas casas deve ter parecido uma boa ideia quando o rei William III introduziu o imposto sobre janelas na Inglaterra em 1696. Residências com dez janelas ou mais pagavam dois xelins. Casas com dez a vinte janelas pagavam quatro xelins, e as com mais de vinte pagavam oito.

O imposto era lógico. Por serem fáceis de contar, as janelas facilitariam a arrecadação. Parecia ótimo: era de se esperar que gente rica tivesse casas maiores com mais janelas, e assim pagasse mais. E isso contornava o problema da intensa hostilidade das pessoas contra um imposto sobre a renda. Mas o rei não contou com a reação das pessoas. Elas bloquearam janelas em suas casas para pagar menos. Hoje, janelas bloqueadas em Edimburgo são conhecidas como Pitt's Pictures, "quadros de Pitt", por causa de William Pitt, que implementou o imposto na Escócia em 1784.

Ações aparentemente modestas podem repercutir pela sociedade alterando, ainda que apenas levemente, as avaliações das pessoas sobre os custos e os benefícios. Esse é o caso do limite de velocidade de 55 milhas por hora (88,5 km/h) aplicado nos Estados Unidos como um modo de poupar gasolina na esteira da primeira crise do petróleo, quando os países árabes decretaram um embargo de petróleo em reação à decisão norte-americana de reabastecer o exército israelense após a Guerra do Yom Kippur.

Poupar combustível era um objetivo razoável na época. A estratégia, contudo, fracassou inapelavelmente porque ignorou o valor do tempo dos motoristas. Com o novo limite legal, um trajeto de 70 milhas (112,6 quilômetros) levava cerca de uma hora e 16 minutos — 16 minutos a mais do que a 70 mph (112,6 km/h). Considerando que o salário médio de um operário em 1974 girava em torno de 4,30 dólares a hora, esses 16 minutos para fazer o trajeto de ida e volta entre casa e trabalho custava ao trabalhador típico cerca de 1,15 dólar.

Em 1974, um galão de gasolina com chumbo custava 53 centavos de dólar. Se quisesse deixar elas por elas, o motorista médio precisaria poupar 2,17 galões por viagem. Para que isso acontecesse teria sido necessário um grande salto na economia de combustível: uma melhoria de 22% na eficiência de consumo de um Chevy Suburban, por exemplo, ou o dobro da eficiência de consumo de um Honda Civic. Claro que a redução do limite de velocidade não atingia esse patamar. Então os motoristas ignoraram a nova lei.

Em 1984, os motoristas que percorriam as rodovias interestaduais em Nova York desrespeitaram o limite de 55 mph 83% das vezes. Eles desembolsaram de cinquenta a trezentos **dólares** para comprar rádios CB (banda do cidadão) a fim de advertir uns aos outros sobre policiais nas imediações. Entre 1966 e 1973, houve cerca de 800 mil licenças de CB emitidas pela Federal Communications Commission (Comissão Federal de Comunicações). Em 1977, havia 12,25 milhões de CBs na estrada. Os policiais então reagiram, instalando radares. Os motoristas reagiram com detectores de radar. Alguns estados votaram leis que consideravam ilegais os detectores de radar. Duvido que o Congresso dos Estados Unidos esperasse essa cadeia de acontecimentos quando aprovou a Emergency Highway Energy Conservation Act (lei nacional do limite de velocidade) em 1974. Em 1987, o Congresso aumentou o limite máximo de velocidade para 65 mph e em 1995 revogou completamente o limite de velocidade em âmbito federal.

AONDE OS PREÇOS NOS LEVARÃO?

Arquimedes de Siracusa, o grande matemático do século III a.C., disse que para mover o mundo só precisava de uma alavanca, um ponto de apoio e um lugar firme para pisar. Mover as pessoas exige um preço. O número de casamentos caiu não devido a mudanças nos costumes, mas à elevação do preço, medido em termos do sacrifício que acarretam. Temos menos filhos porque são mais dispendiosos. Os economistas sugerem que a Igreja Católica vem perdendo adeptos não porque as pessoas pararam de acreditar em Deus, mas porque fazer parte dela se tornou barato demais comparado ao cristianismo evangélico, que exige um maior investimento de seus membros e desse modo inspira mais lealdade.

O preço de todas as coisas vai nos levar para a loja, onde descobriremos como as etiquetas de preço operam em nossa psicologia, sutilmente nos incitando a comprar. Mas vamos nos aventurar além das transações comerciais cotidianas, para investigar de que modo outros preços afetam o modo como as pessoas vivem. Em muitas culturas, os maridos pagam por inúmeras esposas para acumular o maior número possível e aumentar seu sucesso reprodutivo. Em outras, os pais abortam fetos femininos para evitar o custo em que incorreriam se tivessem de casar suas filhas mulheres. Muitos comportamentos que pomos na conta da "mudança cultural" surgem, de fato, quando adaptamos nossos orçamentos às mudanças de preço. Vamos ponderar sobre o motivo de os patrões pagarem aos trabalhadores em vez de escravizá-los. Vamos discutir por que acontece de, à medida que cresce nossa riqueza pessoal, o bem cujo valor mais aumenta é nosso escasso tempo livre. E vamos descobrir que, a despeito de nos aferrarmos à ideia de que a vida humana não tem preço, muitas vezes atribuímos um preço um tanto baixo a nossas vidas.

E vamos descobrir que os preços também podem nos conduzir pelo rumo errado. Ainda não sabemos quanto iremos pagar, como civilização, pelas distorções econômicas causadas pela espiral ascendente no preço dos lares americanos entre 2000 e 2006. Daqui a cem anos, a gasolina barata do século XX talvez passe a ser vista como a causa de um dano ambiental incalculável. Os preços também podem ser perigosos.

CAPÍTULO UM

O preço das coisas

DAS VÁRIAS COISAS que não consigo entender completamente em minha vida, uma é por que eu pago o que pago por uma xícara de café. Sou um bebedor de café razoavelmente inveterado — fiquei assim quando deixei de fumar pela primeira vez, para preencher o espaço deixado por meu vício anterior. Desde então, isso se tornou minha fonte primária de sustento: meu café da manhã, meu almoço e mitigador de compulsões entre uma coisa e outra.

Inúmeras possibilidades se apresentam em meu caminho quando faço o trajeto casa-trabalho e vice-versa todos os dias. Tem um Dunkin' Donuts do outro lado da rua onde eu trabalho, que oferece um cappuccino por 3,02 dólares, e o espresso Illy em meu próprio prédio, no 14º andar, um acima do meu escritório, que serve cappuccino por 3,50 dólares. A Dean & DeLuca que abriu no saguão do prédio vende um cappuccino demorado mas muito saboroso por 3,27 dólares.

Ao longo dos últimos anos, gravitei de um modo mais ou menos aleatório de fornecedor em fornecedor. Embora isso possa parecer algo trivial, acho intrigante meu gosto volúvel. Minha escolha de café deveria ser em função do valor que obtenho pelo meu dinheiro. Mas a equação não é óbvia. Eu deveria mesmo notar as pequenas diferenças de preço, quantias ínfimas se comparadas com a renda de que disponho? O que mais, além da qualidade da infusão, entra nos meus cálculos? Minha mudança de Dunkin' para Illy provavelmente tinha menos a ver com o preço, ou sabor, do que com o reluzente aço escovado da Illy, definitivamente um passo além da estética cor de laranja e rosa de gordura saturada da Dunkin' Donuts. A Illy também oferecia a oportunidade de interessantes interações sociais dos encontros fortuitos com antigos colegas de outros andares.

O mais intrigante de tudo, há um viés inegavelmente emocional em minhas preferências, que de vez em quando pode constituir um trunfo sobre qualquer outra consideração. O melhor café que tomei em muito tempo vem da minúscula lojinha de tortas da esquina, a meia quadra de minha casa. O lugar costumava vender um cappuccino soberbo pelo preço inacreditável de 2,75 dólares. Eu parava para tomar uma xícara sempre que podia. Então, um ou dois anos atrás, o preço de repente subiu para 3,50. Isso me deixou tão furioso que decidi nunca mais tomar café naquele lugar.

Não estou muito certo do motivo pelo qual fiquei tão nervoso. O amigável barista ofereceu explicações: estavam mudando para um café premium que custava aproximadamente quatro dólares cada 100 gramas; as novas xícaras eram maiores; estavam servindo uma dosagem dobrada — 15 gramas de café por xícara. Talvez eu tivesse ficado decepcionado por ver uma pechincha se evaporar. Talvez fosse a sensação de traição por descobrir que os jovens indies descolados da lojinha de tortas da esquina podiam traçar estratégias de preço tão implacáveis quanto a Starbucks. Resmunguei que aluguel, salários e lucro compõem uma parcela maior do preço de uma xícara de café que o custo do café que vai ali dentro. Mesmo assim, minha raiva não fazia sentido. O café deles não custava muito mais do que o café que eu comprava em qualquer outro lugar. E o sabor era muito melhor. Havia algo de irracional no boicote. Felizmente, eu os perdoei. Assim, voltei a tomar café da melhor qualidade.

A AQUISIÇÃO DE bens e serviços compõe grande parte da vida moderna. Há comida, roupas, ingressos de cinema, férias de verão, contas de luz e água, bonificação do seguro hipotecário, combustível, downloads de iTunes, corte de cabelo etc. O mercado é o lugar em que os preços adquirem sua definição mais direta, determinada por uma transação voluntária entre um comprador e um vendedor que espera se beneficiar do negócio. Porém, a despeito da natureza rotineira da transação mercantil padrão, as interações entre os consumidores e os preços são razoavelmente complexas. Este capítulo é sobre essa interação econômica, o tango dançado por compradores e vendedores à medida que lutam para chegar a um acordo.

Economistas tendem a presumir que as pessoas sabem o que estão fazendo quando abrem suas carteiras. Que elas são capazes de estimar o benefício que irão extrair de seja lá o que estiverem comprando e sabem dizer se aquilo vale o seu dinheiro. É difícil exagerar a importância dessa suposição. Esse é um dos princípios fundamentais sobre os quais a economia clássica foi erigida ao longo dos últimos 250 anos. Em geral é verdade, e já rendeu conclusões profundas e abrangentes sobre o comportamento humano.

Mas, como princípio geral, a suposição é enganadora de um modo sutil porém importante. Os mercados talvez sejam a mais eficaz instituição conhecida da humanidade para determinar o valor de bens e serviços para as pessoas que os consomem. Mesmo assim, o processo de estabelecimento de preço não é de forma alguma uma interação transparente e direta entre calculadores racionais e oniscientes dos custos e benefícios. Isso porque as transações de mercado não necessariamente suprem as pessoas com o que elas querem, mas sim com o que elas acham que querem. Essas duas coisas não são o mesmo. Os consumidores muitas vezes não têm senão uma percepção muito tênue do motivo pelo qual pagam o que pagam por um determinado objeto de seu desejo. Às vezes, não fazem a menor ideia do motivo pelo qual o objeto é desejável. Movidos por um sem-número de propensões não admitidas conscientemente, constituem presa fácil de mecanismos manipulativos empregados por aqueles que querem lhes vender coisas.

Os preços nos ajudam a preencher essa lacuna cognitiva. Fornecem um mapa rodoviário das idiossincrasias psicológicas das pessoas, de seus medos, suas restrições não assumidas. Os preços — como são fixados, como as pessoas reagem a eles — podem nos dizer quem elas de fato são.

A maioria de nós já ouviu falar do efeito placebo — em que um comprimido sem qualquer propriedade terapêutica alivia um mal real fazendo-nos acreditar que estamos sendo curados, pondo em ação algum processo psicológico interno. Há alguns anos, o psicólogo Dan Ariely, do Massachusetts Institute of Technology, o MIT, e alguns colegas seus realizaram um experimento que revelou uma variante interessante. Disseram a um grupo de alunos que eles iam experimentar um novo tipo de analgésico, mas eles receberam um placebo, em vez disso. Então os pesquisadores inventaram um preço para o placebo. Os indivíduos informados de que a pílula custava 2,50 dólares relataram uma redução da dor muito mais eficaz do que os que foram informados de que os comprimidos haviam custado uma ninharia, com o preço a granel de dez centavos.

Considere uma dançarina erótica. Luxúria é uma explicação razoável para a popularidade do serviço, quase o mais próximo que se pode chegar legalmente de pagar por sexo fora do estado de Nevada. Porém, aparentemente, há gradações ocultas de desejo que modulam nossa predisposição a pagar. Em uma exploração da cena dos "clubes para cavalheiros", psicólogos da Universidade do Novo México descobriram que dançarinas eróticas que não estavam tomando pílula conseguiam mais dinheiro na fase mais fértil de seu ciclo menstrual.

As dançarinas não podem cobrar explicitamente pelo que fazem porque isso lhes traria problemas com a lei contra oferecer serviços sexuais. Em vez disso, elas dependem de "gorjetas", geralmente incentivadas pela presença de leões de chácara enormes e musculosos. Nos clubes de Albuquerque, segundo o estudo, a média de gorjeta para uma dança de três minutos é de cerca de 14 dólares.

Talvez as dançarinas soltem um odor mais excitante quando estão no auge de sua fertilidade. Talvez mexam seus quadris mais entusiasticamente ou sussurrem bobagens mais sedutoras. O fato é que as dançarinas que não estão usando pílula anticoncepcional faziam 354 dólares por noite quando estavam em seu período mais fértil, cerca de noventa dólares a mais do que nos dez dias antes da menstruação e cerca de 170 mais do que durante a menstruação.

As dançarinas tomando pílula tiravam menos dinheiro do que as demais, e seus ganhos eram muito menos sensíveis ao ciclo menstrual. Mas talvez a descoberta mais interessante seja de que nem as dançarinas nem os clientes tenham a menor ideia sobre o efeito do ciclo menstrual na quantidade de dinheiro envolvida. Tudo acontece abaixo do radar.

AS TENDÊNCIAS DE consumo de meu filho de 6 anos são determinadas pelo personagem ficcional do rótulo ou embalagem, independentemente de preço, sabor, textura ou até finalidade do item cobiçado. A seu pedido, já comprei xampu do Dr. Seuss, escovas de dente do Homem-Aranha e pasta de dente da Cinderela. Suas preferências de iogurte se alternam entre Dora, a Aventureira, e Bob Esponja. Seus gostos não são exclusivos. Um estudo conduzido pelas pessoas que fazem a *Vila Sésamo* descobriu que crianças pequenas solicitadas a escolher entre chocolate e brócolis têm duas vezes maior probabilidade de optar pela verdura quando esta vem com um adesivo do Elmo.

Seria de se esperar que adultos soubessem o que fazem. Mas cedemos a extravagâncias ainda mais extremas, muitas vezes pagando preços estratosféricos por coisas de valor questionável. As pessoas atravessam a cidade para economizar vinte dólares num suéter de cem, mas não para economizar vinte dólares num computador de mil, uma decisão estranha considerando-se que ambas as ações custam a mesma coisa: vinte dólares para se locomover através da cidade. E, ao contrário do meu filho de 6 anos, que não poderia se importar menos com o custo da pasta de dentes, talvez eu me predisponha mais a comprar determinada coisa se ela for cara do que algo que seja barato.

Escolher um vinho é um exercício que combina sabor, buquê e outros atributos físicos com um leque de qualidades difíceis de mensurar — desde saber em que medida projeta para nós uma boa autoimagem até se nos evoca lembranças agradáveis de férias que passamos na Europa. Os americanos pagam mais por um vinho francês do que por um argentino de qualidade semelhante, com a mesma variedade de uva e do mesmo ano. Simplesmente estampar um Produto da Itália no rótulo pode elevar o preço de uma garrafa em mais de 50%.

Os economistas irão lhe dizer que, se outras coisas são iguais, as pessoas sempre irão preferir a opção mais barata. Mas quem aprecia vinhos gosta mais de uma garrafa se lhe disserem que custa noventa dólares do que se ficarem sabendo que custou dez. A crença de que o vinho é mais caro aciona os neurônios no córtex orbitofrontal medial, uma área do cérebro associada a sensações prazerosas.

Um vinho sem preço não tem esse efeito. Em 2008, críticos gastronômicos e de vinhos se juntaram a um estatístico de Yale e alguns economistas suecos para estudar os resultados de milhares de testes cegos de vinhos que iam de 1,65 dólar a 150 dólares a garrafa. Eles descobriram que, se não são informadas do preço, as pessoas preferem um vinho mais barato às garrafas mais caras. Já os enólogos testados seguiram de fato a direção esperada: sua preferência recaía sobre vinhos mais finos e caros. Mas a tendência era quase imperceptível. Um vinho que custa dez vezes mais do que outro era classificado pelos especialistas apenas sete pontos acima numa escala de um a cem.

Às vezes, as pessoas pagam valores estratosféricos por coisas inócuas só para provar que podem fazê-lo. Quando o preço do petróleo subiu para cerca de 150 dólares o barril no verão de 2008, Said Khouri, um empresário de 25 anos de Abu Dhabi, entrou para o livro *Guinness* dos recordes por ter comprado a placa de carro mais cara da história. Khouri pagou 14 milhões pela placa número "1" em um leilão de licenciamento nacional de placas que atraiu proprietários de Rolls Royces e Bentleys de todos os Emirados Árabes. O número um, sem dúvida, é um lindo dígito para se ter estampado num pedaço de lata que vai na frente e atrás do carro. Mas é difícil argumentar que vale a pena pagar pelo número um 13.999.905 dólares a mais do que alguém pagaria por uma placa de carro normal.

Entretanto, esse comportamento é surpreendentemente comum. Pagar preços elevados por bobagens inúteis é apenas um jeito caro de se exibir. Em seu famoso *A Teoria da Classe Ociosa*, o sociólogo e economista americano Thorstein Veblen argumentou que os ricos se entregavam ao que chamava de "consumo conspícuo" para sinalizar seu poder e superioridade sobre as demais pessoas. Na década de 1970, o sociólogo francês Pierre Bourdieu escreveu que as escolhas estéticas serviam como marcadores sociais dos poderosos para demarcar sua superioridade e distanciá-los dos grupos inferiores. Ações na bolsa qualquer um pode comprar. Oligarcas, emires e investidores de *hedge fund* podem pagar 106,5 milhões de dólares pelo *Nu au plateau de sculpteur* de Picasso, que foi vendido em apenas oito minutos e seis segundos em um leilão de Nova York em maio de 2010. Se Said Khouri tivesse pagado 92 dólares para emplacar seu carro, seria apenas mais um.

Ao longo das três últimas décadas, biólogos e psicólogos evolucionistas pegaram as ideias de Veblen e Bourdieu e as interpretaram de nova forma. A ideia por trás de gastar somas absurdas em coisas inúteis não é meramente projetar uma noção abstrata de poder. O gesto serve para sinalizar vigor para potenciais parceiras. Jogar dinheiro fora em luxos sem sentido não é algo que deva nos intrigar; é uma ferramenta essencial para ajudar nossos genes a passar para a geração seguinte. A seleção sexual dá enorme valor a exibições fúteis e custosas de recursos. O que mais seria a cauda do pavão senão uma sinalização de vigor destinado às fêmeas no mercado de acasalamento? É uma afirmação de que a ave é vigorosa o bastante para gastar uma quantidade excessiva de energia em um enfeite de cores sem sentido.

Um anel de diamante tem propósito semelhante. N. W. Ayer, a agência de publicidade por trás da campanha "Um Diamante é para Sempre", que elaborou a estratégia de marketing para o cartel global de diamantes De Beers nos Estados Unidos, persuadiu a mulher americana a desejar ostentosas alianças de diamante no casamento, e os homens a comprar para elas, convencendo ambos de que esses caros pedaços de pedra simbolizam sucesso. Eles distribuíram grandes diamantes entre estrelas de cinema e plantaram histórias em revistas sobre como isso simbolizava amor indestrutível. E publicaram anúncios em revistas de elite retratando pinturas de Picasso, Derain ou Dalí, para indicar que os diamantes ocupavam a mesma classe de objetos de luxo. "Um caro diamante presenteado pode representar um símbolo mais amplamente buscado de sucesso pessoal e familiar — uma expressão de conquista socioeconômica", dizia um relatório da N. W. Ayer na década de 1950. Hoje, 84% das noivas americanas ganham uma aliança de diamante, a um custo estimado de 3.100 dólares.

Em 2008, Armin Heinrich, um desenvolvedor de softwares na Alemanha, criou a última palavra em produtos Veblen: ele projetou um aplicativo para o iPhone chamado I Am Rich (Eu Sou Rico). A única coisa que o programa fazia era mostrar uma pedra preciosa vermelha e brilhante piscando na tela. Sua razão de ser era o preço: 999 dólares. Talvez incomodada com as críticas a uma tal banalidade, a Apple o removeu no dia seguinte ao seu lançamento. Mas antes que isso acontecesse, seis pessoas o haviam comprado para provar que, de fato, eram ricas.

UMA HISTÓRIA DOS PREÇOS

O valor — o que o confere, o que significa — tem cativado pensadores desde a Grécia antiga. Mas o conceito na época era diferente do que assume para a economia contemporânea. Por centenas de anos, a análise do valor começou como um questionamento moral. Aristóteles estava certo de que as coisas tinham um preço natural, justo — um valor inerente que existia antes que qualquer transação fosse feita. E a justiça era território divino.

Durante toda a Idade Média, quando a Igreja Católica regulava praticamente todos os aspectos da vida econômica na Europa, os estudiosos compreendiam o valor como uma manifestação da justiça divina. Inspirado pela regra de ouro expressa nas palavras de são Mateus, de que devemos fazer para os outros apenas o que queremos que façam por nós, Tomás de Aquino afirmou que o comércio deve trazer iguais benefícios para ambas as partes e condenou a venda do que quer que seja por um valor acima do "real".

No século XIII, o frade dominicano Alberto Magno propôs que escambos virtuosos eram aqueles em que os bens negociados contivessem a mesma quantidade de trabalho e outros custos. Essa ideia foi refinada no princípio de que o valor inerente dos bens era estabelecido pelo trabalho envolvido em sua produção.

A Igreja gradualmente perdeu o controle sobre a sociedade conforme o comércio e o empreendimento privado se expandiram pela Europa. O dogma religioso perdeu seu apelo como ferramenta analítica. Mesmo assim, a propensão a ver preços pelas lentes da justiça sobreviveu ao desenvolvimento do capitalismo, tendo uma boa prosperidade no século XVIII. Adam Smith e David Ricardo, os dois pensadores mais proeminentes do período clássico da economia, combateram a ideia de valor inerente, que eles enxergavam como sendo relacionado à quantidade de trabalho dos produtos, distinto do preço de mercado estabelecido pelas excentricidades da oferta e da procura. Smith, por exemplo, argumentava que o valor-trabalho dos produtos equivalia ao que fora necessário para alimentar, vestir, abrigar e educar os trabalhadores que os fabricavam — com algum extra para lhes permitir se reproduzir.

Mas essa linha de pensamento ficou pelo caminho. Entre outras coisas, porque não tinha um papel reservado ao capital. Lucros eram uma aberração moral em um mundo em que o único valor vinha do labor humano. Além do mais, não parecia se ajustar ao bom-senso. Na época de Ricardo, os críticos foram duros com a teoria do valor-trabalho. Alguns apontaram que a única coisa que tornava o vinho envelhecido mais valioso do que o novo era o tempo em uma adega, não o trabalho. Mas antes que a ideia pudesse morrer, Karl Marx a levou para o que parecia ser sua conclusão lógica. Ele usou a teoria do valor-trabalho como base para a proposição de que os capitalistas usavam seu poder de alavancagem enquanto donos do maquinário e de outros meios de produção para furtar valor de seus trabalhadores.

O valor de um produto, sustentava Marx, é medido por todo o trabalho que entrou em sua produção, incluindo o trabalho usado para fabricar as ferramentas necessárias, o trabalho envolvido nas ferramentas usadas para fazer as ferramentas e assim por diante. Os capitalistas ganhavam dinheiro usurpando parte desse valor — pagando aos trabalhadores apenas o suficiente para garantir sua subsistência e guardando o restante do valor que eles criavam para si mesmos. Essa linha de pensamento podia facilmente fazer um pensador se desviar do caminho. Marx concluiu que, a despeito das aparências, a relação de valor entre diferentes coisas — seu preço relativo — não tinha nada a ver com as propriedades dessas coisas. Antes, era determinada pelo tempo-trabalho que entrava nelas. "É uma relação social definida entre homens que assume aos seus olhos a forma fantástica de uma relação entre coisas", escreveu.

Isso guarda algo da estranheza distanciada característica do pensamento místico, em que as coisas são representações de algum fenômeno mais profundo sob a pele da realidade. Mas não lança luz alguma sobre o motivo de eu achar um copo de cerveja gelada tão mais valioso que um copo de cerveja sem gelo num dia quente. Compro um pé de alface se seu valor de uso para mim — porque ele é crocante, fresco e saudável — é mais elevado do que seu preço, ao qual devo me resignar a fim de obtê-lo. Mas se algum desesperado aficionado por alfaces me aborda no meio do caminho para oferecer o dobro do que eu paguei pela verdura, vou vendê-lo para a pessoa por esse preço maior. Não existe qualquer relação misteriosa entre seu valor intrínseco e seu preço de mercado. Trata-se apenas de duas pessoas diferentes que extraem graus diferentes de satisfação com a degustação da alface.

Existe um truque interessante que os professores têm usado há anos para expor os alunos ao poder dessa transação. Primeiro eles distribuem sacos com doces variados entre seus alunos e lhes perguntam que valor atribuem ao presente — o que estariam dispostos a pagar por seu sortimento. Depois lhes permitem que troquem os doces entre si. Ao serem instados outra vez após a troca a atribuir um valor a sua nova posse, eles invariavelmente dão um preço maior do que da primeira vez. Isso porque a negociação lhes possibilitou montar seus sortimentos segundo suas preferências. Eles trocaram coisas que valorizavam menos por coisas que valorizavam mais. Ninguém trabalhou, e contudo o valor de todo o estoque de doces aumentou.

A percepção de que as coisas não detêm um valor absoluto, inerente, penetrou lentamente no pensamento econômico no século XIX. A teoria do valor-trabalho de Marx acabou tornando-se irrelevante, na medida em que ninguém era capaz de conceber como seu conceito se relacionava aos preços em que as pessoas voluntariamente compravam e vendiam coisas reais. As coisas têm um custo para serem produzidas, é óbvio. Isso estabelece um piso para o preço em que são fornecidas. Mas o valor de um produto não mora aí dentro. Ele é uma quantidade subjetiva determinada pelo vendedor e pelo comprador. O valor relativo de coisas trocadas é seu preço relativo. Essa compreensão alçou os preços ao seu lugar de direito como indicadores das preferências humanas e guias da humanidade.

DOMANDO OS PREÇOS

Duas pessoas vão se predispor a negociar um produto por outro contanto que o benefício percebido de possuir mais uma unidade do que elas conseguem — o ganho *marginal* — seja no mínimo tanto quanto o valor perdido do que cada uma cede na negociação. Esse ganho, por sua vez, é determinado pela dotação de bens do comprador: dinheiro, tempo e qualquer outra coisa que possa entrar no cálculo da pessoa. Quanto mais se tem de uma determinada coisa, menos se dará valor à posse de uma a mais. Esse princípio simples é a força organizadora dos mercados, que determina os preços dos bens e serviços pelo mundo afora.

Em um mercado, a prioridade dos vendedores é em geral espremer tanto dinheiro quanto possível dos compradores. Os compradores, por sua vez, tentarão conseguir as coisas que desejam o mais barato que for possível. Todos operam dentro de um conjunto de restrições: para os compradores, um orçamento; para os vendedores, o custo de produzir, armazenar, promover e pôr no mercado seja lá o que fabricarem. Embora os produtores possam elevar os preços se a demanda de consumo por seu produto crescer mais rápido do que o fornecimento, a demanda de consumo irá minguar à medida que os preços subirem. Acima de tudo, a margem de elevação de preços dos produtores é restringida pela competição. Em um mercado competitivo, os consumidores podem seguramente presumir que os preços serão refreados na medida em que produtores rivais competindo pelo hábito dos consumidores forçam-nos a descer para seu custo marginal, o custo de fazer mais uma unidade.

No entanto, existem inúmeras exceções a essa dinâmica. Para começar, mercados plenamente competitivos são raros. Em mercados para novas invenções, monopólios legais chamados patentes permitem às companhias cobrar preços mais elevados do que cobrariam em um ambiente competitivo a fim de recuperar o custo direto de sua invenção. Monopólios locais são comuns — pense no vendedor de pipoca dentro do cinema. Mesmo em mercados para produtos sem nada de especial, os produtores farão tudo a seu alcance para manter a competição a uma distância segura. Uma tática testada e comprovada é convencer os consumidores de que seu produto é único, comparando difamatoriamente os artigos rivais. Outra é segurar consumidores com um produto barato que, mais tarde fica óbvio, só funciona combinado a algum artigo de preço mais elevado. Outra é simplesmente esconder seus preços da vista dos consumidores.

Motivações não reconhecidas mascaram as estimativas de valor que governam nossas decisões diárias. Minha mensalidade de 58,65 dólares no New York Sports Club, perto do escritório, significa que cada uma das minhas duas idas semanais custa pouco menos de sete dólares — um preço razoável para um período de duas horas, menos do que eu pagaria para ver um filme ou fazer um almoço rápido. Mas há aqueles que pagariam muito mais do que eu por uma sessão de exercícios na Stairmaster. Paradoxalmente, talvez, estes não são os maníacos pela boa forma. Os preguiçosos sedentários são os que pagam os preços mais elevados. Isso é porque estão pagando por mais do que uma malhação. Estão comprando um incentivo para o comprometimento também.

Um estudo com frequentadores de academias que ofereciam inscrições mensais por setenta e poucos dólares ou uso avulso por dez descobriu que os mensalistas pagavam mais do que deveriam. Eles frequentavam a academia 4,8 vezes por mês, em média, pagando desse modo cerca de 17 dólares por sessão de treino. Mesmo assim, o fato de estarem matriculados regularmente talvez ajudasse a se manterem saudáveis, proporcionando-lhes um incentivo financeiro para malhar.

Todos os dias nos comprometemos a comprar bens e serviços sem prestar atenção cuidadosa ao seu custo. Em 2009, a impressora HP DeskJet D2530 talvez parecesse um roubo ao preço de 39,99 dólares. Mas o preço, exibido com destaque no site da HP, era quase irrelevante. Os números mais relevantes eram 14,99 dólares por um cartucho de tinta preta, que imprime cerca de duzentas páginas, e 19,99 pelo cartucho da colorida, que imprime 165. Para os que imprimem fotos em casa, o número crucial era 21,99 pela promoção HP 60 Photo Value Pack, um conjunto de cartuchos e cinquenta folhas padrão de papel fotográfico. Na loja Rite-Aid, cinquenta fotos impressas no mesmo dia custam 9,50.

O negócio de impressoras no mundo depende das vendas de impressoras baratas e cartuchos caros. Segundo um estudo da *PC World*, as impressoras começam a emitir avisos de que a tinta está acabando quando o cartucho ainda está 40% cheio. HP, Epson, Canon e outras processaram fornecedores de refil de tinta mais baratos, acusando-os de propaganda enganosa e violação de patentes para fazê-los parar. Mas o maior aliado do negócio das impressoras é a ignorância do consumidor sobre o que ele está realmente pagando para poder imprimir.

Só de entrar nas "propriedades" da impressora e mudar a qualidade da impressão para "rápida" ou "rascunho", o consumidor já está economizando centenas de dólares por ano. Contudo, poucos consumidores fazem isso. Embora muitas empresas ainda vendam refis de tinta baratos, os cartuchos recarregados respondem por apenas 10 a 15% do mercado. Isso significa que 90% das impressões continuam a ser feitas usando uma tinta que, segundo a análise da *PC World*, custa 4.731 dólares o galão (4,5 litros). Você poderia perfeitamente estar recarregando seus cartuchos com um champanhe Krug vintage 1985.

OS CONSUMIDORES TAMBÉM podem traçar estratégias incisivas para adequar seus desejos e suas necessidades aos seus orçamentos. Com a alta do preço da gasolina, os motoristas rodaram cerca de 11 bilhões de quilômetros a menos nas estradas americanas em janeiro de 2009 do que fizeram um ano antes, uma redução de mais ou menos 35 quilômetros por pessoa. Durante uma alta dos preços da gasolina entre 2000 e 2005, economistas da Universidade da Califórnia em Berkeley e Yale descobriram que, à medida que o preço desse combustível dobrava de 1,50 para 3 dólares, as famílias se tornavam compradoras mais cuidadosas, pagando entre 5 e 11% menos para cada item. O preço típico pago por uma caixa de cereais em uma grande rede de mercearias da Califórnia caiu 5%. A quantidade de frango fresco comprado em promoção aumentou em 50%.

Mas os empresários estão sempre um passo à frente. Ninguém compreende ao certo o que levou ao aumento súbito dos preços dos produtos agrícolas em 2007 e 2008. Os analistas costumam mencionar a seca em importantes áreas de cultivo, elevando os custos de transporte e os preços dos fertilizantes, o desvio do milho e outros cultivos para a produção de combustível e até proporcionando melhorias na dieta de grandes países em desenvolvimento, como Índia e China. Seja qual for a razão, as companhias alimentícias se mostraram notavelmente hábeis em proteger suas margens de lucro reduzindo silenciosamente o tamanho de suas porções, enquanto o preço continuava o mesmo. A Wrigley's tirou duas unidades de chiclete do sabor Juicy Fruits de 1,09 dólar. A Hershey's encolheu suas barras de chocolate. A General Mills passou a oferecer caixas menores do cereal Cheerios.

Então, quando a recessão chegou, em 2009, e os preços dos produtos agrícolas começaram a cair, as empresas recorreram à tática oposta: dar aos consumidores mais por menos e anunciar com alarde. A Frito-Lay incluiu 20% a mais de Cheetos em cada saco, estampando a embalagem com um "Ei! Tem 20% a mais de alegria grátis aqui dentro". A French's tentou competir consigo mesma para convencer o consumidor de que oferecia um negócio irrecusável. Lançou uma bisnaga de 567 gramas de sua mostarda amarela clássica por 1,50 dólar a menos do que o 1,93 dólar pelo que vendia sua bisnaga de 396 gramas.

O que realmente doma os preços é a existência de mais de um produtor no mercado. Se os compradores não tivessem outra opção além dos produtos Frito-Lay, a empresa teria menos incentivo para pôr mais Cheetos dentro do saquinho e divulgar isso aos quatro ventos. Não houvesse outras fábricas de doces por aí, a Hershey's poderia ter elevado o preço de suas barras de chocolate mesmo depois de encolher seu tamanho. Mas o preço de um produto deve estar interligado a um universo povoado por outras marcas de doces e salgadinhos. Em que medida ele está ou não adequado vai determinar seu sucesso no plano geral. Essa é a defesa mais significativa dos consumidores contra o poder das corporações: a competição.

O poder da competição fica muito claro no custo de uma ligação telefônica. Em 1983, pouco depois que o governo acabou com o monopólio da AT&T no mercado de telefonia americano, a empresa cobrava 5,15 dólares por uma ligação transcontinental de dez minutos no período diurno. Em 1989, a companhia cobrava 2,50 dólares pela mesma ligação. Hoje, uma pessoa pagando o plano internacional de 5 dólares mensais pode ligar para Pequim por 11 centavos o minuto, e para Londres por oito centavos.

Na Inglaterra, foi o governo que criou o monopólio sobre as comunicações. Mas em 1981, a gestão de Margaret Thatcher permitiu à Mercury Communications, uma empresa privada, oferecer serviços de telefonia competitivos, e em 1984 ela desmembrou a estatal British Telecom. Em 1º de fevereiro de 1982, a taxa de uma ligação de três minutos de Londres para Nova York caiu de 2,13 libras esterlinas para 1,49. Hoje, contanto que o usuário mantenha cada ligação abaixo de uma hora, o pacote internacional da British Telecom oferece um número ilimitado de ligações de Londres para Nova York por 4,99 libras ao mês.

A competição pode nos proteger dos preços descontrolados do mercado de impressoras. Os lucros gordos da tinta supervalorizada permitem a empresas como a HP competir no mercado vendendo impressoras a um preço inferior ao custo de sua fabricação. Outros empregam táticas diferentes. As impressoras ESP da Kodak são cerca de 30% mais caras do que modelos similares, mas os cartuchos de tinta chegam a custar apenas dez dólares e imprimem cerca de trezentas páginas. Independentemente das táticas variadas, o preço geral para a impressão doméstica deve cair conforme os fabricantes tiverem de competir para conquistar parcelas do mercado.

CONSIDEREMOS O QUE acontece quando há pouca ou nenhuma competição no mercado. Steve Blank, um ex-empresário do Vale do Silício que dá aulas do que chama de *customer development* (desenvolvimento do cliente) na Universidade da Califórnia, em Berkeley, costumava contar para seus alunos o caso de Sandra Kurtzig, fundadora de uma companhia que na década de 1970 projetou o primeiro software comercial para pequenas empresas capazes de funcionar com microcomputadores, em vez de imensos mainframes.

Quando chegou a hora de fazer sua primeira visita como vendedora, Kurtzig não tinha a menor ideia do que pedir por seu sistema, então ela mencionou o maior número que achava que uma pessoa racional pagaria: 75 mil dólares. Mas quando o comprador anotou o número sem nem piscar, ela se deu conta de que cometera um erro. "Por ano", acrescentou rapidamente. O homem da empresa escreveu isso também. Apenas quando Kurtzig acrescentou uma taxa de manutenção de 25% ao ano foi que o empresário objetou, de modo que ela reduziu isso para 15%. Segundo Steve Blank, o comprador da empresa disse "Ok". Sandra Kurtzig pôde fazer isso porque estava oferecendo um serviço único numa indústria especializada e com poucos competidores, e assim teve enorme liberdade para fixar seus preços. Mas onde existem muitos rivais é impossível atingir esse nível de poder de mercado. A mera ameaça de competição pode levar as empresas a reagir. De fato, durante muitos anos, o rumor de que a Southwest Airways inauguraria voos para determinados destinos induziria as companhias aéreas a baixar os preços da rota em questão, numa medida preventiva contra a eventual perda de clientes.

O Walmart levou os supermercados ao desespero quando expandiu sua atuação para o setor alimentício em 1988, ofertando preços de 15 a 25% mais baixos do que seus competidores. Segundo um estudo, a abertura de um Walmart Supercenter levava as vendas de outros comércios da região a diminuir em 17%, em média, provocando uma queda de 250 mil dólares por mês em seus faturamentos. Para continuar funcionando, os rivais logo tiveram de seguir o exemplo. Um estudo dos preços de varejo em 165 cidades norte-americanas entre 1982 e 2002 revelou que a inauguração de um novo Walmart a longo prazo forçava os rivais na área a baixar preços de produtos como aspirina, xampu e pasta de dente em 7 a 13%.

Como a maioria dos negócios, o Walmart corta preços apenas quando há competição por perto. Um estudo revelou que a rede cobrava cerca de 6% a mais em Franklin, Tennessee, onde não havia praticamente nenhum competidor, do que em Nashville, onde tinha de competir com o rival Kmart. Os críticos argumentam que o Walmart destrói as comunidades, forçando os vendedores locais a fechar as portas. A implacável política de produtos mais baratos da rede tem levado muitos fornecedores a recorrer aos baixos custos da China, contribuindo para o declínio das fábricas nos Estados Unidos. Mesmo assim, a competitividade do Walmart definitivamente beneficia os americanos em sua condição de consumidores. O impacto tem sido tão poderoso que, segundo um estudo, o Departamento de Comércio inclui no cálculo da inflação americana cerca de 15% a mais porque a amostragem utilizada não inclui os preços baixos dos produtos alimentícios do Walmart.

MANTENDO A COMPETIÇÃO A DISTÂNCIA

Em 2005, os fabricantes automotivos de Detroit — General Motors, Ford e Chrysler — utilizaram uma nova tática para esvaziar seus pátios superlotados e reavivar suas combalidas finanças. Ofereceram ao público consumidor uma oportunidade sem precedentes para comprar um carro pelo mesmo preço com desconto que em geral reservavam aos empregados. Quando a GM lançou seu programa "Employee Discount for Everyone" (Desconto de funcionário para todo mundo), em junho, as vendas saltaram em 40%. Quando a Chrysler lançou seu "Employee Pricing Plus", em julho, passou a vender mais automóveis do que nunca.

Mas a um exame mais detido, as promoções não eram um negócio assim tão bom. Um estudo conduzido por economistas da Universidade da Califórnia, em Berkeley, e do Massachusetts Institute of Technology revelou que muitos carros podiam ter sido comprados por menos antes que o programa de desconto de empregados fosse lançado. Para a maioria dos modelos da GM e da Chrysler, e uma parcela substancial de veículos da Ford, os clientes pagavam mais nas duas semanas da promoção do que teriam pagado nas duas semanas precedentes ao lançamento. Eles simplesmente eram informados de que estavam diante de uma pechincha e acreditavam piamente.

Se a competição é o melhor amigo do consumidor, a estratégia de contra-ataque favorita das empresas é manter os consumidores desinformados sobre onde podem conseguir o negócio mais vantajoso. Ao contrário da utopia competitiva descrita nos modelos econômicos, em que os consumidores podem comparar sem esforço produtos que competem entre si a fim de fazer sua escolha, o mundo real está assolado pelo que o prêmio Nobel George Stigler chamou de *search cost* — isto é, o custo, em tempo e dinheiro, de se encontrar a melhor oportunidade de negócio. É difícil para os consumidores descobrir quanto determinado produto custa em cada ponto da cidade — muito menos tudo o que está disponível na internet. É ainda mais difícil se os produtos não forem idênticos. Esse é o tipo de brecha que os empresários sabem explorar.

Para muitas empresas, furtar-se à competição é uma questão de sobrevivência. Fabricantes de tudo, de carros e chips de computadores a sapatos e aparelhos de tevê, vivenciam o que é conhecido como retornos de escala crescentes: cada microchip adicional custa menos para ser fabricado do que o precedente. As empresas podem obter matérias-primas e partes mais baratas quanto mais as adquirem. Elas também dividem o custo dos investimentos em maquinário e coisas assim por mais produtos, reduzindo o custo por unidade. Essa dinâmica deixa as empresas diante de um enigma desafiador: a competição, quando operando do modo apropriado, derrubaria os preços de televisores e microchips incessantemente até chegarem a uma margem apenas ligeiramente acima do que custou o último a ser fabricado. Se isso acontecesse, os fabricantes de chips e televisões iriam à falência. Por um preço desses, seriam incapazes de recuperar seus custos. Felizmente para eles, há modos de se esquivar em certa medida dos embaraços causados pela competição. Uma das técnicas mais conhecidas é tornar difícil para os consumidores perceber onde podem conseguir a maior valorização para seu dinheiro.

No supermercado Fairway no Brooklyn, onde levo meu filho para fazer compras nos fins de semana, a cara seção de orgânicos é separada de tudo o mais, para evitar que um comprador consciente dos preços decida levar o cereal comum mais barato dessa vez. Itens semelhantes ficam estrategicamente dispostos longe uns dos outros no vasto espaço, desencorajando comparações de preço. Há um queijo fresco todo especial no meu caminho quando entro e variedades embaladas baratas quando saio. Há pelo menos duas seções diferentes de frios e azeite de oliva. Molhos prontos para massa de diferentes marcas parecem estar espalhados por toda a loja. Até as frutas são separadas.

Liquidações e remarcações frequentes também servem como ferramentas para impedir os fregueses de atinar onde a caixa de cereal mais barata é vendida. Em Israel, um estudo conduzido de 1993 a 1996 com quatro produtos similares vendidos numa série de lojas detectou enorme variação de preços. Não era apenas que a mesma lata de café ou saco de farinha custava mais do que o dobro tanto no estabelecimento mais caro como no mais barato; o produto nem sempre era mais barato na mesma loja. Os comerciantes ficavam mudando os preços constantemente para manter os compradores desnorteados.

Até mesmo a internet, uma tecnologia que em princípio deveria dar mais poder ao consumidor do século XXI, possibilitando-lhe comparar preços no mundo todo com um clique do mouse, é capaz de confundir a cabeça do cliente. Lojas virtuais que vendem chips de computador costumam embaralhar as descrições dos produtos e oferecer dezenas de versões diferentes para dificultar qualquer comparação na hora da compra. Adicionam enormes custos de envio e de manuseio ocultos, cercam os produtos com um enxame de anúncios que precisam ser tirados da frente e oferecem produtos de baixa qualidade para atrair os consumidores aos seus sites e, uma vez lá, levá-los a pagar por atualizações.

Alguns vendedores descobriram até como tapear os sites de comparação de preço usados pelas ferramentas de busca para fazer com que pensem que estão dando o produto de graça e apareçam no topo da lista de itens. Em vez de incentivar a transparência, a internet tem encorajado os vendedores a tapear. Qualquer um que ofereça um produto decente por um preço justo ficaria enterrado sob uma pilha de ofertas superespeciais "imperdíveis" feitas por seus concorrentes não tão honrados.

À PROCURA DE TOLOS

A tática infalível para identificar e fisgar o cliente mais mão-aberta num dado grupo de pessoas continua a ser o leilão. Leilões são pensados para encontrar o consumidor que atribuiu o maior valor a seja lá qual for o item que está sendo leiloado. Daniel Kahneman, o psicólogo israelense que ganhou o prêmio Nobel de economia por pesquisar as idiossincrasias comportamentais capazes de desencaminhar nossa capacidade de avaliação econômica, chamou os leilões de "procura por tolos". É por isso que os vendedores os adoram, mas os compradores não. Uma pesquisa de 2006 com firmas de *private equity* descobriu que 90% delas preferiam evitar leilões quando estavam comprando uma empresa, mas de 80 a 90% eram a favor deles quando estavam vendendo uma. O lendário investidor americano Warren Buffett nunca omite a advertência no relatório anual da Berkshire Hathaway: "Não participamos de leilões."

Não que necessariamente sejam um negócio ruim para os compradores. Mas realizar a compra em um leilão pode ser algo traiçoeiro quando o valor do que está sendo vendido é desconhecido. Por exemplo, considere um leilão do governo pelo direito de explorar as ondas do ar ou perfurar poços petrolíferos. Se todos os licitantes sabem o que estão fazendo, as chances são de que o lance médio reflita o valor em que a companhia petrolífera ou a empresa de telecomunicações média seja capaz de explorar lucrativamente os direitos. Mas isso significa que o lance vencedor — que necessariamente será acima da média — terá excedido esse valor. Se esse é o caso, as probabilidades são altas de que o vencedor perderá dinheiro. É por isso que o fenômeno é conhecido como maldição do vencedor.

O leilão, contudo, não é a única técnica disponível para servir de engodo a consumidores perdulários. Na verdade, as corporações têm inúmeros modos sutis e elegantes de segregá-los segundo sua predisposição a abrir as carteiras e extorquir um preço mais elevado dos que mais valorizam seus itens.

Consideremos, por um momento, o modo como as pessoas compram. Segundo um estudo realizado entre compradores de Denver, famílias com rendimento superior a 70 mil dólares por ano pagam 5% a mais pelo mesmo grupo de produtos do que famílias com renda inferior a 30 mil. Solteiros sem filhos pagam 10% a menos do que famílias com cinco membros ou mais. Famílias chefiadas por pessoas na faixa dos 40 e poucos anos pagam até 8% a mais do que famílias chefiadas por pessoas na faixa dos 20 e poucos ou quase 60. Aposentados são compradores muito mais cuidadosos do que gente de meia--idade. Eles procuram cuidadosamente o melhor negócio e acabam pagando quase a mesma quantia pelo mesmo produto. Pessoas de meia-idade, por outro lado, compram com mais cuidado. Desse modo, os preços que pagam figuram em todos os pontos do levantamento.

Esses padrões surgem por causa das diferenças de valor que as pessoas atribuem ao seu tempo e dinheiro. Tempo é relativamente mais valioso para os ricos, que já possuem dinheiro, do que para os pobres, que não o têm. Um faxineiro em Nova York ganhando 11 dólares por hora preferirá receber vinte dólares de horas extras a desfrutar de horas de lazer. Um advogado que ganha quinhentos dólares a hora, por outro lado, provavelmente escolheria o tempo livre. Isso afeta o modo como cada um deles faz compras. O advogado será o menos inclinado a perder horas comparando preços, e em vez disso comprará o primeiro item que vir pela frente. O faxineiro, por sua vez, será mais propenso a recortar cupons, bater perna pelas lojas e procurar as melhores ofertas.

O valor de nosso tempo também cresce com a idade. Isso porque os salários aumentam conforme progredimos em nossas carreiras, adquirimos especialização e conquistamos tempo de serviço. O número de horas no dia, por outro lado, não cresce. Como qualquer pai ou mãe irá admitir, o tempo na verdade encolhe quando chegam as crianças competindo por atenção com as tarefas da casa, as idas às compras e o trabalho. A escassez de tempo é mais crítica por volta dos 45 anos, quando os salários e as responsabilidades com o trabalho atingem seu pico enquanto as famílias ainda têm crianças morando na casa.

As empresas exploram essas diferenças. Elas carregam mais no preço da cesta básica nos supermercados dos bairros ricos do que nos que são frequentados por famílias de baixa renda. Descontos e cupons lhes permitem vender o mesmo produto por dois preços diferentes — um para o pobre que recorta cupons e outro para o rico que não poderia se importar menos. A técnica pode ser utilizada para discriminar entre todos os tipos de pessoas com diferentes custos de tempo.

AS PESSOAS DIFEREM em aspectos que vão além de idade e riqueza. As empresas tentam se valer disso para vender seus produtos para o máximo de consumidores possível, extraindo deles o preço máximo que estão dispostos a pagar. Examinando o guia de restaurante Zagat de 2008 para a cidade de Nova York, dois economistas descobriram que restaurantes classificados como românticos ou como sendo um bom ponto de encontro de solteiros cobravam até 6,9% a mais pelos aperitivos e até 14,5% a mais nas sobremesas, em relação ao custo de seu prato principal, do que restaurantes classificados como bons lugares para realizar almoços de negócios. O motivo, presumiram, podia muito bem ser o fato de que os casais — se gostassem um do outro — permaneceriam por mais tempo e pediriam um aperitivo, talvez uma sobremesa. Seria falta de romantismo de qualquer lado reclamar do preço. De modo que o restaurante podia cobrar relativamente mais por esses itens "românticos" no cardápio.

A técnica — chamada, apropriadamente, "discriminação de preço" — está disseminada. Que outra coisa representa o desconto de estudante na livraria, ou o ingresso mais barato das matinês na Broadway? Os livros são publicados em caras edições de capa dura meses antes da edição de brochura para capitalizar em cima dos que não podem esperar para ler o título e irão pagar mais para tê-lo mais rápido. A Apple lançou um iPhone de oito gigabytes por 599 dólares em junho de 2007, a fim de capturar os primeiros entusiastas, que pagariam qualquer coisa para estar entre os primeiros a ter um. Dois meses mais tarde o preço caiu para 399 dólares.

As companhias aéreas são mestres em vender lugares em um avião a preços muito diferentes. Elas aperfeiçoaram suas técnicas ao longo de mais de trinta anos tentando lotar voos que custam a mesma coisa para operar estando cheios ou vazios. Em 1977, a American Airlines foi a primeira empresa a tentar o estratagema, oferecendo passagens "Super Saver" mais baratas que exigiam compra com antecedência e uma estada mínima de sete dias ou mais para seduzir passageiros atentos a preços e que viajavam a lazer. A variação nos preços explodiu após a desregulamentação das tarifas aéreas em 1978, disparando uma intensa competição conforme as companhias faziam de tudo para ocupar o máximo possível de lugares em seus aviões. Durante um quarto de século, a técnica mais famosa foi a regra da estada no sábado à noite, usada para separar turistas atentos a preços de homens de negócios com dinheiro para gastar na passagem e que pagariam qualquer coisa para chegar em casa antes do fim de semana. Atualmente, as companhias aéreas têm até vinte diferentes preços para lugares em um mesmo voo, dependendo de quando e onde a passagem foi comprada, o tempo de duração da viagem e um sem-número de outras variáveis. Passagens com restrições nos dias de viajar custam cerca de 30% a menos do que passagens sem restrição alguma. Pessoas que compram sua passagem com menos de uma semana de antecedência pagam 26% mais do que aqueles que a compram com pelo menos três semanas antes do tempo. Passageiros que providenciam estada para o sábado à noite pagam 13% a menos.

É uma tática lucrativa. Um estudo entre milhares de musicais de 1992 a 2005 revelou que shows oferecendo diferentes preços de ingressos para diferentes seções obtinham um lucro 5% maior do que os que não o faziam, atraindo um mix de fãs mais lucrativo com ingressos baratos nas piores áreas, no alto, e lugares caros nas fileiras da frente. A discriminação funciona melhor em cidades mais ricas e para artistas mais velhos, pois estes cultivam um público mais diversificado: fãs mais velhos e mais abonados que acompanham a banda desde o início e jovens interessados em ver uma banda de dinossauros, contanto que os ingressos não sejam caros. Hoje essa é a norma: em 1992, mais da metade dos shows vendia todos os lugares pelo mesmo preço. Em 2005, apenas cerca de 10% fizeram isso.

Alguns esquemas para tirar o dinheiro dos consumidores de acordo com sua predisposição a pagar não funcionam. No fim da década de 1990, a Coca--Cola criou uma máquina que automaticamente cobraria mais por uma lata de refrigerante nos dias quentes. Mas quando o executivo-chefe da empresa, Doug Ivester, revelou o projeto em uma entrevista à revista brasileira *Veja*, a Coca-Cola foi bombardeada com uma chuva de protestos. O *Philadelphia Inquirer* criticou violentamente a ideia como sendo "a mais nova evidência de que o mundo está indo para o inferno numa cesta de supermercado". Um editorial sobre a novidade no *San Francisco Chronicle* foi intitulado "A máquina de extorsão automática da Coca". A Pepsi aproveitou a brecha e anunciou que jamais "exploraria" seus consumidores com calor. Ivester defendia o plano. Ele disse à *Veja*: "É justo que seja mais caro. A máquina simplesmente vai tornar esse processo automático." Mesmo assim, a Coca-Cola descartou a ideia.

A internet tende a trazer a discriminação de preço para cada recesso de nossas vidas. Em setembro de 2000, a Amazon.com foi pega oferecendo os mesmos DVDs para clientes diferentes com descontos de 30, 35 e 40% em relação ao preço sugerido pelo fabricante. A empresa disse que a diferença de preços se devia a um critério aleatório. O site negou que segregava clientes segundo a sensibilidade deles ao preço, o que podia ser apreendido a partir de seus históricos de compras registrados nos perfis da Amazon. Mas, desde o incidente, advogados do consumidor têm advertido que as pilhas de informação privada que as pessoas passam adiante quando realizam buscas, compram e participam de redes sociais na internet vão permitir às empresas fazer a sintonia fina de seus preços para se ajustar ao perfil de cada comprador. Alguém menos preocupado com preços, por exemplo, receberia versões mais caras de artigos no topo da lista de uma ferramenta de busca. Os que estão sempre atrás de pechinchas seriam apresentados às alternativas mais baratas antes.

A prática não é maligna. Empresas inclinadas a economias de escala em setores competitivos muitas vezes dependem disso para elevar seu preço médio por unidade de acordo com seu custo médio por unidade. Se vendessem tudo ao preço marginal — o preço que custa para fazer a última unidade isolada —, não seriam capazes de cobrir seus custos fixos e iriam à falência. E isso pode ser benéfico para os consumidores. Se toda Coca fosse vendida pelo mesmo preço, um consumidor que talvez apreciasse a Coca em um dia ameno de outono se o refrigerante estivesse custando um pouco menos não vai comprá-la, abstendo-se do que, para ele, teria sido uma compra lucrativa. Permitir à Coca-Cola que cobre mais em dias quentes e menos nos dias normais iria possibilitar que mais consumidores se entregassem ao seu gosto por uma Coca.

Ainda assim, só a discriminação de preço não basta para recuperar um modelo comercial falho. As companhias aéreas provaram que isso sequer garante a lucratividade. Com todos os seus esforços para gerenciar preços, a competição derrubou as tarifas aéreas pela metade desde 1978, para cerca de 4,16 centavos por passageiro por milha, fora impostos. A maior parte das grandes companhias passou algum tempo na falência. Em termos de lucros operacionais, a indústria como um todo passou a última meia década, de 2000 a 2009, no vermelho.

PROTEJA-NOS DO QUE COMPRAMOS

A visão da humanidade como um grupo de seres racionais capazes de estimar com precisão custos contra benefícios, esforçando-se para maximizar seu bem-estar, permanece imensamente popular entre economistas. É uma crença fundamental do setor conservador nos Estados Unidos: se compreendemos nossas próprias preferências melhor do que qualquer outro, não há motivo para que o governo meta o nariz em nossas decisões. Isso carrega poderosas inferências. Não podemos ser criticados pelo que escolhemos. Se compramos alguma coisa por determinado preço, ela deve valer no mínimo tanto quanto pagamos por ela. O preço de mercado de qualquer coisa é a melhor aproximação que o mundo tem do real valor dessa coisa para a sociedade.

Essa crença não é vã. Ela fornece uma estimativa razoável de pessoas reais em muitas situações. Por exemplo, fornece uma explicação satisfatória para o porquê de preferirmos coisas que escolhemos a coisas que outras pessoas escolheram para nós. Joel Waldfogel, economista da Universidade da Pensilvânia, pediu a um grupos de alunos da universidade que comparassem o valor de presentes que ganharam com coisas que haviam comprado para si mesmos. A fim de dispor de um termo de comparação para as respostas, ele perguntou qual seria a quantidade mínima de dinheiro que pediriam para vender os objetos em questão. Um total de 202 alunos respondeu, fornecendo preços hipotéticos para 538 coisas que haviam comprado sozinhos e 1.044 itens que haviam ganhado de presente. Waldfogel descobriu que as pessoas dão um valor cerca de 18% maior ao que compraram, por dólar gasto, do que ao que ganharam de presente.

Como veremos em capítulos subsequentes, o modelo da humanidade racional é uma ferramenta poderosa para nos ajudar a compreender o comportamento de homens e mulheres em muitas situações de vida. Contudo, no frigir dos ovos, a crença inerente na capacidade de nossas escolhas comunicarem nossas preferências é inconsistente com o modo como de fato nos comportamos. Como alguns dos exemplos anteriores podem sugerir, as pessoas muitas vezes tomam decisões sobre preços e valores que, sob consideração atenta, são inconsistentes ou carecem de visão a longo prazo. Mudamos de ideia e deploramos nossas ações apenas minutos depois. Entregamo-nos deliberadamente a nossas compulsões. Valorizamos mais o que possuímos do que o contrário.

Alunos da Universidade Duke, por exemplo, disseram que estariam dispostos a pagar até 166 dólares, em média, por um ingresso para o grande jogo de basquete — quando a Duke era uma das quatro equipes que poderiam ganhar o campeonato. Mas os que tinham o ingresso disseram que não o venderiam por menos de 2.411 dólares. Economistas que acreditam na racionalidade humana veem o crédito como uma ferramenta muito boa para regular o consumo em nossas vidas, permitindo que compremos mais quando ganhamos menos e paguemos mais tarde. O restante de nós sabe como cartões de crédito podem ser perigosos. Um estudo revelou que torcedores de basquete de posse de um cartão de crédito pagariam até o dobro por ingressos para um jogo do Boston Celtics do que pagariam os que tiveram de pagar em dinheiro.

E muitas vezes somos simplesmente seduzidos por preços. Na década de 1960, o empresário californiano Dave Gold descobriu que cobrar 0,99 dólar por qualquer garrafa de vinho em sua loja de bebidas aumentava as vendas de todos os seus vinhos, incluindo garrafas que haviam previamente custado 0,89 e até 0,79. Ele deixou o negócio de bebidas, lançou a cadeia de lojas de 0,99 e faturou centenas de milhões. Desde então, empresas de todo tipo têm usado o chamariz dos 99 centavos na etiqueta de preço. Steve Jobs revolucionou a indústria musical convencendo-nos a pagar 0,99 dólar por uma canção. Evidentemente, a cifra nos convence de que estamos obtendo a melhor relação custo-benefício.

Pesquisando o cenário de nossas tomadas de decisão idiossincráticas mais de 15 anos atrás, Kahneman, o psicólogo ganhador do prêmio Nobel, sugeriu que o governo deveria intervir para refrear nossas tendências a agir irracionalmente. Devemos considerar, escreveu ele, "algumas intervenções paternalistas, quando é plausível que o Estado saiba mais sobre os gostos futuros do indivíduo do que o indivíduo sabe no presente momento". Jenny Holzer, uma artista americana da década de 1980 que construiu sua reputação projetando "truísmos" inquestionáveis em prédios, construídos com letreiros de neon, e estampando-os em camisetas, abordou essa mesma vulnerabilidade humana na superfície reluzente de um BMW de corrida, gravando nele a frase "proteja-me do que eu quero".

CAPÍTULO DOIS
───────

O preço da vida

UMA DAS CONVICÇÕES mais profundamente arraigadas das pessoas é a de que o preço da vida é incalculável. Um antigo preceito judaico afirma que se puséssemos uma única vida em um prato da balança e o resto do mundo no outro, a balança ficaria equilibrada. O romancista francês Antoine de Saint-Exupéry se perguntava "por que sempre agimos como se algo tivesse um preço ainda maior que a vida", quando, indubitavelmente, "a vida humana é inestimável".

Não tenho muita certeza sobre como essa crença veio a se cristalizar. Talvez ela tenha sido favorecida pela evolução como um estímulo para evitarmos predadores. Contudo, embora verdadeira no sentido de que cada um de nós provavelmente aceitaria abrir mão de todas as posses terrenas a fim de evitar a morte certa, essas definições muito estreitas não dão conta de explicar o porquê de continuamente atribuirmos novos preços à vida humana desde que rastejamos para fora do pântano primordial. Mais do que um único preço, a vida tem um cardápio.

Governar é impossível sem uma estimativa do que vale a vida dos governados. As diretrizes da Agência de Proteção Ambiental dos Estados Unidos, atualizadas pela última vez em 1999, estimam o custo de uma vida em cerca de 7,5 milhões de dólares em moeda de 2010. O Departamento do Meio Ambiente britânico afirma que cada ano de vida com boa saúde vale 29 mil libras. Um estudo do Banco Mundial, em 2007, sobre o custo estimou que um cidadão da Índia valia cerca de 3.162 dólares por ano, o que representa um pouco menos de 95 mil dólares por uma vida inteira.

Na verdade, estamos todos dispostos a aceitar que a vida tenha uma etiqueta de preço, contanto que não seja a nossa. O filósofo especialista em ética Peter Singer sugeriu um exercício elegante para provar o argumento: pergunte a si mesmo quanto você estaria disposto a pagar, mediante prêmios de seguro, digamos, de modo que o sistema de assistência médica cobriria o tratamento para preservar a vida de um estranho durante um ano. Você pagaria um milhão de dólares? Dez milhões? No momento em que diz não, você põe um teto no preço para a vida dessa pessoa. Não é de surpreender que preços como esse tendam a ser controversos.

PAGANDO PELOS MORTOS

Tenha em mente o Fundo de Compensação às Vítimas do 11 de Setembro, que o Congresso aprovou para ressarcir os feridos e as famílias dos que morreram nos ataques terroristas contra o World Trade Center e o Pentágono em 2001. Movido pela generosidade, misturada à preocupação de que as vítimas e seus parentes inundassem de ações judiciais a United e a American Airlines, o Congresso votou um orçamento ilimitado para o fundo. Consciente do custo, porém, determinou critérios rígidos para os ressarcimentos, a se basearem nas perdas "econômicas e não econômicas" para a família de uma vítima. Esse princípio insere as vidas das vítimas numa escala de valores. Ele lhes atribui um preço.

Designado para gerir o fundo estava Kenneth Feinberg, advogado e antigo chefe de equipe do senador democrático Edward Kennedy, que detém um histórico impressionante como mediador de casos difíceis. Em 1984, Feinberg obteve o acordo de 180 milhões de dólares pago pelos fabricantes do desfolhante agente laranja a cerca de 250 mil veteranos do Vietnã que haviam sido afetados pelo produto químico tóxico que fora jogado sobre os campos vietnamitas. Ele foi um dos três advogados que determinaram o valor de 16 milhões de dólares pagos pelo governo aos herdeiros de Abraham Zapruder pelo filme original de 26,6 segundos que ele fez do assassinato do presidente Kennedy em Dallas, Texas, em 22 de novembro de 1963. Anos depois de ter completado seu trabalho com o fundo de indenização, ele foi indicado pelo presidente Obama para ser o "czar dos pagamentos" da Casa Branca e estabelecer limites de indenização para altos executivos dos grandes bancos que foram resgatados com dinheiro dos contribuintes após a crise financeira de 2009. Em 2010, ele foi designado para gerir o fundo de 20 bilhões criado pela gigante petrolífera BP para tentar reparar os danos causados por milhões de barris de petróleo liberados no golfo do México após a explosão de sua torre petrolífera Deepwater Horizon.

Para Feinberg, determinar a perda não econômica das vítimas do 11 de Setembro foi fácil. Ele a estabeleceu em 250 mil por cabeça, mais 100 mil por dependente, valores que admitiu serem completamente arbitrários. Medir as perdas econômicas era mais complicado. O conceito de perda econômica foi criado para estipular os ganhos que um trabalhador falecido deixou de obter, ajustados segundo sua idade, seu estado civil e número de dependentes. Isso era a certeza de enormes abismos entre as compensações. Contrapunha o pagamento multimilionário para os executivos da casa de corretagem Cantor Fitzgerald, que funcionava no 105º andar da Torre Norte do World Trade Center, aos 17.337 dólares anuais obtidos por um peruano ilegal que trabalhava como cozinheiro no restaurante Windows on the World, cinco andares acima deles.

O senador Kennedy, seu ex-chefe, lhe deu um conselho: "Ken, se certifique de que pelo menos 15% das famílias não recebam 85% do dinheiro dos contribuintes." Mas, apesar da sugestão, o valor em morte das vítimas refletia a desigualdade que experimentavam quando vivas. Os banqueiros eram considerados mais valiosos que os faxineiros, e os jovens mais do que os velhos. Homens na casa dos 30 eram avaliados em cerca de 2,8 milhões de dólares. Homens com mais de 70, por outro lado, eram considerados como valendo menos de 600 mil dólares. As mulheres que trabalhavam e morreram no World Trade Center e no Pentágono ganhavam, em média, menos do que os homens. Isso implicava que seu valor na morte — a soma total do que Feinberg estimava que teriam ganhado durante suas vidas — também era menor. A compensação média para suas famílias ficou em cerca de 37% a menos, em média, do que a dos homens. O fundo acabou pagando cerca de 2 milhões de dólares, em média, para o parente próximo de 2.880 vítimas que morreram nos ataques. Mas cada uma das famílias das oito vítimas que ganhavam mais de 4 milhões por ano recebeu 6,4 milhões, enquanto a vítima mais modesta foi avaliada em 250 mil dólares.

A contabilidade fria é talvez o mais longe que se pode chegar das reflexões de Saint-Exupéry sobre o valor inestimável da vida. As cifras atribuídas aos que morreram nos ataques terroristas foram determinadas em função do rendimento econômico que deixaram de gerar — o que não mais podiam produzir porque estavam mortos. O código de reparações civis (*tort law*) nos Estados Unidos usa técnicas como essa para determinar a compensação de vítimas de delitos. Mas, para as famílias das vítimas, elas representaram uma distorção do que foi realmente perdido.

Os membros das famílias forneceram todo tipo de parâmetro pessoal para inflacionar o valor de seus entes queridos em relação aos demais. Uma viúva afirmou que a perda de seu marido após 36 anos de casamento tinha de valer mais do que a perda de uma esposa recém-casada. Outra alegou que a morte de seu marido valia mais porque ele levou um longo tempo para morrer, como ficou evidenciado nas inúmeras ligações que fez de seu celular, e desse modo ele teria sofrido mais do que alguém que morreu na mesma hora. O fundo de compensação às famílias do 11 de Setembro produziu um choque frontal entre o conceito que os familiares faziam de seus entes queridos e o ponto de vista geral de que embora as vidas sejam muito valiosas elas devem se encaixar em um orçamento finito. Era quase a garantia de deixar todo mundo insatisfeito.

Em *What Is Life Worth?* (Qual o valor da vida?) — um livro de memórias de sua experiência na chefia do fundo —, Feinberg sugeriu que se o Congresso algum dia tiver de voltar a estipular um plano de compensação para algo desse tipo, que deve pagar a todas as vítimas a mesma quantia. "A família do corretor de valores e a do sujeito que lava louça", escreveu, "devem receber o mesmo cheque do Tesouro norte-americano". Se parte da ideia era se precaver contra ações judiciais dos ricos, contudo, tudo isso não parece ter funcionado. Na verdade, as famílias das 96 vítimas mais ricas decidiram não participar do fundo de modo algum e, em vez disso, processaram as companhias aéreas, na esperança de obter mais dinheiro com os tribunais. Embora isso implicasse arcar com advogados caros, e levasse mais tempo para que conseguissem seu dinheiro, eles de fato obtiveram um ressarcimento maior. Anos mais tarde, as 93 famílias que fecharam um acordo conseguiram em média 5 milhões de dólares.

AVALIANDO A SEGURANÇA DOS CIDADÃOS

Tribunais, agências reguladoras do governo e companhias de seguro reproduzem o tempo todo os tipos de cálculo feitos por Feinberg. Os governos não têm como evitar atribuir preços à vida de seus cidadãos conforme alocam seus recursos entre prioridades conflitantes. A simples ação de determinar o orçamento de um corpo de bombeiros estabelece um valor implícito para a vida, considerando alguns desastres além da capacidade de ajuda dos bombeiros e condenando as pessoas cuja morte seria cara demais para evitar. Toda vez que aprova uma regulamentação sobre padrões de produtos ou segurança no local de trabalho, o governo está declarando sua posição de que as vidas dos que foram salvos de algum ferimento ou morte pelos novos regulamentos valem os custos impostos sobre produtores, consumidores e contribuintes.

Em 2006, a Consumer Product Safety Commission (Comissão de Segurança de Produtos ao Consumidor) aprovou um novo índice de inflamabilidade para colchões baseada no fato de que isso salvaria 1,08 vida e impediria 5,23 ferimentos por milhão de colchões. Avaliando cada vida em 5 milhões de dólares e cada ferimento em 150 mil dólares, ela concluiu que os benefícios chegariam a 51,25 dólares por colchão. O custo para a indústria em consequência da alteração chegaria a apenas 15,07 dólares, de modo que valia a despesa. Por outro lado, quase duas décadas depois, uma equipe da Academia Nacional de Ciências contratada pelo Departamento de Transportes dos Estados Unidos recomendou contra uma Determinação Federal exigindo cintos de segurança nos ônibus escolares com base no fato de que isso pouparia uma vida por ano, a um custo de 40 milhões de dólares cada uma.

Medir a relação custo-benefício é indispensável em um mundo em que fundos limitados devem ser alocados entre prioridades conflitantes. Mesmo assim, isso inevitavelmente desafia as crenças das pessoas no que é razoável ou justo. A análise custo-benefício vem sofrendo pesadas críticas de advogados da segurança do consumidor e ativistas ambientais que tendem a acreditar que devemos proteger a riqueza do mundo natural a qualquer custo. Nos Estados Unidos, a Clean Air Act (Lei do Ar Puro) de 1970 proibiu explicitamente a Agência de Proteção Ambiental a levar em consideração os custos de fazer cumprir os padrões de qualidade do ar.

Uma emenda de 1958 à Federal Food, Drug and Cosmetic Act (Lei Federal de Alimentos, Medicamentos e Cosméticos), de autoria de James Delaney, deputado por Nova York, exigia que os alimentos não apresentassem nenhum traço de qualquer aditivo conhecido que induzisse câncer em humanos ou animais, independentemente do custo de remoção do aditivo ou da magnitude do risco de se contrair câncer ao ingeri-lo. Até a Food Quality Protection Act (Lei de Proteção da Qualidade dos Alimentos) de 1996 afrouxar as restrições, a cláusula Delaney implicitamente admitia que proteger um consumidor de carcinógenos presentes nos alimentos valia uma quantidade ilimitada de dinheiro.

Os opositores de se controlar os custos e os benefícios de intervenções do governo voltam-se para a incerteza inerente envolvida em pôr uma etiqueta de preço em um ecossistema, ou de se estimar o benefício em dólares de um declínio no risco de contrair câncer. Nos Estados Unidos, os críticos lembram como a análise de custo-benefício foi empregada na década de 1980 durante a administração do presidente Ronald Reagan, adepto ferrenho do livre mercado que se opôs diretamente à intervenção do governo na economia. Em seu primeiro discurso, em 1981, Reagan afirmou: "O governo não é a solução de nossos problemas; o governo é o problema." Logo depois determinou, por meio de uma ordem executiva, que todas as regulamentações federais deveriam ser submetidas a uma análise para avaliar se estavam obtendo a melhor relação custo-benefício, e usou esses estudos em uma campanha sistemática para desmantelar as regulamentações indistintamente.

Mas a alternativa à análise do custo-benefício é alocação de recursos por decreto. Nos sete anos posteriores aos ataques de 11 de setembro de 2001, o governo dos Estados Unidos gastou 300 bilhões de dólares municiando seu aparelho de segurança doméstica. Contudo, uma análise do número de mortes provavelmente evitáveis repelindo-se potenciais ataques futuros concluiu que o custo de cada vida salva por esse inflado investimento em segurança ficou em algum lugar entre 64 milhões e 600 milhões de dólares.

Como reação aos ataques, a Austrália mobilizou cerca de 130 marechais do ar em voos domésticos e internacionais, a um custo de cerca de 27 milhões de dólares australianos por ano. Os marechais não foram inteiramente inúteis. Seus serviços foram exigidos uma vez, para imobilizar um senhor de 68 anos com uma faca em um voo entre Sydney e Cairns. Mas, segundo um estudo de 2008, o programa custou aos contribuintes 105 milhões de dólares australianos por vida salva.

Nada mais natural do que as sociedades tentarem se proteger de riscos. Mas é fácil passar dos limites quando ignoramos os custos envolvidos. Porque a verdade é que não dispomos dos recursos para tudo isso. Embora o preço de nos proteger possa ser ocultado de nossos olhos, quando insistimos em eliminar até o risco mais ínfimo, o tamanho da conta pode ser assustador. Quando deixamos de levar em consideração os custos e benefícios das políticas públicas, muitas vezes nos pegamos gastando quantias enormes em uma intervenção que irá salvar um punhado de vidas enquanto negligenciamos outras que proveriam mais vidas por esse mesmo dinheiro.

Durante o governo George W. Bush, John F. Morrall III, um economista do White House's Office of Information and Regulatory Affairs (Gabinete de Informação e Assuntos Reguladores da Casa Branca), publicou um estudo dos custos e benefícios de dezenas de regulamentações. Algumas se mostraram absurdamente dispendiosas: uma determinação de 1985 da Occupational Safety and Health Administration (Administração de Segurança e Saúde Ocupacional) para reduzir a exposição a formaldeído no ambiente de trabalho salvaria apenas 0,01 vida por ano, a um custo de 72 bilhões de dólares por vida.

A lei de 1980, que estabeleceu o "Superfund" para limpar lugares pesadamente poluídos nos Estados Unidos, designou alguns dos valores mais elevados jamais atribuídos a seres humanos. Desde 1980, o fundo destinou 32 bilhões de dólares para despoluir centenas de locais com poucos ou nenhum ser humano presente. A Agência de Proteção Ambiental determinou a necessidade de limpá-los presumindo que as pessoas se estabeleceriam ali no futuro. As vidas desses colonos hipotéticos eram bastante caras.

Um estudo de meados da década de 1990 de registros populacionais em 99 locais do Superfund concluiu que apenas um apresentava risco substancial a câncer induzido por poluição, uma das mais importantes áreas de risco avaliadas pela Environmental Protection Agency (Agência de Proteção Ambiental), EPA, na sigla em inglês. Mas enquanto limpar a área afetada por bifenil policlorado de uma antiga fábrica de transformadores da Westinghouse em Sunnyvale, Califórnia, evitaria 202 casos de câncer, segundo a análise, a limpeza dos outros 98 locais impediria apenas duas mortes por câncer, no total. Em seis locais, o custo implícito do programa variou de 5 milhões a 100 milhões de dólares para cada vida salva. Em 67 locais, o custo de salvar uma vida excedeu 1 bilhão de dólares. Em dois locais nenhuma morte foi impedida — então o custo foi infinito.

Embora esses programas possam mesmo assim ser benéficos ao ambiente, o preço talvez pareça elevado em um mundo com outras necessidades, talvez mais prementes. Proteção contra enchentes em Nova Orleans é uma que nos ocorre, ou o combate à malária. Um estudo do Banco Mundial determinou que a continuação da estratégia da Organização Mundial de Saúde de combate à tuberculose na África subsaariana custaria 12 bilhões de dólares entre 2006 e 2015. Mas só na Etiópia o programa salvaria 250 mil vidas. Hoje, cerca de 92 em cada 100 mil etíopes morrem de tuberculose por ano.

PONHA UM PREÇO EM SUA VIDA

Se o governo deve controlar custos e benefícios para estimar as políticas públicas, a questão óbvia é como a vida humana pode ser avaliada? A abordagem de Feinberg — medir o valor de nossa vida segundo nossa contribuição para o PIB — talvez seja fria demais. Mas existe uma alternativa, famosamente articulada há quase sessenta anos pelo comediante Jack Benny.

Em março de 1948, *The Jack Benny Show* transmitiu uma das esquetes de comédia mais famosas da história do rádio americano: um assaltante — na voz do comediante Eddie Marr — abordava Benny quando ele voltava da casa de um vizinho. "Vamos, vamos. O dinheiro ou a vida", exige o assaltante. Benny, um sovina notório, não responde imediatamente; então, após um longo silêncio, o ladrão repete a ameaça. "Olha, meu chapa", ele fala. "Eu disse o dinheiro ou a vida." Benny retruca: "Estou pensando."

A esquete de Benny sugere uma solução para essa que é a mais difícil das avaliações. Em seus esforços para realizar melhores análises de custo-benefício com vistas a orientar a criação de mecanismos reguladores e alocar os recursos públicos, os governos só têm de deixar as pessoas determinarem o valor de suas próprias vidas.

Talvez não estejamos dispostos nem sejamos capazes de determinar um preço para nossas vidas inteiras, mas todo dia atribuímos um preço às pequenas mudanças em nossa probabilidade de morrer. Fazemos isso toda vez que atravessamos a rua, negociando uma pequena chance de ser atropelados por um caminhão em troca de nosso desejo de chegar ao outro lado. Decidir não usar o cinto de segurança, fumar ou pedir o baiacu potencialmente venenoso no restaurante japonês implica uma probabilidade maior de morrer do que prender o cinto, não fumar ou escolher o salmão. O Toyota Yaris roda 3 quilômetros por litro a mais na cidade do que o Toyota Camry — uma economia nada desprezível. Também custa 7 mil dólares menos. Mas, segundo um relatório do Instituto de Seguro para Segurança nas Estradas, a chance de morrer num acidente de carro é cerca de 20% maior no minúsculo Yaris do que no sedã de tamanho médio.

Em 1987, o governo federal permitiu aos estados escolher o limite de velocidade nas estradas interestaduais, liberando-os do limite de 55 milhas por hora imposto em 1974. Um estudo de hábitos ao volante em 21 estados que mudaram seus limites de velocidade para 65 mph revelou que os motoristas aumentavam sua média de velocidade em 3,5%. Isso tanto diminuía seus trajetos casa-trabalho e vice-versa como aumentava suas chances de um acidente fatal. Os pesquisadores calcularam que, para cada vida perdida, os motoristas poupavam cerca de 125 mil horas em trajetos mais abreviados. Se cada hora fosse valorizada segundo o salário prevalecente, os motoristas poupavam 1,54 milhão de dólares, em moeda de 1997, para cada morte adicional.

Na década de 1960, o economista americano Thomas Schelling sugeriu usar a predisposição de as pessoas pagarem por segurança para determinar a etiqueta de preço que colavam em suas vidas. "Os defensores da gravidade de decisões sobre salvamento de vidas podem ser rechaçados", escreveu, "deixando que o consumidor (contribuinte, lobista, pessoas que respondem pesquisas de opinião) se expresse sobre a questão comparativamente desinteressante de pequenos incrementos em pequenos riscos, agindo como se tivesse preferências mesmo que na verdade não as tivesse. As pessoas fazem isso pelo seguro de vida: podem fazer pelo salvamento de vida".

Um estudo sobre a tendência dos pais a comprar capacetes de bicicleta para seus filhos concluiu que avaliavam a vida deles em algo entre 1,7 e 3,6 milhões de dólares. Uma análise de como os preços das casas caem à medida que estão mais perto de um local de Superfund com poluição concluiu que os donos das casas estavam dispostos a pagar até 4,6 milhões de dólares para evitar o risco de ter câncer. Outra forma de medir o valor da vida é observar a escolha que fazem de trabalhos, deduzindo o valor da vida do fato de que trabalhos mais arriscados pagam mais: digamos que um trabalhador aceite ganhar 100 dólares anuais a mais para fazer um trabalho que aumente seu risco de morte de um para 100 mil. Um economista concluiria daí que o trabalhador estimou sua vida em 100 mil vezes 100 dólares, ou simplesmente 10 milhões de dólares.

Essas técnicas têm ganhado força em vários países para determinar os custos que a sociedade está disposta a pagar para evitar ferimentos e mortes. Com seu apelo às preferências dos próprios cidadãos, elas revelam um sabor mais democrático do que meros cálculos baseados em perdas econômicas ou outros critérios objetivos. Se o Departamento de Transportes determina que os americanos não estão dispostos a pagar mais que 5,8 milhões para impedir a morte num acidente de trânsito, isso pode constituir um argumento razoável contra gastar mais do que 5,8 milhões de dólares para cada vida que ele espera salvar mediante melhorias nas estradas para reduzir o risco de acidentes fatais.

O Departamento de Agricultura costumava estimar a vida de um modo bastante semelhante ao feito pelo fundo do 11 de Setembro, calculando a perda de produtividade devido a morte prematura. Mas, na década de 1990, eles mudaram seus parâmetros de estimativa sobre o valor da vida segundo a disposição das pessoas em pagar. Hoje, ele usa um ágil sistema de cálculo em que se descobre que 1,39 milhão de casos de salmonela que afligem os Estados Unidos em um ano impõem um custo social de cerca de 2,6 bilhões de dólares. O grosso do custo origina-se das 415 pessoas mortas pela doença, cujas vidas individuais a agência avalia em 5,4 milhões de dólares cada.

Agências de saúde preferem medir o valor de viver mais um ano, em vez de uma vida inteira, na premissa nada absurda de que vamos todos morrer de um jeito ou de outro e tudo o que a ação do governo pode fazer é postergar a morte mais um pouco, não impedi-la. As análises mais sofisticadas levam em conta a qualidade de cada vida salva, presumindo que um ano de uma vida sofrendo uma aflição ou incapacitação vale menos do que um ano com plena saúde. Isso levou à criação de uma nova unidade de medida: a *quality-adjusted life year* (ano de vida ajustado por sua qualidade), conhecida como QALY, na sigla em inglês.

Para decidir se deve redesenhar ou reconstruir uma estrada, por exemplo, o Departamento de Transportes estima os ferimentos dentro de uma escala: um ferimento menor custa 0,0002% de uma vida estatística; um ferimento crítico vale mais do que três quartos. A FDA (Agência de Alimentos e Medicamentos) estima que a vítima de uma doença coronária perde 13 anos de vida, em média, que valem — para a vítima — cerca de 840 mil dólares.

Essas ferramentas tornaram-se o padrão em diversos países na avaliação e formatação das políticas de governo. Em 2003, por exemplo, a unidade de análise econômica do Departamento de Saúde da Austrália propôs mudar as advertências nos pacotes de produtos com tabaco. Ela baseava sua análise no fato de que isso pouparia cerca de quatrocentas vidas por ano — o que somava um benefício de algo em torno de 250 milhões de dólares australianos por ano — a um custo anual de cerca de 130 milhões de dólares australianos em impostos perdidos porque os australianos iriam fumar menos.

Essas técnicas fornecem uma nova medida da riqueza das nações. Economistas na Universidade de Chicago calcularam o valor para os americanos de sua expectativa de vida ampliada e concluíram que aumentos na longevidade entre 1970 e 2000 acrescentaram 3,2 trilhões de dólares por ano à riqueza nacional dos Estados Unidos.

SABEMOS QUANTO VALEMOS?

A despeito de seu apelo democrático, esse sistema de mensuração também é problemático. Usar as escolhas das pessoas para determinar o preço que estamos inclinados a pagar para salvar vidas poderia conduzir a sociedade por caminhos incômodos. Dada a escolha entre resgatar uma dezena de pessoas de 30 anos de um incêndio abrasador ou salvar uma dezena de sexagenários na mesma situação, talvez pareça uma escolha estranha salvar os mais velhos, do ponto de vista do estado de bem-estar social. Para começar, salvar os jovens significaria salvar muito mais anos de vida.

Cass Sunstein, o especialista em direito da Universidade de Chicago que atualmente chefia o Gabinete de Informação e Assuntos Reguladores da Casa Branca, e que supervisiona essas avaliações, propôs concentrar as políticas do governo em salvar anos de vida, mais do que vidas, ainda que isso fosse desconsiderar o valor dos mais velhos. "Um programa que preserve os mais jovens é melhor, em qualquer abrangência, do que um outro que preserve pessoas mais velhas", escreveu. Mas tente provar esse ponto de vista para alguém com mais de 65 anos. Não só eles valorizam o que lhes resta de vida tanto quanto os mais jovens, como também detêm enorme peso político e votarão contra qualquer um que se manifestar em contrário.

Em 2002, a Agência de Proteção Ambiental introduziu um elemento novo em sua análise sobre como a Clear Skies Act (Lei do Céu Limpo) — que regulava emissões de fuligem das usinas — reduziu a mortalidade prematura. Em vez de estimar cada vida salva em 6,1 milhões de dólares, como fizera no passado, ela aplicou um desconto de idade — sugerindo que a vida de alguém com mais de 70 anos valia apenas 67% da vida de alguém mais novo.

A revolta da American Association of Retired People (Associação Americana de Aposentados) e outros foi tão feroz que a chefe da Environment Protection Agency (Agência de Proteção Ambiental), EPA, na sigla em inglês, Christine Todd Whitman, foi forçada a abandonar a abordagem. "O coeficiente de desconto baseado em idade foi interrompido", ela disse. "Ele foi abandonado. A EPA não vai, repito, não vai utilizar uma análise ajustável por idade para tomar suas decisões." Quando a EPA voltou a ajustar o valor da vida baseado em idade para mensurar os benefícios de se regular a exaustão dos motores a diesel, pendeu pelo movimento contrário, a fim de agradar as pessoas mais velhas. Para chegar a um sistema que valorizasse a vida dos aposentados no mesmo patamar da vida dos americanos mais jovens, a agência teve de estimar cada ano de expectativa de vida remanescente em 434 mil dólares para pessoas acima da idade de 65 anos e em apenas 172 mil dólares para os mais novos.

Os riscos de confiar na escolha das pessoas sobre como estipular um valor em suas vidas podem ser vistos nas pesquisas de opinião que mostram a crença dos americanos em que uma vida salva de um ataque terrorista vale duas vidas salvas de um desastre natural. A tendência talvez explique a indiferença com que o governo dos Estados Unidos reagiu ao furacão Katrina em Nova Orleans em 2005, comparado ao maciço investimento feito para evitar uma repetição dos ataques terroristas contra o país em 2001.

Acima de tudo, essas estimativas perpetuam desigualdades econômicas. Schelling advertiu sobre isso: "Assim como os ricos vão pagar mais para evitar perder uma hora no trânsito ou cinco horas em um trem, é mais valioso para eles reduzir o risco de suas mortes ou da morte de alguém com quem se importam. É mais valioso porque eles são mais ricos que os pobres." O fato de que o *Titanic* não tinha botes salva-vidas para todos os passageiros seria razoável sob essa linha de pensamento. A distribuição de mortes — 37% de passageiros da primeira classe, 57% da segunda classe, 75% dos que viajavam nas acomodações mais baratas — seria incontroversa.

Contudo, se as pessoas achavam que a compensação pelo fundo do 11 de Setembro era injusta, o que pensariam de direcionar programas do governo para salvamento de vidas para os ricos porque eles dispõem de mais recursos para investir em sua própria saúde e segurança e são menos propensos que os pobres a assumir trabalhos arriscados? Esse sistema ignora o fato de que enquanto os ricos estão dispostos a pagar mais do que os pobres para proteger a vida e a integridade física, os pobres atribuem maior valor a cada dólar que conseguem do que os ricos. Para uma família que subsiste no limiar da pobreza, o investimento na visita de um médico poderia sinalizar uma tolerância mais baixa ao risco do que todos os custosos tratamentos médicos de um executivo corporativo.

Esse método de autoestimativa ignora o fato de que as escolhas das pessoas nem sempre são feitas livremente. Se fôssemos medir o valor das pessoas por sua predisposição a trocar dinheiro por segurança no local de trabalho, concluiríamos que os negros acreditam ser mais baratos do que os brancos. Eles sofrem mais fatalidades no local de trabalho em quase todo setor industrial e os salários extras que recebem pelo risco extra são mais baixos. Um estudo concluiu a partir desses dados que a vida de um operário branco valia 16,8 milhões de dólares, mais do que o dobro do valor de um trabalhador negro similar. Mas temos um bom motivo para não confiar nessa avaliação. Mais do que refletir um maior apetite pelo risco entre os negros, isso sugere que estes têm menos oportunidades de emprego e desse modo são obrigados a trabalhar por salários mais baixos.

Por esses parâmetros, a vida no mundo dos pobres é muito barata. Um estudo de 2005 baseado em salários de trabalhadores na Cidade do México estimou suas vidas em um máximo de 325 mil dólares. Um estudo de 2005 sobre o que os chineses estavam dispostos a pagar para evitar doenças ou morte em consequência da poluição do ar calculou que, a uma taxa de câmbio oficial, o valor mediano de uma vida estatística podia ser baixo como 4 mil dólares. Esse tipo de avaliação levaria a algumas decisões insustentáveis sobre alocação de recursos em todo o mundo. Representantes dos países em desenvolvimento ficaram ultrajados quando um relatório do Painel Intergovernamental sobre Mudança Climática em 1995 estimou o impacto do aquecimento global avaliando as vidas estatísticas em 150 mil dólares nos países pobres e em 1,5 milhão nos países ricos. Isso significava, perguntaram, que proteger pessoas da mudança climática em países pobres era uma relação custo-benefício menos valiosa do que proteger cidadãos no mundo rico? Assim o painel recuou, jogou fora sua análise econômica sofisticada e assumiu a posição mais justificável de que todos nós valemos a mesma coisa, 1 milhão de dólares, seja em países ricos ou pobres.

O PREÇO DA SAÚDE

O câncer de colo do útero é um dos mais letais no México, matando oito em cada 100 mil mulheres todo ano. Quando a GlaxoSmithKline e a Merck Sharp & Dohme desenvolveram vacinas contra o vírus do papiloma humano (HPV), a principal causa de câncer de colo do útero, o México estava entre os primeiros países a considerar um programa de vacinação universal para meninas de 12 anos de idade.

A relação custo-eficácia parecia ser extremamente elevada. A cerca de 440 pesos a dose, aproximadamente o preço citado pela Glaxo, oferecer uma imunização de três doses para 80% das garotas custaria pouco mais de 42 mil pesos para cada ano de vida saudável que seria preservado pelo procedimento, segundo uma análise de 2008 feita por pesquisadores do departamento nacional de saúde mexicano. Isso é inferior à metade do Produto Nacional Bruto (PNB) per capita do México, e assim considerado um bom investimento pelos especialistas da Organização Mundial de Saúde.

Mas como o México é um país relativamente pobre, essas conclusões produziram um problema. Um plano de vacinação universal custaria cerca de 1,4 bilhão de pesos, quase tanto quanto todo o orçamento para a série de sete vacinas infantis obrigatórias do governo. Assim, o governo adotou uma abordagem salomônica. Decidiu oferecer o programa de vacinação apenas nas áreas pobres do país com uma incidência relativamente alta de câncer de colo do útero, o que cortaria as despesas totais em mais do que a metade. Mais controversamente, em vez de fornecer as três doses num período de seis a oito meses, como sugerido pelos laboratórios farmacêuticos, o ministro da Saúde decidiu fornecer a terceira dose somente após cinco anos.

"Todos os nossos estudos da eficácia das vacinas foram baseados em um plano de três doses — a terceira deve ser tomada oito meses após a primeira", disse Miguel Cashat-Cruz, o chefe do setor de vacinas da subsidiária mexicana da Merck. Mas Eduardo Lazcano-Ponce, pesquisador do Instituto Nacional de Saúde Pública, disse que os interesses financeiros guiaram os protestos das companhias farmacêuticas. "Eles dizem que assim não vai funcionar, mas não fazem o menor esforço para reduzir o preço da vacina."

O sistema de saúde está repleto desses cálculos de custo-benefício, conforme os governos alocam orçamentos limitados em meio à enxurrada de novas medicações e terapias que saem dos laboratórios pelo mundo. Em 2005, o Ministério da Saúde da Nova Zelândia se negou a custear um programa de vacinação universal contra a doença pneumocócica que custaria cerca de 120 mil dólares neozelandeses para cada ano de vida ganho em boa saúde pela inoculação. O ministério aprovou os fundos para isso dois anos depois, quando o fabricante provou que um programa podia ser implementado por 25 mil dólares neozelandeses por ano de vida.

O governo britânico, que desde a Segunda Guerra Mundial oferece cobertura de saúde gratuita para seus cidadãos, tem sido pioneiro na aplicação sistemática da análise de custo-benefício para seus gastos com saúde. Isso teve início no fim da década de 1990, quando o remédio para disfunção erétil Viagra apareceu no mercado e os funcionários do National Health Service (Serviço Nacional de Saúde – NHS, na sigla em inglês) ficaram preocupados com a possibilidade de que o novo medicamento estourasse o orçamento do governo para a saúde.

Hoje em dia, o National Institute for Health and Clinical (Instituto Nacional de Saúde e Excelência Clínica) — ou NICE, na sigla em inglês — segue um padrão de diretrizes de determinar que remédios e procedimentos terão cobertura. Qualquer coisa que custe menos de 20 mil libras por ano em boa qualidade de vida é aprovado. E, a não ser em raros casos, o serviço de saúde não paga mais de 30 mil libras por ano de vida acrescentada. A prática se disseminou pelo mundo. A Canadian Agency for Drugs and Technologies in Health (Agência Canadense para Drogas e Tecnologias em Saúde) faz recomendações aos planos de medicamentos limitados da nação sobre a relação custo-eficácia de novos remédios. Da Austrália à Holanda e a Portugal, avaliações econômicas são obrigatórias para a aprovação de tratamentos.

A Organização Mundial de Saúde desenvolveu pontos de partida gerais para países do mundo todo. Ela classifica os tratamentos como de relação custo-eficácia muito alta quando cada ano obtido em boa saúde custa menos que o PNB per capita, de custo-eficácia factível quando um QALY custa de um a três anos do PNB per capita e não é interessante para o investimento quando custa mais do que isso. Esse sistema de parâmetro sugere que governos em países como Argentina, Brasil ou México deveriam subsidiar tratamentos se custassem menos do que 29.300 dólares por QALY, em 2009. Seus vizinhos mais pobres, como Bolívia e Equador, só poderiam custear intervenções que chegassem até 13.800 dólares. Os países ricos do continente, Estados Unidos e Canadá, devem se dispor a investir até 120 mil dólares por ano de qualidade de vida conquistada.

Contudo, decisões baseadas em cálculos de custo-benefício nunca são fáceis. Em 2008, pareceu o curso de ação correto para a NICE rejeitar pagar pelo Sutent, a mais recente pílula para câncer de rim da Pfizer, que custava cerca de 3.139 libras para um tratamento de seis semanas e que em geral prolongava a vida em menos de um ano. Isso significava que de um modo geral custa mais do que o limite de 30 mil libras por ano de "qualidade ajustada" de vida adicional da agência.

Mas a onda de protesto público que se seguiu foi ensurdecedora. Um tabloide britânico, o *Daily Mail*, chamou a decisão de "sentença de morte" para os que sofriam de câncer do rim. E a NICE recuou, aprovando o Sutent para alguns pacientes com base na alegação de que, "embora ele possa estar na extremidade mais elevada de qualquer avaliação plausível de tais benefícios, nesse caso houve uma significativa mudança de paradigma no tratamento de uma doença para a qual atualmente existe apenas uma opção de tratamento padrão de primeira linha". O investimento, na verdade, não seria grande demais. Menos de 7 mil britânicos sofriam com esse câncer de rim, e o Sutent seria indicado apenas para a metade deles. Além do mais, a Pfizer também se ofereceu para pagar a conta pelas primeiras seis semanas.

É DIFÍCIL SUPERAR a crença de que merecemos todos os cuidados com saúde que forem necessários. Durante a campanha do presidente Obama para reformar o sistema de saúde americano, a Casa Branca advertiu os aliados a nunca usarem a temida palavra "racionamento". O democrata Max Baucus, que no papel de diretor do Comitê de Finanças do Senado foi um dos principais legisladores a elaborar o projeto de lei, disse: "Não existe nenhum racionamento para o sistema de saúde" na reforma proposta.

Claro que o racionamento está disseminado no sistema de saúde pública norte-americano. Para começar, em 2009, 46 milhões de americanos não contavam com seguro de saúde. Um estudo com vítimas de acidentes graves de trânsito que terminaram em salas de emergência hospitalar em Wisconsin revelou que os que não dispunham de plano de saúde recebiam 20% a menos de cuidados do que os segurados. Eles eram mantidos apenas 6,4 dias no hospital, em média, comparados aos 9,2 dias para os que tinham plano. E os hospitais gastavam em média 3.300 dólares a mais com os segurados. Os não segurados, claro, tinham 40% maior probabilidade de morrer. O estudo revelou que se os hospitais houvessem tratado os não segurados do modo como tratou os outros, cada vida salva teria custado 220 mil dólares, o que soma cerca de 11 mil dólares por ano adicional. Isso é uma bagatela comparado ao Sutent; perfeitamente dentro dos limites impostos pela NICE britânica.

Entretanto, as táticas políticas de Obama fazem sentido em face das acusações dos conservadores americanos de que o governo queria controlar a decisão sobre quem vive ou morre. O presidente sentiu um gostinho das táticas da oposição quando uma proposta da Casa Branca para estudar a eficácia relativa de novos medicamentos e terapias, e decidir quais valiam mais a pena, suscitou uma reação furiosa. Um editorial no *Washington Times* comparou a proposta a um programa chamado Aktion T-4, posto em prática na Alemanha nazista para a eutanásia de pessoas velhas com doenças incuráveis, crianças criticamente deficientes e outros elementos improdutivos.

A retórica era eficaz porque apontava para a crença de que a vida tem valor inestimável, de que quando o caso é de vida ou morte, não devemos poupar despesas. Como disse Joy Hardy, a esposa de uma vítima de câncer na Inglaterra que teve o Sutent temporariamente negado pelo NHS: "Todo mundo deveria ter o direito de viver o máximo que pode." Essa crença sobrecarregou os Estados Unidos com um sistema de saúde singularmente ineficiente. Em 2009, a saúde consumiu 18% da renda nacional. E sem qualquer mecanismo para assegurar o custo-eficácia, ela pode engolir mais de um quinto da economia em 2020. No entanto, todo esse gasto não se traduziu em melhoria da saúde das pessoas.

De algum modo, os americanos têm menor expectativa de vida no nascimento do que japoneses, franceses, espanhóis, suíços, australianos, belgas, alemães, gregos, coreanos, holandeses, portugueses, neozelandeses, luxemburgueses, irlandeses, britânicos e dinamarqueses. Chegamos a esse ponto embora gastando, coletivamente, muito mais em saúde pública do que qualquer um desses países: cerca de 6.714 dólares por ano para cada americano. No Japão, por outro lado, os gastos relacionados com saúde somam cerca de 2.600 dólares per capita, e em Portugal apenas 2 mil dólares. Além do mais, alocar cuidados com saúde de acordo com a capacidade que os pacientes têm de pagar, e não numa análise dos custos e benefícios do tratamento, garante que a distribuição norte-americana de saúde, e vida, seja tão desigual quanto é possível encontrar no mundo industrializado. Mais da metade dos americanos que ganham menos do que a renda média afirmam não ser capazes de conseguir o tratamento de saúde necessário devido ao seu custo. Isso se compara a menos de 10% dos britânicos e dos holandeses.

Os americanos são seduzidos por uma poderosa miragem: a de que os mercados não racionam. Em 2007, o Congressional Budget Office (Gabinete Orçamentário do Congresso), ou CBO, na sigla em inglês, lançou um relatório sobre como a nação deve fazer para controlar a espiral de custos com o sistema de saúde, mensurando a relação de custo-eficácia dos tratamentos médicos, como diversos outros países fazem. O relatório advertia que pôr um preço na vida podia ser politicamente traiçoeiro nos Estados Unidos. "Muita gente acha a ideia incômoda, quando não objetável", observou o CBO, incompatível com "o sentimento de que nenhum gasto deve ser poupado para prolongar a vida de um paciente". A mão invisível do mercado é tão implacável em negar cuidados médicos aos necessitados quanto o mais insensível tecnocrata do planejamento central. Nossa relutância em admitir o preço da vida não significa que a vida não tenha um preço.

CAPÍTULO TRÊS

O preço da felicidade

UM DOS PRODUTOS culturais de exportação mais famosos do México, junto com bandas *mariachi* e pinguços passando as férias em Cancún, é a telenovela de 1979 intitulada *Los ricos también lloran*, ou *Os ricos também choram*. Dublado em 24 línguas, o dramalhão épico sobre as provações e peripécias de uma adorável jovem herdeira, Mariana, cativou milhões de espectadores em mais de uma centena de países.

A novela foi exportada para China e Arábia Saudita. Deu à Rússia o primeiro gostinho da cultura pop capitalista, arrastando um público de 100 milhões após fazer sua estreia por lá, em maio de 1992, pouco após o fim da União Soviética. O presidente Boris Yeltsin era fã. Segundo o jornal russo *Pravda*, soldados de Abkhazia e Geórgia realizavam uma trégua tácita no horário da novela para poder assistir a ela.

A trama da novela é de uma complexidade bizantina. Mariana, a heroína, é expulsa do rancho da família por uma madrasta maligna. Um rico benfeitor a adota. O belo filho do benfeitor a corteja. O amor dela pelo jovem é frustrado por uma rival, consumado, testado pelo ciúme. Por algum motivo — não me perguntem qual — Mariana decide dar seu bebê, Beto, para uma mulher que vende bilhetes de loteria. Só depois de voltar a encontrar Beto, anos mais tarde, e impedir que o pai dê um tiro nele, ela conhecerá a felicidade.

Apesar das idiossincráticas voltas na trama, e dos atores trajados em calças boca de sino, a novela atraiu milhões de pessoas porque lidava com um arquétipo romântico, o da heroína desamparada que cai no colo do luxo, mas mesmo assim não consegue obter a felicidade até que tenha encontrado o verdadeiro amor. A mensagem — embora transmitida em um registro elevado de canastrice — ecoa através do tempo pelo mundo afora: talvez pensemos que o dinheiro compra felicidade, mas as duas coisas não têm ligação.

O argumento fora explicitado um século antes pelo filósofo Arthur Schopenhauer, que afirmou que "o dinheiro é a felicidade humana em abstrato; assim, aquele que não é mais capaz de usufruir da felicidade humana no plano concreto se devota inteiramente ao dinheiro".

Em março de 1968, três meses antes de ser morto com um tiro, Robert Kennedy fez um discurso criticando asperamente a obsessão do país com o crescimento econômico: "O Produto Nacional Bruto acarreta poluição do ar e propaganda de cigarro, e ambulâncias para recolher a carnificina em nossas estradas. Acarreta fechaduras especiais em nossas portas e cadeias para aqueles que as arrombam. Acarreta a destruição da sequoia e a perda das maravilhas naturais numa dispersão caótica", afirmou.

"Além disso, o Produto Nacional Bruto não considera a saúde de nossas crianças, a qualidade de sua educação ou a alegria de suas brincadeiras. Ele não inclui a beleza de nossa poesia ou a força de nossos casamentos, a inteligência de nosso debate público ou a integridade de nossos funcionários públicos. Ele não mede nem nossa perspicácia, nem nossa coragem, tampouco nossa sabedoria ou nossa erudição, nem nossa compaixão, nem nossa devoção ao país; em resumo, ele mede tudo, menos o que faz a vida valer a pena."

Essa convicção muito antiga está passando por uma espécie de renascimento. À medida que as pessoas no mundo todo tiveram de lutar contra os efeitos colaterais da crise financeira internacional e contra uma recessão mundial, a sensação de que há algo de errado com nossa busca desenfreada por riquezas materiais cristalizou-se, entre alguns políticos, na crença de que os países devem buscar outras coisas além de crescimento econômico. Nosso ímpeto tacanho de maximizar o PIB, muitos parecem acreditar, só trouxe desastre.

Em 2008, quando a economia francesa caminhava para a recessão, o presidente francês Nicolas Sarkozy convocou dois economistas ganhadores do prêmio Nobel, Amartya Sen e Joseph Stiglitz, e o economista francês Jean-Paul Fitoussi, para que lhe preparassem um relatório sobre a melhor maneira de medir o progresso socioeconômico do povo. "Esse é o momento certo para que nosso sistema de medição mude a ênfase da medição da produtividade econômica para a medição do bem-estar das pessoas", concluía o relatório. O governo, sugeria, deveria suplementar dados econômicos padrão com outras informações, incluindo a percepção que as pessoas tinham sobre a própria felicidade.

O minúsculo reino budista do Butão, no alto do Himalaia, levou a ideia um pouco mais além — elaborando uma grandeza que chamam de "felicidade nacional bruta", com a qual planeja avaliar suas políticas e se manter antenado com o bem-estar do país. O rei Jigme Singye Wangchuck cunhou o termo em 1972, mas este se tornou uma realidade apenas após sua abdicação, 36 anos mais tarde, quando o Butão conheceu a primeira eleição democrática de sua história, e os butaneses aprovaram uma nova constituição estabelecendo o primeiro índice de FNB do mundo.

O índice possui dezenas de indicadores, agrupados em nove variáveis principais — que compreendem bem-estar psicológico, vitalidade da comunidade, ecologia, bom governo, uso do tempo etc. E estabelece valores para os comportamentos. As pessoas marcam pontos de felicidade se rezam e meditam com frequência e se compreendem sua família, e perdem pontos se sentem que estão sendo egoístas. Contudo, mais não é necessariamente melhor. Disputar Langthab, por exemplo, um jogo em que os oponentes trocam cabeçadas até que um dos dois se renda, deveria deixar os butaneses felizes. Mas é suficiente disputá-lo uma ou duas vezes por mês. Jogar mais vezes não aumenta o estoque de felicidade. De modo similar, o dinheiro contribui para a felicidade, mas apenas até 70.597 ngultrum — ou cerca de 1.550 dólares — por família por ano.

NO ENTANTO, A despeito da crescente popularidade, a crença de que o dinheiro tem pouco ou nada a ver com felicidade é enganosa. Como as reflexões de Schopenhauer e as provações de Mariana, a retórica arrebatadora sobre o vazio da riqueza material sustenta uma proposição dúbia de que a busca do progresso econômico é de algum modo uma perda de tempo, por não acarretar o que existe de mais importante na vida. A despeito do ceticismo com o crescimento econômico puro e simples, a despeito das denúncias furiosas contra o materialismo, é em geral melhor ter um grande PIB do que um pequeno. Basta perguntar a qualquer um dos mais de 3 bilhões de pessoas — metade da população mundial — quão felizes se sentem ganhando menos de 2,50 dólares por dia.

Na verdade, os estudos revelam que pessoas mais ricas tendem a ser mais felizes que pessoas mais pobres. Isso porque o dinheiro fornece inúmeras coisas que melhoram a vida das pessoas. Países mais ricos em geral são mais saudáveis e têm mortalidade infantil menor, bem como expectativa de vida mais alta. Eles tendem a ter meio ambiente mais limpo, e seus cidadãos muitas vezes têm melhor nível educacional, são menos exigidos fisicamente e possuem trabalhos mais interessantes. Gente rica geralmente tem mais tempo de lazer, viaja mais e tem mais dinheiro para apreciar as artes. O dinheiro ajuda as pessoas a superar barreiras e assumir o controle de suas vidas. Independentemente do que Kennedy disse, o Produto Nacional Bruto é o que leva em consideração a saúde de nossas crianças.

Na Grã-Bretanha, pesquisadores descobriram que um extra de 125 mil libras por ano aumentava a sensação de satisfação das pessoas com suas vidas em um ponto, numa escala de um a sete. Um estudo na Austrália examinou diversos levantamentos para compreender de que maneira a sensação de felicidade das pessoas correspondia aos acontecimentos de suas vidas. Ele revelou que um ganho súbito de 16.500 a 24.500 dólares significava um incremento de felicidade mais ou menos igual ao de se casar. Perder entre 178.300 e 187.600 dólares gerava o mesmo nível de infelicidade causado pela morte de um filho. Uma pesquisa Gallup, em 2009, descobriu que 30% dos americanos que ganham menos de 24 mil dólares por ano haviam sido diagnosticados com depressão, comparados a apenas 13% do americanos que ganhavam 60 mil dólares ou mais. A felicidade pode ser comprada por um preço.

Existe um problema nesse entusiasmo em substituir o PIB por um índice de felicidade. Quem pode definir o que torna as pessoas felizes? Será o mesmo governo que vai se beneficiar disso, caso o indicador revele um cidadão feliz? Por exemplo, relatórios de imprensa do Butão sugerem que os butaneses perderam o interesse pelo Langthab e outros esportes tradicionais. Mesmo assim, eles continuam sendo incluídos nas fontes que medem a felicidade. O Butão é um país em grande medida autoritário. O governo proibia a televisão até 1999. Em 1989, tornou obrigatório que todos os butaneses falassem dzongkha em lugares públicos. Em 1985, aprovou uma nova lei de cidadania redefinindo os descendentes de nepaleses do sul do Butão que não tinham como comprovar ter chegado lá em 1958 como estrangeiros, e subsequentemente expulsou cerca de 100 mil deles. Há aspectos bons, como 72% das florestas preservadas e pouco turismo. Mas também ocorre grande número de infanticídio feminino, feticídio e uma proporção desequilibrada entre os sexos, com 89,2 mulheres para cada cem homens. Regimes mais democráticos talvez tenham problemas em definir os atributos da felicidade. Embora o Butão possa ser uma nação feliz, isso provavelmente tem menos a ver com as inúmeras subdivisões de seus indicadores do que com riqueza material. Em 1980, o PIB per capita butanês foi 10% mais elevado do que o da Índia. Hoje, está 75% mais elevado. Em 2009, quando o resto do mundo afundava, o Butão crescia a uma taxa de 6,9%. Em 2008, a economia butanesa cresceu em um quinto. Como outros países do mundo, o lugar tornou-se mais feliz quando se tornou mais rico.

O projeto World Values Survey, uma série de levantamentos realizados no mundo todo nos últimos vinte anos, revelou que o país mais feliz do mundo é a Dinamarca. O menos feliz é o pobre Zimbábue. O Gallup World Poll 2006, uma pesquisa de opinião pública em âmbito mundial, consultou adultos de 132 países para classificar seu índice de satisfação numa escala de zero a dez. Os cidadãos do Togo, cujo Produto Interno Bruto per capita é de apenas 832 dólares, classificou sua satisfação um pouco acima de três. Americanos, 55 vezes mais ricos, puseram sua felicidade em sete.

O QUE É FELICIDADE?

Felicidade é um conceito elusivo, um punhado de significados sem definição precisa ou estável. Muitos pensadores já tentaram defini-la. "Felicidade é quando o que você pensa, o que você diz e o que você faz estão em harmonia", propôs Gandhi. Abraham Lincoln argumentou que "a maioria das pessoas é tão feliz quanto levam a si mesmas a acreditar que são". Snoopy, o beagle filósofo de *Peanuts*, fez o que para mim é a tentativa mais precisa de abordagem do problema epistemológico subjacente. "Minha vida não tem finalidade alguma, nenhuma direção, nenhum objetivo, nenhum significado, mas mesmo assim eu sou feliz. Não consigo entender. O que estou fazendo certo?"

A maioria dos psicólogos e economistas que estudam a felicidade concorda que o que preferem chamar de "bem-estar subjetivo" compreende três partes: satisfação, usada para captar o modo como as pessoas julgam suas vidas medido em relação a suas aspirações; sentimentos positivos como alegria; e a ausência de sentimentos negativos como raiva.

Isso de fato existe. Está relacionado diretamente a medidas objetivas da qualidade de vida das pessoas. Países cujos cidadãos são mais felizes em média registram níveis mais baixos de hipertensão na população. Pessoas mais felizes têm menor probabilidade de ficar resfriadas. E se ficam, se recuperam mais rapidamente. Pessoas que se machucam ficam curadas mais rapidamente se estão satisfeitas com suas vidas. Pessoas que dizem que são felizes sorriem com maior frequência, dormem melhor, relatam gozar de mais saúde e têm parentes mais felizes. E pesquisas sugerem que as taxas de felicidade e suicídio se movem em direções contrárias. Pessoas felizes não desejam morrer.

Mesmo assim, essa miscelânea conceitual pode ser algo difícil de mensurar. Simplesmente se pergunte quanto você é feliz, digamos, numa escala de um a três, como a utilizada pelo General Social Survey (Levantamento Social Geral). Depois pergunte a si mesmo o que quis dizer com isso. As respostas perdem clareza quando as pessoas são confrontadas com tais questões. Confundimos reações físicas com análises reflexivas e tomamos sensações de prazer imediato por avaliações de como a vida coordena nossas aspirações de longo prazo. Talvez possamos dizer que sabemos o que vai nos tornar felizes no futuro — fama, fortuna ou talvez um parceiro ou parceira. Mas quando chegamos ao futuro, isso raramente ocorre. Embora aparentemente saibamos de fato dizer a diferença entre satisfação geral com a vida e o bem-estar imediato, o imediato tende a contaminar o ontológico.

Durante um experimento na década de 1980, pessoas que encontravam uma moeda de 25 centavos em cima da máquina de Xerox antes de responder a uma pesquisa sobre felicidade relatavam uma sensação de satisfação com a vida muito mais elevada. Outro estudo revelou que presentear as pessoas com uma barra de chocolate melhorava o grau de satisfação que sentiam. Seria de se esperar que nossa satisfação com o conjunto total de nossa existência fosse uma quantidade razoavelmente estável — impermeável às alegrias e frustrações do dia a dia. Contudo, as pessoas muitas vezes dão uma resposta substancialmente diferente para a mesma pergunta sobre a felicidade geral em suas vidas se a pergunta for feita um mês depois.

Sigmund Freud afirmava que as pessoas "lutam pela felicidade; elas querem se tornar felizes e permanecer assim". Traduzindo a felicidade na linguagem da economia enquanto "coisa útil", a maioria dos economistas estaria de acordo. Essa simples proposição lhes fornece um poderoso instrumento para resistir à proposta de Bobby Kennedy de medir não a renda, mas alguma outra coisa. Pois se a felicidade é algo pelo que as pessoas lutam, não é necessário perder tempo tentando imaginar o que torna as pessoas felizes. Deve-se olhar apenas para o que as pessoas fazem. O fato é que as pessoas em grande parte optam por trabalhar e ganhar dinheiro. Sob essa óptica, o crescimento econômico é resultado de nossa busca do bem-estar. É o que nos torna felizes.

Essa abordagem tem suas limitações. Muitas vezes fazemos escolhas intrigantes que não nos tornam consistentemente mais felizes. Fumamos a despeito de saber sobre câncer e enfisema. Caímos de boca no chocolate apesar de saber que vamos ficar cinco quilos mais infelizes um pouco adiante. Quase dois terços dos americanos afirmam estar acima do peso, segundo uma pesquisa Gallup recente. Mas apenas um quarto afirma estar seriamente tentando perder peso. Na década de 1980, uma nova disciplina chamada Prospect Theory (Teoria da Perspectiva) — também conhecida como economia behaviorista — mobilizou as ferramentas da psicologia para analisar o comportamento econômico. Ela identificou todos os tipos de comportamentos peculiares que não se enquadram no entendimento econômico padrão do que nos torna felizes. Por exemplo, perder algo reduz nossa felicidade mais do que ganhar a mesma coisa a aumenta — uma idiossincrasia conhecida como aversão à perda. Somos incapazes de distinguir entre escolhas que têm probabilidades ligeiramente diferentes de nos tornar felizes. Extrapolamos a partir de umas poucas experiências para chegar a conclusões mais amplas, em grande parte equivocadas. Seguimos a manada, imitando comportamentos bem-sucedidos ao nosso redor.

Mesmo assim, continua a ser, de modo geral, verdadeira a ideia de que perseguimos o que acreditamos que nos torna felizes — e embora algumas de nossas escolhas talvez não nos façam felizes, outras farão. Conta a lenda que Abraham Lincoln estava andando de carruagem certo dia, dizendo a um amigo que concordava com a teoria dos economistas de que as pessoas lutavam para maximizar sua felicidade, quando avistou um porco preso na margem lamacenta do rio. Ele ordenou à carruagem que parasse, desceu e ajudou o animal a escapar para um lugar seguro. Quando o amigo observou para um Lincoln encrostado de lama que ele acabara de contrariar sua própria afirmação, ao se meter numa situação de grande desconforto para salvar um porco, Lincoln retrucou: "O que eu fiz foi perfeitamente consistente com minha teoria. Se eu não tivesse salvado aquele porco, teria me sentido terrível."

Assim, talvez a resposta apropriada ao pensamento angustiado de Bobby Kennedy seja concordar que perseguir o crescimento econômico muitas vezes apresenta efeitos colaterais negativos — emissões de carbono, degradação ambiental — que provavelmente nos tornarão infelizes mais adiante. Mesmo assim, continua a ser verdadeiro que os cidadãos americanos — e os cidadãos de grande parte do mundo — gastam enormes quantidades de tempo e energia buscando mais dinheiro e um maior PIB porque acham que isso vai incrementar seu bem-estar. E que isso vai torná-los felizes.

A FELICIDADE É UM PISO DE CONCRETO

A felicidade não depende exclusivamente de dinheiro, é claro. As pessoas que não fazem sexo afirmam ser menos felizes do que as que fazem. As pessoas são mais infelizes em áreas com maior nível de desemprego, mais crimes, inflação maior e maior poluição por dióxido de enxofre emitido por usinas de energia a carvão. Pessoas mais felizes têm maior probabilidade de se casar, menos de se divorciar, e possuem mais amigos. Pessoas de direita são mais felizes que as de esquerda.

Um levantamento feito pelo Pew Research Center revelou que mesmo quando o candidato republicano John McCain caminhava para a derrota na eleição presidencial de novembro de 2008, 37% dos republicanos se classificavam como "muito felizes", comparados a 25% dos democratas. Uma tendência similar vem se mantendo desde 1972, quando o General Social Survey começou a fazer a pergunta. Isso é assim no mundo todo. Aparentemente, tem a ver com a culpa da esquerda. Um estudo conduzido por psicólogos na Universidade de Nova York descobriu que a lacuna de felicidade entre direita e esquerda aumenta com o aprofundamento da desigualdade de renda. Isso sugere que pessoas de direita são mais eficientes em racionalizar a desigualdade como algo inerente à vida e se sentem menos culpadas por isso.

Mas melhore as perspectivas econômicas das pessoas e é provável que elas fiquem mais felizes. Mais de uma década após a queda do Muro de Berlim, em novembro de 1989, os antigos alemães orientais continuaram mais insatisfeitos que seus concidadãos do lado ocidental. Teriam ficado ainda mais infelizes não fosse o incremento em sua renda que se seguiu à unificação. A satisfação dos alemães orientais com a vida aumentou cerca de 20% entre 1991 e 2001. Grande parte desse salto foi devido às liberdades conquistadas com o fim de seu Estado policial. Mas um aumento de 60% na renda familiar também desempenhou um papel.

O Produto Interno Bruto da Federação Russa declinou em um quarto entre 1990 e 1995, quando a União Soviética se dissolveu. Não é de surpreender que o grau de satisfação dos russos com sua vida tenha caído 17%. Analisando a onda de suicídios masculinos que se seguiu ao desmantelamento da União Soviética, pesquisadores concluíram que um aumento de cem dólares no PIB per capita diminuiu a taxa de suicídio entre os homens russos em alguma coisa entre 0,14 e 0,20%. De modo similar, um aumento de um ponto percentual no quinhão da população que estava empregada reduziu as taxas de suicídio masculino em cerca de 3%.

Considere como você se sentiria infeliz se tivesse de viver com nada além de terra sob seus pés. Em 2000, o governo do estado de Coahuila, no norte do México, lançou um programa chamado Piso Firme, oferecendo às pessoas que moravam em casas com chão de terra batida cinquenta metros quadrados de piso cimentado, a um custo para o governo de cerca de 1.500 pesos mexicanos — o equivalente na época a 150 dólares, a renda de um mês e meio. As famílias ficavam sabendo de antemão a data da entrega, de modo a preparar os cômodos para serem cobertos. Grandes caminhões percorreram os bairros pobres, levando cimento de casa em casa, deixando às famílias o trabalho de alisar o piso.

Alguns anos após a aplicação do cimento, pesquisadores do Banco Mundial e de duas universidades americanas visitaram as favelas de Torreón, a capital do estado, munidos de balanças portáteis e aparelhos de testes médicos, para medir como aquilo afetou as vidas das pessoas. Chãos de terra são um campo fértil para vermes e diversos tipos de protozoário. As crianças pegam parasitas neles, sofrem de diarreia e ficam desnutridas. Anemia é comum, bem como deficiências de desenvolvimento. Os pesquisadores pesaram e mediram as crianças. Colheram amostras de fezes. Furaram os dedos das crianças para colher sangue e identificar se havia anemia. E as submeteram a testes cognitivos. Os pais eram consultados para saber se os bebês reconheciam palavras básicas para animais, objetos domésticos e coisas assim. Crianças mais velhas tinham de relacionar fotos com palavras. Depois os pesquisadores perguntaram às mães sobre o grau de satisfação de suas vidas.

Para estabelecer o impacto do novo piso, compararam a saúde e o bem-estar das famílias em Torreón com os de famílias na cidade irmã de Gómez Palacio, que é parte da mesma área metropolitana, mas por acaso fica na divisa da vizinha Durango — onde o programa não foi implementado. Os pesquisadores descobriram que o chão pavimentado levou a uma queda de 78% nas infestações parasitárias entre crianças. Casos de diarreia caíram pela metade, e a alta incidência de anemia despencou em quatro quintos. Crianças de moradias que haviam recebido o piso de cimento acertaram as respostas dos testes cognitivos em 30 a 100% mais vezes do que as que continuavam pisando na terra. E as mães ficaram muito mais felizes. A depressão entre elas caiu pela metade. E os níveis de estresse diminuíram. Mães em casas com o novo piso relataram um aumento de 69% no grau de satisfação com suas vidas. Essa felicidade custou cerca de 150 dólares por família. Não causa surpresa que o governo mexicano tenha estendido o programa para o restante do país.

O DINHEIRO É mais abundante em países industrializados. Mas mesmo aí tem sua participação na felicidade. Os levantamentos do Eurobarometer vêm consultando há mais de três décadas os cidadãos da União Europeia sobre o grau de satisfação com suas vidas. Entre os 25% mais ricos da população, quase um terço informou estar "muito satisfeito", segundo uma pesquisa do fim da década de 1990. Entre os 25% mais pobres, apenas cerca de 23% se mostravam igualmente felizes.

Os resultados foram semelhantes nos Estados Unidos. O General Social Survey, uma série de pesquisas de opinião efetuadas desde o início dos anos 1970 sobre o comportamento e as crenças dos norte-americanos, constatou que mais de 40% dos americanos que se encontram entre os 25% mais ricos da população são muito felizes. Mas entre a quarta parte de americanos mais pobres, somente 25% estão igualmente satisfeitos.

O dinheiro pode não trazer a felicidade permanente. Mas como Robert Frank, um economista da Cornell, afirmou: "Não existe uma única mudança que você possa imaginar que faria sua vida dar um salto na escala da felicidade tão grande quanto passar dos 5% mais baixos na escala do rendimento para os 5% mais altos."

O 11º Distrito Congressional de Nova York, onde eu moro, é um bairro modesto — indo de áreas razoavelmente pobres como East Flatbush e Crown Heights até a razoavelmente bacana Park Slope. A família típica do distrito tira 51.300 dólares por ano, de acordo com o censo, cerca de 12 mil dólares menos do que a média nacional. É uma região de insatisfeitos. Em 2009, o instituto de pesquisas Gallup, a consultoria de saúde Healthway e a America's Health Insurance Plans, um grupo do lobby da indústria, lançaram um índice de bem-estar de distrito a distrito baseado em levantamentos do grau de satisfação das pessoas com sua vida, trabalho e saúde. Meu distrito ficou em 42º lugar do país, a 15 do último.

O distrito congressional mais feliz da nação é mais ou menos tão distante do 11º de Nova York quanto se pode ir sem deixar os Estados Unidos. O 14º distrito da Califórnia é banhado pelo Pacífico, entre São Francisco e San Jose, abrangendo a maior parte do corredor high-tech do Vale do Silício. Desfruta de um cenário belíssimo, e certamente melhor clima do que o Brooklyn. Também ostenta uma renda familiar média de 116.600 dólares por ano.

A ESTEIRA ROLANTE DA FELICIDADE

Há um limite para a ligação entre dinheiro e felicidade. Deriva de um dos nossos traços humanos mais distintos: nossa capacidade para a adaptação. As pessoas se recuperam das grandes tristezas. Um estudo britânico revelou que embora pessoas que passaram a sofrer algum tipo de deficiência física tenham relatado uma grande queda em sua felicidade, muitos a recuperaram dentro de um ou dois anos. Um estudo sobre casamento e felicidade na Alemanha identificou que as alemãs enviuvadas se recuperam da perda de seus maridos em dois anos.

A felicidade tampouco dura. Mulheres alemãs se mostraram cada vez mais felizes nos dois anos em que seus relacionamentos evoluíram do namoro para o casamento. Contudo, após chegar ao pico no ano do casamento, a felicidade declinou de volta ao longo dos dois anos seguintes para perto de onde estava antes. O mesmo parece ter acontecido com pessoas que ficaram ricas. Estudos têm revelado que a onda de euforia que a pessoa experimenta quando acerta na loteria some relativamente rápido, por maior que seja o prêmio. Seis meses depois de ter ganhado, o grau de felicidade relatado pelos grandes sortudos decai mais ou menos ao ponto onde estava antes.

Na década de 1970, o economista Richard Easterlin, da Universidade do Sul da Califórnia, fez o que provavelmente foi a descoberta mais intrigante da história da economia da felicidade. Debruçando-se sobre 25 anos de estudos acerca de felicidade, ele concluiu que, apesar do crescimento econômico estelar, os americanos não estavam significativamente mais satisfeitos do que ao final da Segunda Guerra Mundial.

A adaptação explicaria essa tendência. Easterlin sugeriu outra dinâmica complementar: a felicidade talvez não dependa de nosso nível absoluto de bem-estar, mas de como o comparamos com o bem-estar dos que vivem em torno de nós. Nós nos sentimos felizes quando estamos melhor do que nossos vizinhos.

Outros economistas desde então têm encontrado exemplos similares da natureza relativa da felicidade. As pessoas se sentem menos felizes quando seus vizinhos têm mais dinheiro. Grosso modo, perder mil dólares produz o mesmo tipo de insatisfação que ver um vizinho ganhar mil dólares. As taxas de suicídio são mais elevadas do que a média em áreas onde existe uma grande lacuna entre os mais bem assalariados e pessoas de renda mediana. Muitos economistas têm aceitado a ideia de que o dinheiro possa comprar felicidade duradoura para pessoas muito pobres, para quem um aumento no rendimento poderia mudar drasticamente suas condições de vida. Mas, além de determinado limiar de satisfação, seria sem sentido lutar por mais. Os ricos talvez sejam mais felizes do que os pobres. Mas ficar mais ricos não os tornaria mais felizes, ao menos não por muito tempo, porque logo se adaptariam a sua nova vida um degrau acima na escada do rendimento e começariam a se comparar com pessoas mais ricas.

A adaptação pode ser um traço útil. Os economistas Gary Becker e Luis Rayo argumentam que a natureza efêmera, dependente do contexto, da felicidade faz sentido em termos evolucionários. Se o progresso incrementa nossa felicidade apenas temporariamente, ficamos motivados para a melhoria constante. O desejo de não ficar para trás em relação ao próximo funcionaria de modo bastante similar. O impulso infatigável de melhorar aumentaria nossas chances de sobrevivência. Como afirmou Adam Smith há 250 anos, a ideia de que podemos alcançar a felicidade resulta em "decepção, que cresce e mantém em movimento contínuo o empenho da humanidade".

Mas sem dúvida a essa altura já teríamos caído no conto do vigário? Se Easterlin tinha razão, o crescimento econômico seria uma proposição sombria. Se a renda de todo mundo crescesse de modo igual, a posição relativa das pessoas não mudaria. Se o crescimento beneficiasse mais uns do que outros, o aumento da felicidade entre os vencedores compensaria a perda de felicidade entre os perdedores em um jogo de soma zero. A adaptação propõe um mundo com ainda menos esperança, de pessoas correndo sem sair do lugar na esteira rolante da felicidade, numa atividade sem sentido. Os Pais Fundadores da nação norte-americana incluíram a busca da felicidade entre um dos direitos inalienáveis que julgavam que os cidadãos deveriam ter. Mas se de fato nos adaptamos a tudo, qual o sentido de lutar para ser feliz?

Alguns psicólogos chegaram até mesmo a sugerir que a felicidade já vem em nosso hardware, determinada não por mudanças em nosso ambiente, mas por nossa configuração genética individual. E parece haver alguma evidência de que nossos genes de fato desempenham um papel. O Minnesota Twin Registry (Cartório de Registro de Gêmeos de Minnesota) acompanhou milhares de gêmeos nascidos entre 1936 e 1955. Os pesquisadores descobriram que as mudanças no grau de felicidade são altamente correlacionadas entre gêmeos idênticos, que compartilham todo o seu material genético. Independentemente de crescerem juntos ou separados, a felicidade de um gêmeo está mais estreitamente ligada à do outro do que a seu próprio nível de educação ou riqueza. Por outro lado, a correlação desaparece entre gêmeos bivitelinos — que vieram de dois óvulos diferentes.

Mas se a felicidade está em nossos genes, teremos de responder a uma pergunta mais profunda do que a de Bobby Kennedy: qual o sentido de lutar por algo se nada vai melhorar nossa sensação de bem-estar? Isso viraria a economia de cabeça para baixo. Há alguns anos, Easterlin escreveu um ensaio intitulado "Alimentando a ilusão de crescimento e felicidade", em que apresentou friamente a conclusão de uma vida toda de estudos sobre a felicidade: eles "solapam nossa visão de que o foco no crescimento econômico ocorre no melhor interesse da sociedade". Na verdade, a proposição de que estamos em uma esteira rolante de felicidade solapa a crença de que a sociedade pode realmente melhorar.

A BARGANHA AMERICANA

Mas ainda não devemos entrar em desespero. A esteira da felicidade é uma metáfora forte demais. E Easterlin exagera seu caso. A evidência apresentada contra a proposição de que progresso — econômico ou de outra espécie — pode nos tornar consistentemente mais felizes é mais fraca do que parece. O progresso econômico ainda pode fazer muito pela humanidade.

A felicidade americana permanece peculiarmente impermeável ao progresso. Entre 1946 e 1991, a renda per capita nos Estados Unidos cresceu a um fator de 2,5 — a propriedade de bens duráveis, de aparelhos de tevê a carros, foi às alturas, as conquistas educacionais deram um salto, e a expectativa de vida no nascimento chegou a níveis muito elevados. Mesmo assim, a felicidade média dos americanos medida nos levantamentos caiu ligeiramente. Os Estados Unidos foram um dos quatro países industrializados — junto com Hungria, Portugal e Canadá — onde a satisfação com a vida caiu entre 2000 e 2006.

Mas fora dos Estados Unidos, pesquisas sobre a satisfação com a qualidade de vida revelaram que aumentos de rendimento quase sempre levaram a um maior grau de felicidade. Levantamentos em 52 países ao longo do último quarto de século ou algo assim revelaram que a felicidade aumentou em 45 e caiu em apenas sete. Entre os países mais pobres — Índia, Irlanda, México, Porto Rico e Coreia do Sul — ela aumentou bastante. Com a curiosa exceção da Bélgica, todos os nove países que eram membros da Comunidade Europeia em 1973 desde então têm registrado grau crescente de felicidade junto com o crescimento econômico.

Esses dados contradizem a proposição de que estamos estagnados, recalibrando nossas aspirações a cada passo dado, sempre retrocedendo ao ponto onde estávamos. Eles sugerem que se de fato nos adaptamos a melhorias na renda, a adaptação não engole todos os nossos ganhos. Se ganhamos um estímulo por ficar à frente dos nossos vizinhos, também apreciamos as melhoras de vida que o dinheiro pode comprar.

Se cem dólares fornecem muito mais felicidade em Burundi do que nos Estados Unidos, isso reflete o fato de que cem dólares são uma quantia muito mais interessante quando sua renda anual é inferior a quatrocentos dólares do que quando é mais de cem vezes isso. Mas o avanço econômico parece melhorar o grau de satisfação com a vida também nos países ricos. Na verdade, a lição que tiramos da pesquisa de Easterlin não é que o crescimento econômico não acarreta maior felicidade depois de determinado ponto de desenvolvimento. O que ocorre é que ter uma renda maior importa menos quando nossa renda já é grande. Essa dinâmica é bem compreendida por economistas. É chamada de rendimentos decrescentes. Outras vantagens escassas, como tempo livre ou um meio ambiente despoluído, também são importantes para nosso bem-estar. Conforme o dinheiro fica relativamente menos importante, elas começam a fazer maior diferença. Quando sacrificamos parte dessas vantagens para atingir a prosperidade econômica, a felicidade extra seguinte deve equilibrar o dinheiro ganho contra todo o dinheiro que é gasto para ganhá-lo.

Os americanos são mais ricos do que os europeus. O PIB per capita médio nos Estados Unidos é de 47.700, mais do que um terço maior do que o da França ou da Alemanha. Contudo, o americano médio registrou um nível de felicidade 2,2 numa escala de um a três, segundo o General Social Survey, quase idêntico à classificação dos europeus, segundo as pesquisas de opinião do Eurobarometer, que foi de 2,9 numa escala de um a quatro.

Provavelmente diversas coisas contam para a estagnação da satisfação dos norte-americanos. A primeira é a natureza assimétrica do crescimento da renda nos Estados Unidos. De 1972 a 2005, a renda familiar cresceu menos de 20% para os que se encontram na metade mais pobre da população. E cresceu 59% na metade mais rica. A felicidade seguiu a tendência: aumentou ligeiramente entre os 40% que ganham mais, porém declinou entre todos os outros. Se atualmente os Estados Unidos têm a distribuição de felicidade mais desigual entre os membros mais ricos da Organização para Cooperação e Desenvolvimento Econômico (OCDE), isso provavelmente ocorre porque o país também exibe a distribuição de renda mais desigual.

Mas há outras explicações potenciais. A ideia de que o dinheiro não melhora nossa percepção de bem-estar talvez se deva à confusão conceitual a respeito do que tais melhorias significam. Utilizando as resposta ao levantamento de 450 mil americanos, Daniel Kahneman e Angus Deaton de Princeton descobriram que o "bem-estar emocional" das pessoas — medido por sua declaração de sentimentos recentes como alegria ou tristeza — de fato parou de melhorar depois que a renda atingiu um limiar de cerca de 75 mil dólares anuais. Mas a sensação de satisfação das pessoas com sua vida aumentou continuamente com a renda, sem nenhuma evidência de saciedade.

O dinheiro faz com que nos sintamos melhor em relação a nossas vidas, mas ter tempo livre também. Os americanos têm sacrificado enormes quantidades de tempo para atingir sua prosperidade econômica sem paralelo. A descoberta paradoxal de Easterlin de que a riqueza crescente dos americanos não nos tornou nem um pouco mais felizes é, na realidade, uma prova de que o tempo que passamos ganhando dinheiro está apagando a felicidade que obtemos de contá-lo e gastá-lo.

Pesquisadores estudando um grupo de mil texanas que mantinham diários detalhados sobre o que estavam fazendo com seu tempo e como se sentiam sobre isso descobriram que a atividade mais feliz das mulheres era o sexo, seguido de socialização após o trabalho e relaxamento. As tarefas mais indesejáveis eram cumprir o trajeto de ida e volta entre trabalho e casa e o próprio trabalho. Infelizmente, para as mulheres, elas passavam apenas cerca de três horas e quarenta minutos fazendo suas coisas favoritas, e quase nove horas nas coisas desagradáveis.

Nenhum outro trabalhador no mundo industrial trabalha tanto quanto os americanos. Todos os países na OCDE, excetuando os Estados Unidos, obrigam uma combinação de licença paga e feriados públicos pagos. Os trabalhadores portugueses tiram um total de 35 dias por ano. Até mesmo os notoriamente workaholics japoneses tiram dez. Nos Estados Unidos, por outro lado, os trabalhadores não têm dias de folga obrigatoriamente remunerados. E os americanos também tiram menos férias. Enquanto o tempo dedicado ao trabalho tem declinado na maioria dos países industrializados, nos Estados Unidos ele permaneceu invariável durante os últimos trinta anos. Trabalhadores americanos em tempo integral encaram em média 46 semanas de batente por ano. Isso é cinco vezes mais do que na Espanha. Quatro décadas atrás, os trabalhadores japoneses registravam 350 horas a mais de trabalho por ano que os americanos. Em 2006, os americanos trabalhavam mais que os japoneses.

Esse trabalho todo gerou um bocado de crescimento. Entre 1975 e 1997 o PIB per capita da nação cresceu quase 50%. Contudo, talvez o que tenha dado errado foi que toda a felicidade conquistada pelos americanos com a renda extra acabou sendo consumida com o fato de ter de trabalhar 76 horas a mais por ano para obtê-la. Compare-se isso com a situação da França. A economia francesa cresceu um pouco mais vagarosamente. Mas os franceses trabalhavam 260 horas a menos em 1997 do que em 1975. Comparando o incremento de felicidade provido pelo dinheiro com o que é provido pelo tempo livre, os pesquisadores estimaram que os Estados Unidos deveriam ter crescido quase três vezes tão rápido quanto foi de fato para compensar os americanos por seu trabalho extra e provê-los com tanta felicidade quanto a obtida pelos franceses.

A barganha muda à medida que nos tornamos mais ricos. O valor de nosso escasso tempo livre aumenta, enquanto as coisas que o dinheiro pode comprar se tornam menos importantes quanto mais as possuímos. É por isso que as pessoas nos países ricos em geral trabalham menos do que as pessoas nos países menos desenvolvidos. Os coreanos gozam de 650 horas de lazer a mais por ano do que os mexicanos, mas cerca de 400 horas de lazer a menos do que os belgas. Mas a barganha em si mesma gera ansiedade. Pois quanto mais cresce nossa renda, mais dinheiro deixamos de ganhar quando passamos tempo em atividades não produtivas. A tensão entre tempo e dinheiro atinge o clímax quando estamos ganhando o máximo de dinheiro que podemos.

A curva da felicidade ao longo do ciclo de vida faz um U, declinando firmemente até a meia-idade e voltando a subir. Os homens americanos estão no auge da infelicidade ao entrar na casa dos 50, e os europeus de ambos os sexos ao chegar ao fim da casa dos 40. Os mexicanos atingem seu mínimo de felicidade com a idade aproximada de 41 anos. A meia-idade pode ser um ponto decepcionante da curvatura. É quando finalmente admitimos nossas limitações e descartamos nossos planos longamente acalentados de nos tornarmos pop stars, ficar ricos, viajar pelo mundo e viver para sempre. É o ponto de nossas vidas em que chegamos ao auge de nossas carreiras e ganhamos mais dinheiro. Mas também é o ponto em que usufruímos da menor quantidade de tempo livre. O americano de meia-idade típico dorme 8,3 horas por noite, menos do que as 9,8 horas do fim da adolescência e começo dos 20.

As tecnologias da informação, retratadas como ferramentas revolucionárias capazes de melhorar nossas vidas, são os grilhões da economia contemporânea. No auge da bolha das ponto-com, na década de 1990, Stephen Roach, o economista-chefe no banco de investimentos Morgan Stanley Dean Witter, escreveu uma crítica severa sobre as estatísticas do governo que davam a entender ter havido um aumento espetacular na produtividade do setor de serviços. Como era possível, ele se perguntava, que os profissionais de serviços pudessem expandir sua produção por hora tão rapidamente quando essa produção consistia principalmente de ideias?

Ele concluiu que o assim chamado boom de produtividade trazido pelos computadores era uma miragem. O que estava ocorrendo era que a tecnologia tornava mais fácil para os trabalhadores cumprir jornadas mais longas. Laptops, celulares e outros aparelhos lhes permitiam levar o trabalho consigo para onde quer que fossem. "O segredinho sujo da era da informação é que uma porção cada vez maior do trabalho é realizada fora do horário oficial de trabalho reconhecido pelo governo", escreveu Roach. O tempo que hoje devotamos ao trabalho com nossos dispositivos eletrônicos costumávamos devotar a outras atividades que eram frequentemente mais compensadoras. Até muito recentemente, em 1985, os americanos passavam em média duas horas e vinte minutos por dia preparando as refeições, comendo e lavando louça. Em 2003, o tempo investido nas refeições caíra para uma hora e cinquenta minutos.

LA JOIE DE VIVRE

Nem sempre os americanos trabalharam mais do que os outros. Na década de 1970, os europeus trabalhavam mais do que seus colegas nos Estados Unidos. Alguns economistas sugerem que as alíquotas mais elevadas na Europa desencorajavam o trabalho por lá. Outros apontam para os sindicatos mais fortes, que forçavam os governos social-democratas europeus a criar mais tempo de lazer, incluindo férias obrigatórias e semanas mais curtas. No fim da década de 1990, a Assembleia Francesa aprovou a semana de trabalho de 35 horas, numa estratégia de combate ao desemprego — baseando-se na ideia de que mais pessoas trabalhariam se a carga horária de cada trabalhador diminuísse. Embora a tentativa de promover o crescimento do emprego tenha fracassado, de fato propiciou aos trabalhadores mais tempo livre.

O francês Olivier Blanchard, economista-chefe do Fundo Monetário Internacional, que passou grande parte de sua carreira profissional nos Estados Unidos, argumenta que a Europa e os Estados Unidos fizeram escolhas diferentes conforme ficaram mais ricos e mais produtivos. Os americanos optaram por usar sua maior produtividade para ganhar mais dinheiro e comprar mais bens e serviços. Os europeus a "gastaram" em mais tempo de lazer e mais tempo dedicado às tarefas domésticas.

Muitos economistas compreenderão essas escolhas como manifestações racionais de diferentes preferências. Os franceses escolhem tempo e os americanos escolhem dinheiro porque preferem uma coisa à outra. Suas escolhas deveriam tornar ambos felizes. Mas existe outra leitura possível: os americanos optaram por um caminho mais infeliz.

Alguns dos mesmos estudos que mostram os americanos empacados numa rotina de felicidade desde o fim da Segunda Guerra Mundial sugerem que os franceses se tornaram mais felizes com suas vidas. Os franceses trabalham 440 horas anuais a menos do que os americanos em parte porque tiram sete semanas de férias, contra menos de quatro nos Estados Unidos. São os que desfrutam do maior número de horas de sono no mundo industrializado. Eles reservam duas horas e 15 minutos diariamente às refeições, uma hora a mais que os americanos. E devotam quase uma hora diária a mais para o lazer do que os cidadãos dos Estados Unidos.

As mulheres francesas gastam mais do que o dobro de tempo em refeições do que as americanas e quase 50% a mais em atividades de lazer — como praticar esportes ou ir a espetáculos. As americanas passam cerca de 10% a mais do tempo trabalhando e um terço a mais em atividades de lazer passivas como assistir à televisão. Constatou-se que os americanos apreciam mais o estilo de vida dos franceses. Os pesquisadores descobriram que se as americanas reorganizassem seus dias para gastar o tempo como fazem as francesas, elas não seriam tão felizes quanto estas últimas, mas seriam mais felizes do que são com a atual vida que levam.

A conclusão a ser extraída do paradoxo de felicidade americano não é de que o dinheiro não pode aumentar a felicidade. Pode. Mas ela simplesmente salienta que dinheiro não é a única variável relevante. A felicidade também pode ser adquirida com outras moedas. Pode ser comprada com amor. Pode ser comprada com tempo. E a busca pelo crescimento a todo custo pode levar ao sacrifício de outros componentes de nossa felicidade.

Acredite nos dramalhões mexicanos. Na década de 1990, a rede de televisão mexicana Televisa tentou reproduzir o sucesso de *Os ricos também choram* com um remake intitulado *María la del Barrio* ou *Maria do Bairro*. Talvez numa referência à ingenuidade da novela original, ou exibindo um novo entendimento do mundo, os roteiristas deram à heroína, agora chamada María Hernández de la Vega, uma nova fala: "Sei que os ricos também choram", ela disse. "Mas os pobres choram mais."

CAPÍTULO QUATRO

O preço das mulheres

ÀS VEZES ME pergunto por que a poligamia tem uma reputação tão ruim. Fazemos uma careta para isso como se fosse uma prática bárbara do passado, quando homens ricos podiam reunir haréns para produzir bandos de crianças e as mulheres podiam ser compradas e vendidas como gado. Cerca de 90% dos americanos acham a poligamia moralmente errada, segundo uma pesquisa Gallup, mais do que os que se opõem à clonagem humana, ao aborto ou à pena de morte. Na maior parte do mundo, o casamento monogâmico é a norma.

Mas monogamia estrita tem sido historicamente rara. Na verdade, a poligamia — quando os homens têm mais de uma esposa ao mesmo tempo, ou uma esposa e diversas amantes — tem sido popular ao longo da história humana. Ela se difundiu nos grandes impérios do passado, entre reis e imperadores que podiam se dar ao luxo de inúmeras parceiras. Era uma prática comum entre os poderosos no Irã zoroastrista, no Egito dos faraós e nos impérios asteca e inca. O rei Salomão tinha setecentas esposas e trezentas concubinas. E contudo, segundo a Bíblia, isso incomodou Deus só porque muitas não eram hebreias, mas moabitas, amonitas, hititas e assim por diante, e tinham suas próprias deidades. A poligamia só foi proibida no judaísmo asquenaze no sínodo convocado por Gershom ben Judah, perto do ano 1000 de nossa era.

Da década de 1960 à de 1980, o antropólogo George Murdock compilou um assim chamado *Ethnographic Atlas* (Atlas Etnográfico), registrando costumes e práticas em quase 1.200 sociedades, tanto antigas quanto contemporâneas. A poligamia prevalecia em 850 delas. Similarmente, antropólogos fazendo um levantamento em 172 sociedade indígenas norte-americanas nas décadas de 1960 e 1970 registraram que a poligamia estava ausente ou era muito rara em apenas 28 delas.

A poligamia era legal no Japão até 1880 e na Índia até 1955, quando foi proibida para os hindus, mas não para os muçulmanos. Nos Estados Unidos, a Igreja mórmon apenas repudiou a prática perto da virada do século XX sob a intensa pressão do Congresso norte-americano, que retirou o status de corporação da Igreja e confiscou seus bens em 1887. Mesmo na década de 1980, os estudiosos estimavam que cerca de 10% da população mundial vivia em sociedades poligâmicas. Hoje, ter mais de uma esposa ainda é comum em partes do Oriente Médio, em grande parte da África — do Sahel, ao norte, a uma faixa que vai do Senegal, no oeste, à Tanzânia, no leste — e entre seitas mórmons dissidentes no Oeste americano.

A poligamia está em nossos genes. Cientistas estudando a variação genética em populações de China, França, África e Pacífico Sul descobriram que as mulheres passavam adiante maior variação genética para os descendentes que os homens, sugerindo que mais mulheres do que homens conseguiam procriar com sucesso. Isso se enquadra como um marcador típico de poligamia: homens ricos costumam se unir com muitas mulheres diferentes; homens pobres procriam muito pouco ou nem mesmo procriam.

Em seu ensaio sobre poligamia e divórcio, o filósofo iluminista escocês do século XVIII David Hume atacou a poligamia como antinatural: "Essa soberania do homem é uma usurpação real e destrói essa contiguidade de status, para não dizer igualdade, que a natureza estabeleceu entre os sexos." Mas em 1979, mais de duzentos anos depois, o aiatolá Ruhollah Khomeini disse à jornalista italiana Oriana Fallaci que no Irã a "lei das quatro esposas é uma lei muito progressista e foi escrita pelo bem das mulheres, já que existem mais mulheres do que homens". A poligamia, concluiu, "é melhor do que a monogamia".

TALVEZ PAREÇA ESTRANHO invocar a mão invisível do mercado nessa que é a mais íntima das transações entre mulheres e homens. Mas existe uma racionalidade econômica por trás desses arranjos de acasalamento. Tem a ver com o custo relativamente baixo do esperma.

Os preços ocupam lugar proeminente na transação mais íntima que conhecemos. No mercado de parceiros e parceiras, os preços estão atrelados a coisas diferentes — mais a maridos e esposas do que a diamantes ou aparelhos de som. Mas eles desempenham essencialmente a mesma função que exercem na prateleira do supermercado, alocando recursos para maximizar um benefício que o acompanhe. Nesse mercado particular, o benefício consiste na sua maior parte de crianças que sobrevivem.

A teoria da seleção sexual de Darwin postula que o primeiro e mais importante impulso do comportamento — humano ou animal — é a necessidade imperativa de passar os genes adiante para as futuras gerações. Em um mundo em que os machos necessitam investir apenas um punhado de esperma nessa empreitada, enquanto as fêmeas devem produzir um óvulo, carregá-lo e nutrir o embrião, nada mais natural que os acasalamentos tivessem estratégias de reprodução assimétricas.

No mundo natural, isso significa que para os machos o sistema ideal seria o que lhes permitisse plantar sua semente no maior número de fêmeas possível. As fêmeas, cuja fertilidade é restringida pelo enorme custo de carregar a prole, encontrariam menos utilidade na multiplicidade de machos. Em lugar disso, optariam pela qualidade, por machos capazes de prover recursos para ajudar a assegurar que a geração seguinte sobreviverá.

Essas não são as únicas considerações a moldar o arranjo do acasalamento. Fêmeas de macacos bonobos são extremamente promíscuas. Elas fazem muito sexo, com qualquer macho que estiver por perto. Os pesquisadores sugerem que esse comportamento evoluiu como estratégia para evitar o infanticídio. Os machos matariam bebês sem parentesco para que suas mães parassem de amamentar e recuperassem a fertilidade. O sexo indiscriminado garante que um macho nunca saiba de quem é o bebê.

Estratégias de acasalamento são influenciadas por todo tipo de restrição ecológica — que vai da abundância de alimento à densidade populacional. Muitas espécies de pássaros estabelecem relacionamentos monogâmicos — um arranjo que reduz a competição entre as fêmeas e assegura que os machos colaborem estreitamente na criação de suas proles. Mas o adultério entre pássaros é comum — na medida em que os machos tentam fugir de suas restrições maritais para maximizar seu potencial reprodutivo, enquanto as fêmeas tentam encontrar machos com melhores genes do que os de seus parceiros constantes.

Mesmo assim, a assimetria entre os investimentos masculino e feminino na reprodução lança luz sobre muitos costumes sexuais. Isso ajuda a explicar, por exemplo, por que maridos que traem em geral escolhem mulheres mais jovens que a esposa, enquanto mulheres que traem escolhem homens com maior grau de instrução que seus maridos. Os homens estão mais interessados nas curvas femininas — uma medida de suas habilidades reprodutivas —, enquanto as mulheres estão mais interessadas no poder de ganho masculino — uma medida de seu domínio dos recursos. A assimetria explica também por que em muitas sociedades, em toda a extensão da história humana, as mulheres sempre tiveram um preço.

A POLIGAMIA É fruto da desigualdade. Ela é rara em sociedades de subsistência, onde os recursos são escassos, porque os homens não podem sustentar inúmeras mulheres. E se todos os homens são igualmente pobres, as mulheres têm poucos motivos para ser a segunda esposa de um, em vez de a primeira esposa de outro. A poligamia se tornou predominante porque permitiu a homens economicamente bem-sucedidos estender seu sucesso para o mercado de reprodução, plantando sua semente em inúmeras parceiras. Também possibilitou que mais de uma mulher se juntasse ao homem de maior recurso e compartilhasse de seus genes bem-sucedidos. Essa combinação de incentivos gerou um mercado em que as mulheres vendiam seus serviços reprodutivos para que os homens oferecessem seus lances. Os homens com mais recursos podiam oferecer mais. Isso muitas vezes levou maridos a pagar por suas esposas.

Grosso modo, dois terços das sociedades registradas no atlas de Murdock caracterizam-se por pagar pela esposa. Entre elas estão os kipsigis, uma sociedade poligâmica de pastores e agricultores no Quênia. A antropóloga Monique Borgerhoff Mulder, que estudou o grupo nas décadas de 1980 e 1990, descobriu que cada esposa extra adicionava 6,6 crianças à fertilidade de um homem. Essa fecundidade — somada à contribuição da mulher trabalhando para a renda da casa — exigia um preço, em geral pago pelo noivo à família da noiva. Da década de 1960 ao início dos anos 1980, o preço médio para uma esposa kipsigi era seis vacas, seis cabras e oitocentos xelins quenianos. Para um homem de posses medianas, isso chegava a um terço de suas vacas, metade de suas cabras e o salário de dois meses.

Porém, a maré de valores acompanhava o vaivém da oferta e da procura. Borgerhoff Mulder registrou que o valor dos dotes para a noiva caiu na década de 1970 e na de 1980, conforme as terras se tornaram mais escassas e os homens tiveram de esperar mais para acumular riqueza suficiente para se casar. Como os homens kipsigi se casam com mulheres mais jovens, a espera fez pender a proporção de homens para mulheres ainda mais em favor dos homens. Além disso, aumentou a possibilidade de as mulheres terem filhos ilegítimos, reduzindo seu subsequente valor como noivas.

A poligamia pode ser problemática. Pode arraigar a pobreza, desviando capital produtivo para o mercado de noivas. Encoraja os homens a ter grande número de filhos, reduzindo os recursos disponíveis para investir em sua educação. Um estudo sugere que a proibição da prática na África levaria a uma queda de 40% na fertilidade, um aumento de 70% na poupança nacional e um aumento de 170% na produção econômica per capita. Mas isso não significa que a poligamia é pior para as mulheres do que, digamos, a monogamia.

Ao longo da história da humanidade, o mundo tem permanecido majoritariamente um lugar patriarcal. Seja nas sociedades poligâmicas, seja nas monogâmicas, é comum que os filhos carreguem a linhagem sanguínea e herdem as propriedades familiares. As filhas são admitidas na família e no nome do marido. Mesmo assim, existem diferenças importantes. Em sociedades poligâmicas, a proporção homem-mulher pende em favor da mulher. Assim, as mulheres têm uma chance de casar acima de seu status. Nas culturas monogâmicas, mulheres de qualidade inferior estão restringidas a casar com homens de qualidade inferior. Como a antropóloga Laura Betzig disse certa vez: "Que mulher não preferiria ser a terceira esposa de John Kennedy em vez de ser a primeira do palhaço Bozo?"

Dotes para a noiva, é claro, raramente são pagos às noivas; o pagamento em geral é feito aos pais, que por sua vez costumam usá-lo para adquirir noivas para seus filhos. E contudo, até mesmo na cultura mais patriarcal, pais com a expectativa de obter dinheiro por suas filhas costumam apreciá-las mais. Theodore Bergstrom, um economista da Universidade da Califórnia em Santa Barbara, desenvolveu um modelo econômico de poligamia que concluiu que quando as famílias usam o dinheiro que conseguiram no casamento de suas filhas para comprar noivas para seus filhos, uma família com pelo menos um filho ganharia mais netos se seus outros filhos fossem mulheres. Isso torna as mulheres valiosas.

Em muitas sociedades monogâmicas, as filhas frequentemente não representam nada além de despesa. Dotes para a noiva são raros nessas culturas. Em vez disso, o que há são os dotes feitos pela família da noiva para o noivo, algo que nas culturas poligâmicas praticamente inexiste. Provavelmente esse é o motivo de muitas sociedades monogâmicas tradicionais terem se mostrado propensas ao infanticídio e feticídio femininos.

A poligamia declinou nos últimos 2 mil anos, primeiro na Europa e depois na maior parte do mundo, forçada pela expansão colonial europeia. Mas, ao que parece, não por oposição das mulheres. A razão mais provável é que foram os homens que se voltaram contra ela. Uma teoria postula que o desenvolvimento econômico encorajou a monogamia pelo modo como isso mudou as metas reprodutivas dos ricos. Em sociedades menos desenvolvidas em que a riqueza era na maior parte herdada, não fazia sentido investir na educação dos filhos. Para um homem, o propósito de se unir era ter o máximo de filhos possível, aumentando as chances de que seus genes sobrevivessem na geração seguinte. Isso sugeria uma maximização no número de uniões, independentemente da qualidade.

À medida que as economias se desenvolveram e o trabalho se tornou o principal caminho para a riqueza, investir no capital humano dos filhos começou a fazer sentido. Nesse novo mundo mais rico, mais crianças sobreviviam até a idade adulta, reduzindo a necessidade masculina de um harém de esposas para procriar o maior número possível. Em vez disso, valia a pena ter uma esposa inteligente capaz de educá-los. Essa mudança encorajou a educação feminina. Em sociedades pobres, primitivas, não só não fazia sentido, como também era potencialmente desestabilizador, educar as mulheres. Mas assim que o propósito masculino mudou de ter muitos filhos para apenas alguns com bom nível de ensino, educar as mães para criá-los se tornou um investimento útil. Essas prioridades cambiantes mudaram também o mercado do casamento, elevando o preço de mulheres de qualidade superior e, assim, tornando a poligamia menos vantajosa.

Mas talvez a hipótese mais convincente seja a de que a poligamia sucumbiu à necessidade de coesão social em culturas maiores e mais desenvolvidas, que tinham uma vantagem competitiva sobre outras menos organizadas. Um estudo de 1999 comparando 156 estados revelou que sociedades monogâmicas eram mais populosas, menos corruptas, menos inclinadas ao uso da pena de morte e mais ricas que as poligâmicas.

A poligamia arraiga disparidades, permitindo aos ricos arrebanhar todas as mulheres e jogando os pobres para fora do *pool* genético. Isso não contribui em nada para relações sociais harmoniosas. Durante a maior parte da década de 2000, centenas de rapazes adolescentes foram expulsos da Igreja Fundamentalista de Jesus Cristo dos Santos dos Últimos Dias, um povoamento mórmon dissidente estabelecido na fronteira entre Utah e Arizona, para permitir que seus líderes religiosos acumulassem dezenas de esposas. O argumento sugere que para que grandes Estados democráticos sobrevivam, a poligamia precisa sumir.

A poligamia era comum entre as elites do mundo homérico. Mas o período clássico greco-romano, a partir do décimo século antes da era cristã, foi monogâmico de um modo importante: os cidadãos podiam ter uma única esposa e não tinham permissão de coabitar com concubinas, mas podiam fazer sexo à vontade com escravas, a maioria tomada em guerras contra outras culturas. Os pesquisadores têm sugerido que esse arranjo permitia que até homens pobres e fracos tivessem uma esposa e se reproduzissem, embora também permitisse que os ricos plantassem sua semente em muitos jardins.

Do período greco-romano e passando pela Igreja medieval, a monogamia se espalhou pelo mundo judaico-cristão. No século quinto da era cristã, santo Agostinho chamou a monogamia de "costume romano". Cento e vinte e cinco anos depois, o imperador Justiniano disse que "a lei antiga" proibia maridos de ter tanto esposas como concubinas. A cristianização disseminou a monogamia pelo mundo antigo. A não ser por alguns casos isolados de poligamia — entre os anabatistas no século XVI —, a monogamia se tornou a instituição matrimonial estabelecida do Ocidente.

O VALOR DO TRABALHO FEMININO

O economista Gary Becker ganhou o prêmio Nobel de economia pelo conjunto de uma obra que começou na década de 1960 sobre interações e comportamentos humanos que iam além das simples transações de mercado. Ocupando posição de destaque estava sua análise da família. Becker a descreveu como uma pequena fábrica em que marido e esposa são produtores especializados de bens domésticos complementares: mulheres equipadas para criar os filhos comercializam a produção doméstica com os homens, que se especializam em trazer o pão do mercado de trabalho. Juntos, eles lucrativamente fornecem bens e serviços comunais — entre os quais os mais importantes são as crianças. O poder do formalismo econômico de Becker explica mais do que simplesmente a família nuclear. Ele lança luz sobre uma série de instituições que governam o relacionamento entre homens e mulheres, delineando-os como transações em mercados de casamentos e bens familiares.

A natureza econômica das negociações matrimoniais explica por que a maioria das sociedades criou leis com proteções especiais para assegurar que as esposas tenham acesso aos recursos. Em um mundo darwiniano, em que a estratégia de otimização masculina é fertilizar o maior número de mulheres possível, isso assegura que as mulheres disponham dos recursos necessários para carregar exitosamente suas proles. Mais de 2 mil anos antes da era cristã, o código sumério de Ur-Nammu fixou um preço para o divórcio. O homem tinha de pagar à ex-mulher um *mina* de prata, mais ou menos o suficiente para comprar três escravos, ou apenas a metade se ela era enviuvada de um casamento anterior. O código babilônico de Hamurábi exigia que um homem que largasse a mãe de seus filhos devolvesse o dote e fornecesse renda suficiente para garantir seu sustento.

Mas se as leis eram estabelecidas para garantir o acesso das mulheres aos recursos dos homens, de modo similar havia códigos estritos para assegurar que os homens não criariam os filhos de outro. Penas severas para o adultério feminino têm historicamente protegido os homens da estratégia reprodutiva favorável das mulheres: escolher um homem adequado para se casar e prover os recursos e ter relações ocasionais com outros homens com genes superiores.

O antropólogo Bronislaw Malinowski documentou que nas ilhas Trobriand de Papua-Nova Guiné, os maridos tinham o direito de matar a esposa se ela cometesse adultério, ao passo que as esposas só tinham direito a largar seus maridos adúlteros. A lei sumeriana determinava que enquanto uma esposa adúltera deveria ser executada, um homem na mesma situação só merecia a morte se deflorasse a esposa virgem de outro homem. Se uma mulher era acusada de adultério, ela tinha de provar sua inocência pulando no Eufrates. Se morresse afogada, era culpada. Se sobrevivesse, seu acusador tinha de pagar ao marido dela vinte shekels de prata, ou cerca de duzentos gramas.

Vestígios dessas instituições continuam entre nós até hoje. Até a década de 1970, a lei familiar nos Estados Unidos obrigava os homens a sustentar suas esposas acima de seu próprio padrão de vida. Hoje em dia, pensões alimentícias para a esposa com rendimentos inferiores ainda são o padrão de divórcio. Mas os termos das transações maritais mudaram, e o principal motor da mudança tem sido a transição das mulheres para o trabalho remunerado.

Em *The Theory of Economic Growth* (Teoria do crescimento econômico), publicado em 1955, o economista do desenvolvimento W. Arthur Lewis, da ilha caribenha de Santa Lúcia, escreveu: "Cabe aos homens debater se o progresso econômico é bom para eles ou não, mas para as mulheres debater o caráter desejável ou não do crescimento econômico é debater se elas merecem a chance de deixarem de ser bestas de carga e se juntarem à raça humana." O frio mercado darwiniano valoriza as mulheres como úteros, vendendo serviços reprodutivos e serviço doméstico em troca do esperma masculino e dos recursos econômicos. Mas o desenvolvimento mudou os termos da negociação. Deu às mulheres outra função, como produtoras no mercado. Com isso elas aumentaram seu valor, tanto na família quanto na sociedade como um todo.

AO LONGO DO século XX, o crescimento econômico ofereceu às mulheres das sociedades industrializadas novas oportunidades produtivas fora do lar, o que transformou sua contribuição ao ambiente familiar e melhorou sua posição para negociar. O trabalho mudou as perspectivas femininas — ofertando novas carreiras e vidas. Lewis argumentou que "a mulher obtém liberdade da faina diária, está emancipada da reclusão doméstica e ganha ao menos uma chance de ser um ser humano pleno, exercitando seu espírito e seus talentos da mesma maneira que os homens".

Mas se o desenvolvimento abriu uma nova série de opções para as mulheres, a inclusão delas no mercado de trabalho contribuiu para moldar o caminho do desenvolvimento. As mulheres trouxeram ao mercado de trabalho uma série diferente de capacidades que facilitou a mudança da indústria pesada para economias baseadas em serviço, nas ricas nações ocidentais. De igual importância, à medida que as mulheres aumentavam sua influência sobre as decisões quanto aos investimentos e gastos domésticos, ajudavam a introduzir vastas mudanças sociais e econômicas que alteraram profundamente a civilização do Ocidente.

A historiadora de economia Claudia Goldin defende que a oferta de trabalho feminino faz uma espécie de curva em U à medida que os países se desenvolvem. Em sociedades pré-industriais, como a América colonial, as mulheres trabalhavam muito, desde cuidar das crianças até preparar refeições e fazer velas, enquanto os homens cultivavam o torrão familiar. Famílias eram pequenas unidades de produção. A economia familiar não era produtiva o bastante para permitir que alguém não contribuísse. Mas à medida que as economias cresciam, a renda familiar cada vez maior diminuía a pressão sobre as mulheres de contribuir para a produção doméstica, levando-as a se retirar do mercado de trabalho e se concentrar mais nos cuidados com as crianças. Enfrentando um forte preconceito cultural contra assumir os sujos "trabalhos de macho" que são típicos dos primeiros estágios do desenvolvimento, as mulheres ressurgiram na força de trabalho apenas depois que os países ficaram ricos o bastante para lhes fornecer ensino secundário e serviços de escritório que elas podiam exercer sem sofrer estigmas sociais.

Em Bengala Ocidental, Índia, a primeira parte dessa dinâmica ocorreu durante a revolução verde das décadas de 1960 e 1970, quando a introdução de variedades altamente produtivas de trigo, arroz e outros cultivos gerou uma explosão de produtividade agrícola que elevou os rendimentos domésticos e mudou o tipo de trabalho necessário nos campos. Herbicidas reduziram a necessidade de arrancar ervas daninhas, tradicionalmente ocupação das mulheres. O uso cada vez maior de tratores e outros equipamentos agrícolas estabeleceu o trabalho exclusivamente masculino. Como resultado, as famílias se tornaram mais especializadas. Enquanto os homens continuaram no campo, as mulheres passaram para dentro de casa, a fim de cuidar do ambiente doméstico. Não causa surpresa que a taxa de natalidade bengali tenha aumentado.

O padrão também se revelou nos Estados Unidos no fim do século XVIII. Tecelagens ofereciam trabalho para moças solteiras, que usavam seu pagamento para suplementar a renda da família e acumular um dote para torná-las parceiras mais atraentes em um casamento. Mas assim que se casavam, deixavam o trabalho para cuidar de suas famílias.

Mulheres americanas permaneceram no lar por um longo tempo. Perto do fim do século XIX, apenas 5% das mulheres casadas nos Estados Unidos trabalhavam fora de casa. De fato, até o fim do século XIX, maridos tinham direito legal sobre suas esposas, seus proventos e posses. Os governos começaram a aprovar leis garantindo a elas direitos de propriedade apenas nos últimos anos do século XIX. Os economistas sugerem que isso é porque as mulheres tinham pouquíssimas chances de conseguir um trabalho pago ou juntar recursos. Mas à medida que a industrialização lhes abria mais oportunidades no mercado de trabalho, esse arranjo começou a ficar no caminho do desenvolvimento, inibindo os incentivos das mulheres para trabalhar.

O padrão descrito por Goldin se encaixa na curva do desenvolvimento econômico no mundo de hoje. Em países extremamente pobres como Ruanda ou Tanzânia, nove em cada dez mulheres entre a idade de 45 e 59 anos trabalham. A oferta de trabalho feminino declina à medida que os países progridem, chegando a um ponto baixo perto do estágio de desenvolvimento de México e Brasil, e depois voltando a subir conforme os países atingem o estágio da Suécia, da Austrália ou dos Estados Unidos.

A dinâmica social por trás do ambiente de trabalho evidentemente contribuiu para moldar o papel em evolução da mulher no mundo todo. Ao longo das sete primeiras décadas do século XX, as mulheres americanas ganharam o direito de votar e de decidir se interrompiam uma gravidez como parte de amplos movimentos igualitários. A tecnologia ajudou. Da máquina de lavar à comida congelada e o forno de micro-ondas, novos inventos tornaram mais fácil à mulher buscar oportunidades fora de casa. A distribuição em massa da pílula anticoncepcional tornou mais barato para os homens fazerem sexo, reduzindo seu incentivo para o casamento. Mas também possibilitou às mulheres controlar a própria fertilidade, postergar o casamento e iniciar uma carreira. As mulheres perderam um fonte tradicional de apoio material, mas ganharam autonomia econômica.

A chave dessas mudanças, contudo, foi o trabalho. O trabalho ampliou a influência feminina e impeliu as mulheres a brigar pela igualdade entre os sexos nos empregos, em casa e além, acarretando mudanças legais e políticas mais amplas. Mudanças institucionais então encorajaram mais mulheres a trabalhar, produzindo um ciclo recorrente de feedback positivo. Por exemplo, o poder crescente das mulheres contribuiu para o divórcio sem parte culpada e unilateral na década de 1970. A mudança, que diminuiu o custo de terminar um casamento, incentivou ainda mais as mulheres a trabalhar como uma forma de segurança econômica caso o matrimônio chegasse ao fim.

A oferta de trabalho feminino cresceu acentuadamente ao longo do século XX. Em 1920, menos de 10% das mulheres casadas com idade entre 35 e 44 anos tomavam parte na força de trabalho. Em 1945, a parcela estava em torno de 20%. As conquistas educacionais da mulher também evoluíram num piscar de olhos. Fora da América do Sul, os índices de graduação secundária entre mulheres quintuplicaram de 1910 a 1938, chegando a 56%. Isso produziu um sem-número de trabalhadoras qualificadas preparadas para assumir os novos cargos de escritório que abriam na nova economia.

Mesmo assim, mulheres instruídas enfrentaram uma batalha árdua para encontrar melhores empregos. Em 1950, 25% das mulheres casadas na flor da idade estavam no mercado de trabalho, mas o censo registrou que os principais trabalhos femininos eram como professora, secretária e enfermeira. A ex-juíza da Suprema Corte Sandra Day O'Connor passou por maus bocados para conseguir uma entrevista de emprego com alguma firma legal após se graduar na faculdade de direito de Stanford, em 1952, entre as primeiras da classe. Quando conseguiu, foi para trabalhar como assistente de um advogado. "Fiquei chocada", lembrava ela em 2008, dois anos após se aposentar da Corte. "Nunca passou por minha cabeça que eu não seria capaz de conseguir um emprego." Finalmente, ela conseguiu um no setor público: vice-procuradora municipal em San Mateo County, Califórnia.

A atitude das mulheres em relação ao trabalho mudou. Em 1929, a oferta de trabalho das esposas declinou previsivelmente, à medida que os salários dos maridos cresceram — sugerindo que trabalhavam apenas para suplementar a renda familiar. No início da década de 1960, contudo, o economista Jacob Mincer descobriu que as mulheres estavam tomando a decisão se deviam trabalhar com base em seus próprios salários, e não nos de seus maridos.

O trabalho mudou até mesmo o corpo das mulheres. Os homens tendiam a apreciar mulheres com quadris e seios grandes por motivos reprodutivos. O formato de ampulheta das mulheres está associado ao início da fertilidade — as garotas têm a forma parecida com a dos garotos, mas começam a acumular gordura perto dos seios e dos quadris na puberdade, quando seus níveis de estrogênio sobem. Mas esses não são os únicos fatores determinantes do sucesso. À medida que as oportunidades de emprego feminino no mercado de trabalho aumentaram, elas adotaram um arquétipo de beleza diferente, mais esguio. A arquitetura projetada para ser bem-sucedida no jogo do acasalamento — seios grandes e cinturas de abelha — perdeu terreno para um ideal de corpo mais magro que era mais indicado para um ambiente de trabalho ainda dominado por homens que tendiam a ver mulheres com muitas curvas exclusivamente como potenciais parceiras.

Por volta de 1900, os bustos das modelos retratadas na revista *Vogue* tinham o dobro das dimensões de suas cinturas. Mas à medida que mais mulheres se profissionalizavam, os peitos na *Vogue* diminuíam, até que em 1925 eram apenas 10% maiores. A forma do corpo feminino se tornou mais curvilínea de novo nas décadas de 1930 e 1940, talvez como consequência da relativa escassez de homens durante a Segunda Guerra Mundial, e do pico de casamentos ao fim da guerra que tirou muitas mulheres do mercado de trabalho. Mas elas iriam emagrecer novamente. Conforme grande número de mulheres seguia carreiras profissionais ao longo das três décadas seguintes, os tamanhos dos seios diminuíram progressivamente em relação às cinturas, até que no fim da década de 1980 a razão busto-cintura da *Vogue* se aproximava de seu ponto mais baixo de 1925.

A dinâmica é similar a padrões encontrados em outras culturas. Um estudo feito com dezenas de sociedades primitivas revelou que mulheres rechonchudas são menos desejáveis em sociedades que valorizam o trabalho feminino, sugerindo que a gordura corporal associada com maior armazenamento de energia e aptidão reprodutiva também torna mais difícil o sucesso no trabalho.

Nível de instrução, aliado a uma demanda cada vez maior de mulheres na força de trabalho, acabou mudando permanentemente as expectativas das mulheres. Em 1960, havia 1,84 homem para cada mulher que se graduava em uma faculdade de quatro anos nos Estados Unidos. Em 2008, essa proporção mudara para 1,34 mulher para cada homem. E a maioria dessas mulheres com ensino superior trabalhava. Em 2000, as mulheres respondiam por cerca de 40% dos alunos de primeiro ano em administração, e cerca de metade nas áreas de medicina e direito. Aproximadamente 60% das mulheres americanas em idade de trabalhar integram a força de trabalho formal, seja com um emprego, seja procurando por um. Isso ainda representa cerca de 11 pontos percentuais abaixo da participação masculina no mercado. Mas é 15 pontos percentuais acima da parcela de mulheres que trabalhavam quarenta anos atrás.

As diferenças perduram quanto às posições no trabalho de homens e mulheres. Em 2009, a renda média feminina crescera para cerca de 80% da dos homens. Mas a lacuna da remuneração tem permanecido estagnada por anos. Os salários das mulheres continuam sendo penalizados porque elas ficam mais tempo de licença e têm maior probabilidade de trabalhar em meio período, principalmente por causa da maternidade. Um estudo de alunos de administração da Booth School of Business da Universidade de Chicago revelou que a lacuna salarial entre os sexos cresceu 15 mil dólares por ano em média, logo após a graduação, para 150 mil dólares após nove anos de formados. Também identificou que nove anos depois de obter o diploma, apenas 69% das mulheres formadas trabalhavam em tempo integral o ano todo, comparadas a 93% dos homens. Porém, a despeito da lacuna salarial persistente, para a maioria das mulheres o trabalho se tornou a norma, independentemente de quanto ganham. É o que elas fazem, assim como os homens. Isso transformou a sociedade americana de modos fundamentais.

RENEGOCIANDO O CONTRATO DO CASAMENTO

É difícil exagerar a enorme reviravolta que essa nova dinâmica representou para o casamento tradicional. O acordo da família padrão, em que as mulheres trocavam os serviços de seu útero, cuidados com a criança e tarefas domésticas pelo salário do marido, conheceu a obsolescência no momento em que as mulheres chegaram em casa com um contracheque próprio. Elas dedicavam cerca de 47 horas semanais para tarefas domésticas na virada do século XX. Em 2005, haviam diminuído para 29. O trabalho dos homens em casa quadruplicou para 17 horas semanais. Pesquisas de opinião no fim da década de 1970 descobriram que pouco mais de um terço das mulheres discordava da afirmação de que "é mais importante para uma esposa ajudar na carreira do marido do que ter uma ela própria". No fim da década de 1990, quatro em cada cinco discordavam.

Ao mesmo tempo, homens e mulheres descobriram que as coisas que a família fora projetada para fornecer — refeições, roupa lavada, sexo e crianças — podiam ser obtidas sem ela. Em 2007, cerca de 40% dos nascimentos nos Estados Unidos ocorreram fora do matrimônio. No início da década de 1970, havia 11 casamentos para cada mil americanos. Em 2006, foram sete, o índice mais baixo da história. As taxas de divórcio subiram. E ter um monte de filhos, o principal propósito da unidade familiar arquetípica, tornou-se menos popular. A parcela de mulheres que tinham quatro ou mais filhos caiu de 36% em 1976 para 11% em 2006. Mais de um quinto das mulheres hoje não tem filhos.

Tanto homens como mulheres enfrentaram problemas para se ajustar às novas regras do acordo. Há alguns anos escrevi um artigo sobre uma diminuição na oferta de trabalho feminina que começava a se insinuar nas estatísticas de emprego nos Estados Unidos. Após quatro décadas de crescimento, parecia que a taxa de ingresso das mulheres no mercado de trabalho estagnara em algum momento em meados dos anos 1990. Lembro-me de ter conversado com Cathy Watson-Short, uma ex-executiva de 37 anos do Vale do Silício, que queria muito voltar a trabalhar, mas não conseguia imaginar como dar conta do emprego e dos cuidados com as três filhas jovens. O mais interessante era seu choque por absolutamente não ser capaz de fazê-lo: "A maioria de nós achava que poderia trabalhar e ter filhos, pelo menos fomos criadas para pensar que conseguiríamos — sem problema." Mas a questão central para ela era que, a despeito de todas as mudanças revolucionárias desencadeadas pela marcha feminina rumo ao mercado de trabalho, as relações entre os sexos não haviam mudado suficientemente. "Conquistamos igualdade no trabalho", disse-me ela. "Na verdade não conquistamos igualdade em casa."

Levantamentos nos Estados Unidos sobre o uso do tempo confirmam que as mulheres passam duas vezes mais tempo que os homens cuidando das crianças; os homens passam 50% a mais do tempo trabalhando fora de casa. Mas os homens também enfrentam maus bocados para se orientar em meio às mudanças no equilíbrio de poder entre os sexos. Durante as últimas cinco décadas, a parcela de mulheres com emprego na flor da idade, dos 25 aos 44, subiu de 40 para cerca de 70%. Durante o mesmo período, a quantidade de homens em seu apogeu que estavam empregados caiu de 93 para 81%. Quando o desemprego atingiu um pico, em 2009, a parcela de homens no auge da idade que estavam sem trabalho foi a mais elevada desde o fim da Segunda Guerra Mundial. Isso também se revelou devastador para o mercado matrimonial. Ao perder sua superioridade na contribuição financeira para a família, muitos homens ficavam com pouco a oferecer.

PESQUISANDO UM ARTIGO sobre o declínio das taxas de casamento nos Estados Unidos, deparei-me com um mercado relativamente novo tomando forma na internet: a oferta de casamentos on-line para ajudar os americanos frustrados a encontrar esposas em países como Colômbia ou Ucrânia. Os homens que vi eram em geral de meia-idade; alguns com bom nível de instrução e financeiramente bem-sucedidos. Alguns apenas queriam sexo casual com mulheres exóticas do exterior. Mas outros estavam legitimamente procurando uma parceira para a vida toda. Queriam alguém que agisse dentro das regras antigas, nos moldes de uma Doris Day na década de 1950. Sam Smith, um ex-corretor de seguros em Houston, que fundou o serviço I Love Latins (Eu Amo Latinas), contou-me: "Tudo começou com o movimento de liberação feminina. Os caras estão cheios da atitude norte-americana de eu, eu, eu." BarranquillasBest.com, que oferecia noivas colombianas, tinha dicas sobre como impedir estrangeiras de se tornarem americanizadas: "Deixe que ela mantenha contato constante com a família na Colômbia. Cartões telefônicos e duas viagens por ano para casa são importantes."

Sam oferecia pacotes de viagem de dois dias para Barranquilla por 895 dólares, incluindo passagem aérea, hotel e festas, onde um grupo de 17 americanos seria apresentado a 750 jovens colombianas. "Os caras acham que morreram e foram para o céu", ele me contou. O próprio Sam entrou em seu segundo casamento com uma colombiana, após se divorciar nos Estados Unidos.

Em 2008, mais de 42 mil mulheres estrangeiras foram trazidas por americanos para dentro dos Estados Unidos com vistos de noiva temporária ou esposa. De certa forma, a transação em que elas se envolveram não era diferente das dos casamentos do passado. O homem oferecia um *green card* e a chance de uma vida relativamente próspera; a mulher oferecia juventude, beleza e obediência. Conversei com diversos casais assim que se declararam felizes — alguns após anos de casamento.

O perigo era que muitas vezes os homens não se davam conta de que o modelo Doris Day também não estava mais funcionando em outros países. "Ele quer ser o rei da casa e compra a ideia alardeada pela propaganda de que pode obter uma mulher mais tradicional na Rússia — ela vai preparar o jantar, fazer sexo e de resto ficar de boca fechada", disse Randall Miller, um advogado que representa estrangeiras vítimas de maus-tratos por parte de seus noivos e maridos americanos. "O sujeito é pego de surpresa quando a mulher se mostra franca, tem opiniões e quer um emprego."

As mudanças no ajuste do casamento penetraram até na política. Elas empurraram as mulheres para a esquerda, à medida que a vulnerabilidade econômica aumentou seu apoio nos impostos e benefícios do governo. E fizeram os homens, que normalmente ganham mais e em geral não têm a guarda dos filhos, dar um passo à direita. Em 1979, a probabilidade de que as mulheres dissessem preferir a esquerda era 5% mais alta entre mulheres do que homens, segundo pesquisas para as eleições. Em 1998, a lacuna crescera para 13%. Em 2008, ano da eleição presidencial, as mulheres tinham 30% maior probabilidade de votar no candidato Barack Obama do que em seu rival republicano, John McCain. Os homens, por outro lado, repartiram seus votos quase igualmente.

Em certa medida, uma dinâmica similar tem entrado em ação por todo o mundo industrializado. No Canadá, na Nova Zelândia e em países nórdicos, trabalham ainda mais mulheres do que nos Estados Unidos. E a oferta de trabalho feminina atingiu um pico em países tradicionalmente patriarcais como Itália, Espanha e Japão. Entre 1994 e 2008, a parcela de mulheres espanholas no trabalho cresceu de 32 para 56%; na Itália, pulou de 36 para 48%.

Nesses países, também, a família tradicional naufragou. A taxa de casamento anual caiu para cerca de cinco casamentos por mil, em média, nos países industrializados da Organização para Cooperação e Desenvolvimento Econômico, dos oito do início da década de 1970. Em nenhum lugar o divórcio atingiu os níveis elevados dos Estados Unidos na década de 1980. Mesmo assim, aumentou em toda parte. E as taxas de fertilidade declinaram abruptamente, conforme as mulheres decidiam postergar o nascimento dos filhos para seguir carreira, e poucas famílias eram formadas. Apenas cinco de 31 países na OCDE — Estados Unidos, Islândia, Nova Zelândia, México e Turquia — apresentam taxa de natalidade de 2,1 crianças por mulher ou acima, a assim chamada taxa de substituição que garante uma população estável. Na Espanha, as mulheres têm apenas 1,5 criança, em média, e na Alemanha, 1,3; no Japão, têm 1,4. A fertilidade está tão baixa que a população em alguns desses países começou a encolher. Em 2050, a população da Coreia está prevista para diminuir 17%.

O NOVO MERCADO MATRIMONIAL

Um dos mistérios demográficos do mundo é por que, considerando as atuais mudanças na estrutura familiar, os americanos ainda têm tantos filhos.

Religião é uma possibilidade. Ela é mais popular nos Estados Unidos do que na maioria das outras nações ricas. Escutei uma história no rádio sobre um pequeno movimento evangélico chamado Quiverfull (Aljava Cheia), nome baseado no Salmo 127 da Bíblia, que diz: "Como flechas na mão de um guerreiro são os filhos da juventude. Feliz o homem que encheu sua aljava com elas." O grupo faz cara feia para métodos contraceptivos. Aparentemente, seus membros acreditam que se tiverem bastante filhos, serão capazes de tomar conta do Congresso dentro de poucas gerações. "O útero é uma arma muito poderosa", sugeriu um de seus líderes. "É uma arma contra o inimigo."

O motivo da fecundidade americana também pode ser o fato de as aposentadorias nos Estados Unidos serem particularmente exíguas, tornando as crianças mais úteis como segurança na velhice. Um trabalhador típico nos Estados Unidos recebe cerca de 40% em relação aos últimos proventos da Seguridade Social. As aposentadorias europeias são mais generosas. Na Itália, a fertilidade começou a subir vagarosamente em 1996, depois de cair por anos. Talvez não por coincidência, esse foi o ano em que a reforma da aposentadoria entrou em vigor, reduzindo os pagamentos prometidos para trabalhadores jovens de 80% de seus últimos ganhos para apenas 65%. De fato, os economistas descobriram que as probabilidades de ter um filho cresceram 10% para os trabalhadores que tiveram suas aposentadorias diminuídas, em relação aos que não tiveram.

Mas a explicação mais convincente parece ser a de que os Estados Unidos têm se mostrado mais eficientes em conciliar trabalho e criação dos filhos do que outros países. Nos Estados Unidos e em alguns outros lugares, como Suécia e Dinamarca, os homens assumiram algumas tarefas domésticas, diminuindo o custo da criação das crianças para as mulheres, permitindo que conciliassem as crianças com o trabalho fora. Alguns analistas também sugeriram que o enfraquecimento do vínculo matrimonial tem mostrado um impacto comparativamente brando na fertilidade americana porque as mulheres daquele país escolheram fazer uma "produção independente". Países como Itália ou Espanha, onde os papéis sexuais tradicionais estão mais arraigados, mostraram mais dificuldade em superar a crença que vincula a criação dos filhos ao casamento e a uma divisão mais tradicional do trabalho. Em lugares onde se espera que as mães criem sozinhas os mais novos, as mulheres são confrontadas com uma escolha dura: emprego ou reprodução. À medida que oportunidades de emprego apareceram, muitas optaram por trabalhar, largando inteiramente as atividades maternas.

O fato de que a relação marital arquetípica tem se tornado obsoleta não significa que o casamento moderno não tem nada a oferecer. O casamento pode significar uma substancial economia de recursos, do aluguel à assinatura de revistas. Um estudo comparando os gastos de homens e mulheres casados e solteiros no Canadá revelou que solteiros vivendo sozinhos podem gastar substancialmente mais do que a metade do que um casal gasta para atingir o mesmo padrão de vida.

O casamento é também uma forma de seguro. Famílias com duas fontes de renda são financeiramente mais estáveis do que as com uma só, e desse modo mais propensas a assumir riscos financeiros. Um estudo entre mulheres italianas identificou que as solteiras fazem menos investimentos de risco do que as casadas, sugerindo que se sentem financeiramente mais vulneráveis. Outros pesquisadores descobriram que a legalização do divórcio na Irlanda, em 1996, levou a um aumento dos depósitos em poupança entre os casais, na medida em que se salvaguardavam contra a maior probabilidade de um rompimento e contavam com suas economias para o futuro. Os casais ficaram com probabilidade de 10 a 13% menor de ter dívidas. E as poupanças cresceram mais rapidamente entre os não religiosos e que desse modo tinham maior chance de se divorciar.

O casamento nos Estados Unidos está uma instituição mais simétrica do que nunca: pai e mãe trabalham; pai e mãe cuidam dos filhos. Hoje, em 57% dos casais, ambos ganham dinheiro. Em um quarto desses a esposa ganha mais do que o marido, com rendimento superior em 16%, duas décadas atrás. Os cônjuges se parecem mais, em idade, nível de instrução e perspectivas profissionais. Mais do que uma fábrica de crianças, hoje está mais para um clube, onde maridos e esposas juntam os recursos que ganham com o trabalho para comprar lazer e outros bens — como cuidados com as crianças — no mercado.

A clássica fórmula hollywoodiana em que o rico executivo se casava com sua secretária depois de descobrir a jovem linda que ela era assim que tirava os óculos não mais tem qualquer apoio da realidade. Hoje em dia, os americanos têm cerca de quatro vezes maior probabilidade de se casar com alguém do mesmo nível educacional do que de se casar com alguém com um nível superior ou inferior de instrução. E se um dos parceiros do casal tem nível educacional maior do que o outro, provavelmente será a esposa. À medida que maridos e esposas têm se mostrado menos dependentes um do outro para produzir o que a unidade familiar necessita, o casamento, outrora destinado a durar até a morte, tornou-se um arranjo mais diverso do que jamais foi.

AS MUDANÇAS COBRARAM um preço. O casamento se tornou instável entre os americanos mais pobres, com menor grau de instrução. Eles se casam e têm filhos em uma idade menor, mas se divorciam relativamente cedo, moram juntos e voltam a se casar. Entre os de menor nível de instrução — pessoas sem o ensino médio —, o casamento se tornou raridade, e mães solteiras abundam.

Os com ensino superior, por outro lado, estão se casando mais. No censo de 1960, 29% das mulheres na casa dos 60 anos com um diploma de faculdade diziam nunca ter se casado. No censo de 2000, a parcela de mulheres na casa dos 60 anos que nunca haviam sido casadas era de 8%. Os mais instruídos estão se casando mais tarde, aos 30 e aos 40, e não aos 20, mas têm muito mais probabilidade de continuarem casados. Vinte e três por cento das mulheres brancas com ensino superior que se casaram em 1970 se divorciaram dentro de dez anos. Em 1990, a parcela caíra para 16%.

Essas diferentes experiências de casamento têm clara motivação econômica. Para os pobres e menos instruídos, o casamento reteve a motivação da unidade de produção compartilhada — em que mulheres e homens negociam habilidades complementares no local de trabalho e em casa. Os maridos ganham dinheiro no mercado de trabalho e trocam-no com suas esposas por cuidados com as crianças e tarefas domésticas. O casamento não conseguiu se adaptar ao fato de que atualmente as mulheres muitas vezes têm trabalhos mais estáveis que os homens.

Para os com nível de instrução mais elevado, a transformação foi mais fácil de acompanhar. Eles foram capazes de permitir que o casamento se transformasse em uma parceria erguida não em torno da produção, mas em torno do consumo. Para aqueles que poderiam mais facilmente comprar bens, serviços e lazer, o casamento se tornou algo girando antes em torno do compartilhamento da diversão. Contudo, experiências de mulheres como Cathy Watson-Short, a ex-executiva do Vale do Silício, sugerem que até mesmo famílias americanas com elevado nível de instrução ainda estão aprendendo a lidar com algumas dessas mudanças. A tensão entre o ambiente de trabalho e o lar parece estar predispondo a uma reconsideração do trabalho. A parcela de mulheres na flor da idade integrando o mercado de trabalho atingiu um pico quase dez anos atrás, de 77%, e declinou modestamente desde então. A taxa de participação de mulheres casadas mães de crianças em idade pré-escolar no mercado de trabalho caiu cerca de quatro pontos percentuais desde seu auge em 1998 para 60% em 2005. Um levantamento de 1997 feito pelo Pew Research Center revelou que um terço das mães trabalhando dizia que o ideal seria trabalhar em período integral. Em 2007, essa parcela declinou para cerca de um quinto.

Até a crise financeira de 2008, que pôs inúmeras famílias sob um estresse financeiro cada vez maior, as taxas de fertilidade vinham subindo pela primeira vez em muitos anos. Muitas mulheres jovens que haviam postergado o casamento e filhos quinze anos antes para dar início a uma carreira profissional transformaram-se em profissionais mais velhas considerando a possibilidade de ter filhos pela primeira vez. No fim da década de 1970, apenas cerca de 10% das mulheres com 40 anos de idade relataram ter uma criança pequena em casa. Nos primeiros anos deste século, a parcela saltara para 30%. Alguns economistas sugeriram que essa explosão de nascimentos podia frear o crescimento da oferta de trabalho feminina.

Parece pouco provável, contudo, que essa interrupção signifique que as mulheres rejeitaram a nova identidade forjada no mercado de trabalho. Após quase um século de mulheres se encaminhando para o trabalho, não vejo qualquer sinal sugerindo um recuo em massa de volta ao lar.

AS MULHERES MAIS BARATAS

Visitando a Índia há alguns anos, habituei-me a me distrair com um novo passatempo enquanto tomava meu café da manhã, tentando decifrar os anúncios matrimoniais no *Times of India*. Os anúncios eram misteriosos e fascinantes. Um pretendente se descrevia como "boy 27/171/4-LPA B.E. Sr S/W Engr in IBM", que eu decodifiquei como um rapaz de 27 anos com 1,71 metro de altura, ganhando quatro alguma coisa, com formação em engenharia e trabalhando para a IBM.

Outro insinuava ser um "handsome Hindu Mair Rajput Swarnkar boy M.Sc. Mtech PhD (IIT) 32/170/23000 pm. Central Government Class 1 Officer", provavelmente significando que o "belo hindu" candidato a noivo era um funcionário público e obtivera um doutorado no Instituto de Tecnologia da Índia.

À parte a economia de palavras e as semelhanças de sonoridade com os classificados americanos de imóveis, a seção deixava claro como as uniões eram diferentes na Índia e, digamos, em Nova York e Londres. Eu ficava perplexo com o caráter pudico dos anúncios, a anos-luz de distância das insinuações sexualizadas de apelos semelhantes na seção de corações solitários da Craiglist, e com a estreita segmentação do amor. Os anúncios eram divididos não só entre as principais classes sociais, como brâmanes, kshatriyas ou vayshias, mas categorizados entre dezenas de castas, grupos étnicos regionais e línguas, escondidos uns dentro dos outros como bonecas russas.

Na Índia, 70% dos casamentos ocorrem dentro da mesma casta, e a opinião pública indiana desaprova o casamento entre castas. Entre famílias de classe média em Calcutá, capital de Bengala Ocidental, as mulheres irão preferir um marido sem nenhuma instrução se ele for da mesma casta a um com um doutorado, se vier de outra. Um levantamento entre homens indianos revelou que casar dentro de sua casta tinha o dobro do valor de casar com uma mulher "muito bonita" em comparação com uma apenas razoável.

Mas a qualidade mais notável dos classificados matrimoniais era seu tom distanciado de eficiência comercial. O matrimônio, os anúncios deixam claro, é um empreendimento familiar, negociado pelos pais da noiva e do noivo, destinado a assegurar a passagem da linhagem sanguínea para a geração seguinte e além.

O casamento mudou no mundo todo à medida que um número cada vez maior de mulheres com emprego e cada vez mais dinâmicas subverteu a transação de união arquetípica. Mas a despeito do poder que as mulheres conquistaram em lugares como Paris, Berlim ou até Cidade do México, em outros, os padrões maritais antigos resistiram à mudança. Os lugares, no caso, onde as mulheres eram mais baratas.

Na Índia, muitos classificados matrimoniais oferecem rapazes. Mas, apesar das aparências, isso não tem a ver com investir as mulheres de autoridade. A Índia não é o outro lado da moeda das sociedades poligâmicas em que os homens vão às compras de mulheres. Futuras esposas na Índia não têm praticamente nenhum poder de decisão. Seus pais talvez ainda paguem um dote para o noivo, mas as noivas continuam a ser propriedade do noivo.

Dotes são onerosos. Pesquisas numa subcasta de ceramistas em Karnataka revelaram que o dote médio equivale a seis anos da renda familiar da noiva. Em Goa, no litoral oeste, os dotes médios subiram de cerca de 2 mil rupias em 1920 para algo em torno de 500 mil a um milhão de rupias em 1980.

E estão subindo. Um estudo estimou que dotes por toda a Índia subiram 15% ao ano entre 1921 e 1981. Alguns sugerem que isso se deve ao desenvolvimento econômico e à crescente desigualdade de renda, que permitiu a mulheres ricas de casta mais baixa oferecer lances melhores para noivos de casta superior. Outros sugerem que o rápido crescimento populacional desde a década de 1920 inclinou a proporção homem-mulher pelo lado masculino. Isso ocorre porque as mulheres se casam mais cedo que os homens. Conforme a população cresceu, houve ainda mais jovens noivas disponíveis para cada bando sucessivo de noivos mais velhos. De fato, entre os ceramistas de Karnataka, uma mulher se queixou de que sua filha de 15 anos estava entre 13 garotas que competiam por seis homens.

Contudo, os altos preços que as famílias das noivas pagam pelos noivos não proporcionam às mulheres grande segurança no casamento. Mesmo mulheres de classe superior são sabidamente vítimas de ameaças, maus-tratos e até assassinatos por parte dos maridos e de suas famílias, exigindo pagamentos de dote mais elevados após o casamento. O National Crime Bureau (Departamento Nacional de Crime) da Índia registra cerca de 6 mil "assassinatos de dote" por ano, em que a família do noivo queima a mulher viva. Outro estudo estabelece esse número em 25 mil mortes.

O pagamento de um dote masculino é relativamente raro comparado a dotes para a noiva, mas não é uma dinâmica exclusivamente indiana. Nas regiões de Chapainawabganj, Chittagong e Sherpur de Bangladesh, em 2001, pesquisadores relataram dotes ao noivo que chegavam a 160 mil taka, o que é quase quatro vezes o Produto Interno Bruto per capita de Bangladesh. Os pesquisadores também relataram extrema violência contra a mulher. Dotes mais baixos em geral levavam a níveis mais elevados de maus-tratos domésticos. Porém, mulheres que não pagavam dote algum relataram níveis baixos de maus-tratos domésticos similares aos das que pagaram os dotes mais elevados de todos. Talvez isso seja porque elas dispõem de outra fonte de poder.

Isso naturalmente leva à questão de saber por que as noivas pagam para serem espancadas. Por que os dotes existem? Na maior parte, não depende delas. Seus pais fecham o negócio do casamento. A Índia é uma cultura patrilinear, patrilocal. Os homens passam adiante a linhagem familiar, permanecem com a família paterna, cuidam de seus pais e herdam suas posses. As filhas, por outro lado, são um peso. Os pais esperam que deixem a casa para se juntar à família de seus maridos. Fazem todo o possível para casá-las.

No entanto, para famílias indianas pobres isso pode ser custoso. Eis por que muitas vezes extirpam os fetos femininos para se livrar do problema antes que atinjam a idade de casamento.

MATANDO MENINAS

Considere o Punjab e Haryana, no noroeste da Índia. Segundo o censo indiano de 1981, havia cerca de 108 rapazes com a idade de 6 anos ou menos para cada cem garotas, já uma proporção desigual. Então a tecnologia do ultrassom se espalhou pelo país, permitindo aos pais determinar desde cedo o sexo do bebê que estava sendo esperado. Abortos seletivos aumentaram repentinamente. Em 2001, o censo relatou que para cada grupo de cem meninas havia 124 garotos.

Os dotes para o noivo sem dúvida são um motivo importante para as mulheres constituírem um tal fardo para suas famílias. Mas não são a única razão pela qual as famílias no sul e no leste da Ásia tentam se livrar de suas filhas. Na Coreia do Sul, casar um filho é normalmente muito mais caro do que casar uma filha. Mesmo assim, na Coreia do Sul, o censo de 2000 registrou uma proporção de 110 meninos para cada cem meninas com 4 anos e mais novas, uma proporção que sugere a extirpação sistemática de meninas — seja pouco antes do nascimento, seja rapidamente depois. Segundo um estudo, havia 61 a 94 garotas "desaparecidas" na China para cada mil nascimentos no período de 1989-90, e setenta garotas desaparecidas na Coreia do Sul em 1992.

Pode ser que tudo diga respeito à oferta e à procura. Em culturas poligâmicas — por exemplo, entre os kipsigis do Quênia — mulheres disponíveis são bens escassos, porque homens ricos as amealham, tornando-as valiosas. Na Índia, elas não contam com o benefício da escassez.

Monica Das Gupta, demógrafa do Banco Mundial, acredita que os dotes para a noiva eram comuns no noroeste da Índia na virada do século XX. Os dotes para o homem surgiram quando o declínio da mortalidade infantil impeliu o crescimento da população e fez a balança matrimonial pender em favor dos homens — que se casam mais velhos. Atualmente, ela me contou, a tendência está revertendo, conforme o declínio do crescimento populacional e da extirpação pré-natal de fetos femininos reduziu o número de mulheres jovens disponíveis para se casar com homens mais velhos. Pais do Punjab hoje percorrem outras regiões indianas, oferecendo dinheiro para candidatas a noivas de seus filhos.

A demanda por mulheres também está mais baixa em culturas patriarcais em que os descendentes masculinos devem carregar a linhagem familiar. A matança de meninas no sul e no leste da Ásia aumentou não apenas devido aos avanços com a tecnologia do ultrassom, mas também porque a fertilidade em declínio reduziu o tamanho das famílias, e estas ainda querem pelo menos um filho homem.

Os pesquisadores argumentam que as meninas são mais baratas nos sistemas patriarcais do sul e do leste asiáticos porque elas são arrancadas de suas famílias naturais e transferidas permanentemente para as dos maridos. Elas são inúteis em passar a linhagem adiante e não fornecem qualquer apoio financeiro para seus pais. Mulheres não são parte do clã. Os homens constroem a ordem social; as mulheres são trazidas para ajudar os homens a se reproduzir. Elas devem gerar um filho. No mais, não têm sentido.

Algumas dessas tendências foram sistematizadas na letra da lei. A Lei Familiar da Coreia do Sul de 1958 dizia que a herança deveria ser transmitida pela linhagem masculina, que os homens deviam se casar fora de sua linhagem e que as esposas deviam ser transferidas para o registro familiar do marido. As crianças, é claro, pertenciam à linhagem do pai. Apenas em 2005 a Suprema Corte determinou que as mulheres podiam permanecer no registro de seus pais após o casamento. Em 2008, os pais tiveram permissão de registrar os filhos com o nome de família da mãe.

Mas até no sul e no leste da Ásia, há esperança de que mudanças demográficas e econômicas possam elevar o valor das mulheres. O desenvolvimento industrial na Coreia do Sul vem reduzindo a importância da família como centro da vida social e econômica. Vivendo nas cidades e recebendo aposentadoria, os pais estão se tornando menos dependentes de seus filhos, que têm se mostrado capazes de viver de forma mais independente. Ter um filho se tornou menos premente. Filhas, nesse ínterim, adquiriram valor fora do casamento, recebendo educação e ingressando no mercado de trabalho.

Ao contrário da Índia, onde a proporção entre os sexos nas crianças se tornou cada vez mais desigual ao longo do último meio século ou mais, na Coreia, entre 1995 e 2000, o número de meninos registrado no censo para cada cem meninas caiu de 115 para 110.

NOIVAS EM FUGA

Jiang Jin, de 31 anos, mãe de três, decidiu levar uma vida clandestina em Pequim — como baby-sitter dos filhos de sua irmã, ganhando mil yuan por mês —, em vez de voltar para sua terra natal em Jiangxi e enfrentar as penalidades por ter tido três crianças, violando a lei chinesa do único filho. O cumprimento da lei é mais frouxo no interior da China. Consente-se às famílias em geral ter dois filhos. Mesmo assim, as autoridades em Jiangxi a multariam em talvez até 5 mil yuan, ela diz, por registrar seus filhos ilícitos e mandá-los à escola. "Se você não paga a multa", ela afirmou, "eles tomam sua casa; eles esterilizam você".

A situação de Jiang Jin não é incomum. Como muitos outros chineses, ela queria um menino, e continuou a ter filhos até a chegada de um. Outros chineses costumam recorrer a soluções mais radicais. Quando, em 1979, Deng Xiaoping instituiu a política do filho único na China, sua intenção era limitar o tamanho da população, de modo que atingiria seu pico em 1,2 bilhão antes de encolher para 700 milhões em meados deste século. Mas ele não previu uma de suas mais notórias consequências. A matança sistemática de meninas, quando famílias com uma filha bebê se livravam da criança para dar lugar ao menino de que necessitavam a fim de levar a linhagem sanguínea à geração seguinte. Embora famílias em algumas áreas rurais tivessem permissão para ter dois filhos, isso ainda forçava pais com uma garota a considerar um aborto se acontecessem de estar esperando outra. Em 2010, a Academia de Ciências Sociais da China registrou que para cada cem meninas, nasciam 119 meninos.

Isso, paradoxalmente, significa que meninas na China acabarão por se tornar muito caras. Hoje em dia, a China "perdeu" dezenas de milhões de esposas potenciais. Isso oferece um diferente desafio demográfico: o que fazer com milhões de homens chineses que não vão se casar — a que os chineses dão o nome de *guang gun*, ou "ramos desfolhados". Economistas em Harvard estimaram que em 2020 haverá 135 homens em idade de se casar — entre 28 e 32 — para cada cem mulheres disponíveis — dos 20 aos 30. A chance de que um homem de 40 anos no campo encontre uma esposa seria praticamente zero.

Isso é um péssimo prenúncio para o desenvolvimento chinês. As proporções desiguais entre os sexos tendem a resultar em taxas de criminalidade mais elevadas, aumentando o número de rapazes frustrados e sem vínculos vagando pelas ruas. Vai aumentar a incidência de prostituição, e assim provavelmente a de HIV, e agravar a incerteza financeira de milhões de homens que tenderão a atingir a velhice sem herdeiros para cuidar deles. O desequilíbrio também aprofundará as disparidades regionais, na medida em que mulheres das regiões mais pobres do interior chinês serão atraídas para o litoral mais rico a fim de encontrar tanto emprego como melhores partidos no mercado matrimonial.

Os pesquisadores chegaram mesmo a sugerir que o desequilíbrio entre os sexos empurrou as famílias chinesas numa corrida para poupar mais, de modo que seus filhos tivessem dinheiro para competir na disputa crescentemente acirrada por um casamento. Essa enorme taxa de poupança contribuiu para a

China acumular cerca de 2,5 trilhões em reservas de moeda estrangeira no fim de 2009. A se crer em Alan Greenspan, o ex-diretor do Federal Reserve (Fed, o Banco Central dos Estados Unidos), o desequilíbrio de proporção entre os sexos na China ajudou a inflacionar a bolha habitacional global, na medida em que a massa de economias chinesas vertendo para o sistema financeiro mundial manteve as taxas de juros baixas e alimentou o *boom* de preços de moradias no mundo todo.

Para além dos desequilíbrios no casamento, a negligência chinesa com as mulheres está dissipando um valioso recurso. As mulheres representaram mais da metade da migração interna chinesa com idade entre 15 e 29 anos, segundo o censo de 2000. A maioria dos trabalhadores migrantes alimentando o *boom* econômico chinês eram mulheres jovens, que empreenderam a jornada da China rural para as vastas linhas de produção do litoral.

Estudos no mundo desenvolvido revelaram que as mulheres tomam decisões mais produtivas do que os homens quanto à alocação de recursos familiares. Em particular, elas investem consideravelmente mais no bem-estar das crianças. Um estudo entre colhedores de chá na China rural revelou que as taxas de sobrevivência de meninas bebês aumentavam quando os preços do chá subiam. As conquistas educacionais de meninas e meninos também melhoravam consideravelmente. Isso acontecia devido ao fato de que os preços crescentes do chá empurravam para cima os salários femininos, assegurando maior investimento na saúde e educação de seus filhos.

Quando Chiang Kai-shek e o Exército Nacionalista Chinês fugiram para Taiwan em 1949, após serem derrotados pelo Exército de Libertação do Povo, de Mao Tse-tung, as proporções entre os sexos em Taiwan penderam abruptamente em favor das meninas, conforme a ilha era subitamente tomada por jovens solteiros. Isso incrementou o poder de barganha das mulheres no mercado de casamento. Como resultado, as taxas de sobrevivência de meninas bebês aumentaram, a fertilidade diminuiu e os investimentos na educação das crianças cresceram.

Percebendo as complicações, hoje o governo chinês passou a formular políticas para aumentar o valor das mulheres aos olhos de seus pais mediante programas como a iniciativa "Cuidar das Meninas", oferecendo ensino público gratuito para mulheres, além de outros incentivos. E isso começou até a afrouxar seletivamente a política do filho único. Três décadas após sua introdução, as autoridades de Xangai chegaram até a oferecer incentivos financeiros para famílias que querem ter um segundo filho.

Para citar apenas um exemplo, o desequilíbrio entre os sexos abriu novas oportunidades de negócios para as mulheres no mercado matrimonial. Pagamentos à família da noiva, uma instituição comum na China rural conhecida como *cai li*, atingiram um pico no início da primeira década deste século, chegando a dezenas de milhares de yuans à medida que as famílias no campo ficavam cada vez mais desesperadas em encontrar esposas para seus filhos a qualquer preço. O *Wall Street Journal* noticiou que em Hanzhong, em Shaanxi, na China central, 11 noivas recém-entregues fugiram dos maridos em questão de dois meses — e levaram seus dotes consigo.

CAPÍTULO CINCO

O preço do trabalho

A ORGANIZAÇÃO INTERNACIONAL do Trabalho estima que, excluindo profissionais do sexo, 8,1 milhões de pessoas no mundo todo são coagidas a fazer seu trabalho. Não é muito, considerando-se a popularidade do trabalho coercitivo ao longo da história humana.

A escravidão e o trabalho forçado foram predominantes desde os impérios asteca e islâmico até a Roma e a Grécia antigas, da Europa feudal ao Sul norte-americano de antes da guerra civil. Por alguns parâmetros, seria de se pensar que os mercados de trabalho atuais prestam-se bem à coerção: ajudaria os patrões a economizar um bom dinheiro. Os trabalhadores de hoje em dia sugam quase 65% da renda nacional em salários e benefícios — cerca de dez pontos percentuais a mais do que era há oito anos, quando o governo começou a medir a estatística de forma consistente. Dinheiro assim parece um incentivo razoavelmente poderoso para que patrões fiquem tentados a escravizar os trabalhadores. Então por que eles não o fazem?

Talvez tenhamos aprendido a repudiar a escravidão. Mas o registro histórico sugere que a escolha das condições de trabalho feita pelas sociedades tem menos a ver com valores e moralidade e mais com a rentabilidade de como o trabalho é organizado. Da Rússia do século XVI às colônias europeias do Novo Mundo, a decisão quanto a empregar trabalhadores cativos ou livres tem girado em torno da questão do que é mais econômico, se pagar um salário ou alimentar, vestir e abrigar escravos ao mesmo tempo em que se gasta com segurança para mantê-los escravizados.

Durante toda a história, a escravidão foi rara nas economias de subsistência, como nas antigas sociedades de caçadores-coletores, nas quais as pessoas produziam apenas o suficiente para permanecer vivas. Em antigas culturas horticultoras, a terra não era produtiva o bastante para gerar um excedente capaz de justificar a escravidão de trabalhadores adicionais. Mas à medida que os avanços na produção alimentar geraram excedentes que podiam nutrir grandes populações e justificar o uso de força de trabalho extra, os proprietários de terra recorreram à coerção como forma de contornar o custo elevado da mão de obra. Apenas quando a população chegou a um ponto em que havia muitos trabalhadores competindo por emprego na terra escassa foi que os salários se tornaram uma ideia mais atraente para os proprietários do que a escravidão.

Dados extraídos do *Ethnographic Atlas*, de George Murdock, mostram que em sociedades horticultoras avançadas, que sustentam populações de cerca de quarenta pessoas por milha quadrada, cerca de 80% dos donos de terra revelaram empregar escravos. Contudo, conforme o arado aumentou a produtividade agrícola e as densidades populacionais foram além de cem pessoas por milha quadrada, mais da metade dos senhores rurais pagou seus trabalhadores com um salário, em lugar de coagi-los a trabalhar.

A escravidão poderia rapidamente ser restabelecida, porém, se alguma coisa mudasse na proporção entre terra e trabalho. A Peste Negra, que varreu metade da população europeia no século XIV e voltou a assolar o continente periodicamente por trezentos anos, trouxe essa mudança. A servidão era desconhecida na Rússia até o século XVI. Mas o choque da população com a peste levou os pequenos proprietários rurais a instar junto ao czar para restringir a mobilidade dos camponeses que viviam em suas terras, mantendo-os presos no lugar mediante servidão por dívida e leis que permitiam aos senhores recuperar camponeses fugitivos.

Na Europa Ocidental, onde a servidão fora popular por quatrocentos anos, a Peste Negra paradoxalmente parece ter apressado sua erradicação. Embora os proprietários rurais tivessem o mesmo incentivo para prender os camponeses à terra, as poderosas elites urbanas ocidentais que inexistiam no Oriente também queriam a mão de obra e se opuseram a seus esforços.

A evolução da escravidão fornece uma pista para entender por que essa condição não é mais popular hoje em dia. A perda maciça de população que se seguiu à Peste Negra fracassou em arraigar a servidão na Europa Ocidental porque as grandes cidades ofereciam aos trabalhadores oportunidades fora a agricultura. Embora houvesse tentativas de reintroduzir a servidão, a falta de autoridades centrais fortes tornou difícil limitar os deslocamentos dos camponeses. O surgimento de interesses econômicos antagônicos na poderosa burguesia urbana impediu os proprietários rurais de impor sua vontade.

Contudo, isso não significa que a Europa Ocidental tenha renunciado à coerção. A descoberta de terras vastas e esparsamente povoadas nas Américas levou os europeus ocidentais a adotar a escravidão onde a mão de obra era escassa, do outro lado do Atlântico.

Escravos respondiam por cerca de 90% da população das Índias Ocidentais no século XVIII. Cerca de 2 milhões de escravos foram embarcados da África às ilhas caribenhas entre 1600 e 1800. E três quartos dos 290 mil migrantes europeus estavam em regime de servidão por contrato (*indentured labor*). A escravidão era uma instituição particularmente eficaz quando a terra favorecia a agricultura em larga escala. Nas fazendas, uns poucos capatazes podiam monitorar grandes grupos de escravos, mantendo os custos da escravidão lá embaixo. Isso tornou as lucrativas plantações de açúcar e tabaco particularmente atraentes para os donos de escravo.

MUITAS DINÂMICAS CONTRIBUÍRAM para o declínio da coerção de trabalhadores. Patrões que podiam aumentar a produção acrescentando mais escravos de pouco custo tinham pouco incentivo para investir em tecnologias que poupassem a força do trabalho humano. Trabalhadores coagidos não tinham incentivo algum para se tornar mais produtivos — pois tudo o que fariam seria aumentar o excedente para o chefe. As duas coisas eram um empecilho ao progresso econômico.

Nas Américas, a escravidão levou a um crescimento econômico subsequente mais vagaroso. Colônias no Novo Mundo em que a mão de obra escrava era comum na década de 1830, como Jamaica e Guiana, são hoje muito mais pobres do que as colônias onde a escravidão era rara, como Barbados ou Trinidad. Nos Estados Unidos, os estados onde a mão de obra escrava era disseminada em meados do século XIX, como Mississipi, Carolina do Sul e

Louisiana, são muito mais pobres hoje do que os estados livres como Connecticut, Massachusetts e Nova Jersey.

Um exame dos preços de escravos enfatiza como a instituição retardava o crescimento da produtividade. O preço de um escravo na Carolina do Sul subiu de cerca de 110,37 dólares em 1720 para cerca de 307,54 dólares em 1800. Mas esse crescimento mal acompanhou o índice de inflação. Em termos reais, o preço dos escravos permaneceu achatado. Mas, como os economistas apontam, o preço de escravos deveria representar o influxo de lucros que os fazendeiros esperavam obter com seu trabalho. A estabilidade de preço desse modo sugere que esse influxo esperado na verdade não cresceu tanto assim.

Substituam-se os imigrantes ilegais por escravos, e padrões similares emergem nos Estados Unidos hoje. Por décadas, os fazendeiros americanos se apoiaram em mão de obra barata de imigrantes para cuidar de suas colheitas. Em 1986, eles fizeram pressão para aprovar a Lei de Controle e Reforma da Imigração, que legalizou cerca de 3 milhões de imigrantes ilegais. Depois disso, seus investimentos em tecnologia para poupar o trabalho humano estagnaram. Em 1999, os investimentos essenciais haviam caído 46,7% em relação ao pico de 1980.

De fato, a instituição do trabalho imigrante nos Estados Unidos pode fornecer uma resposta à questão da aparente impopularidade da escravidão: ela não é tão impopular quanto possa parecer; apenas assumiu uma forma diferente, sutil. Trabalhadores imigrantes ilegais não estão tão longe assim de uma servidão por contrato. Fugindo da polícia, incapazes de lutar por seus direitos no local de trabalho, imigrantes ilegais estão sob a vigilância de seus empregadores como nenhum outro trabalhador. Alguns trabalhadores imigrantes legalizados estão formalmente presos aos seus empregos por meio de exigências de visto que os proíbem de buscar qualquer alternativa profissional.

Mas talvez a resposta mais convincente seja a de que, em média, os trabalhadores são baratos demais para fazer a escravidão valer a pena. Alguns conseguem altos salários — banqueiros e outros profissionais com capacidades lucrativas e muito requisitadas. Mas o salário mínimo federal é mais baixo do que era há trinta anos. Além do mais, a globalização tem fornecido à indústria um suprimento enorme de mão de obra barata. Em março de 2010, o governo vietnamita elevou o salário mínimo mensal para 730 mil dongs — menos de quarenta dólares. Nenhum escravo pode custar menos que isso.

O QUE É UM PREÇO JUSTO?

O preço do trabalho é provavelmente o preço mais importante na vida das pessoas. É no mercado de trabalho que trocamos nossas capacidades por nosso sustento — o aluguel, a comida etc. Nosso salário tem grande influência na determinação do tipo de vida que levamos.

Ele tem melhorado desde que a escravidão deu lugar a um livre mercado para o trabalho. Nas economias industriais desenvolvidas, os salários se elevaram apenas no último século. Em 1918, uma dúzia de ovos custava ao típico operário americano o equivalente a pouco mais que uma hora de trabalho pelo salário prevalecente. Atualmente, ele pode comprá-la em menos de cinco minutos. O catálogo Montgomery Ward, lançado no fim do século XIX para levar os produtos da cidade grande à América interiorana, em 1895, oferecia uma bicicleta simples por 65 dólares — cerca de seis semanas e meia de trabalho para um trabalhador típico. Atualmente o catálogo Ward on-line exibe modelos de várias marchas por cerca de 350 dólares, que o operário médio com o salário prevalecente pode pagar em menos de 19 horas trabalhadas.

Mas, embora a remuneração possa estar melhor, o mercado para o trabalho em alguns aspectos continua tão impiedoso quanto sempre foi, e, em outros, talvez ainda mais. Duas coisas governam os salários: produtividade — até que ponto o trabalho é importante para o empregador — e a oferta e procura por trabalhadores de determinada capacidade. Elevação da remuneração não tem nada a ver com justiça. Hoje em dia, um trabalhador pode produzir em menos de dez minutos o que um trabalhador de 1890 levava uma hora para produzir. Eis por que os salários subiram.

Alguns padrões de remuneração são razoavelmente fáceis de compreender. Trabalhadores com elevado nível de ensino tendem a ganhar mais do que os menos instruídos. Na Índia, homens que são fluentes em inglês ganham 34% a mais do que os que não falam inglês, mesmo que em tudo mais tenham o mesmo nível de instrução. Outros padrões são mais complicados. Pessoas altas ganham 10% a mais para cada dez centímetros em altura extra. Americanos com 1,88 metro têm 3% a mais de probabilidade de ser executivos do que os que têm apenas 1,78 metro. E pessoas feias ganham menos do que as bonitas — independentemente do fato de a beleza ter alguma coisa a ver com o trabalho. Um estudo baseado em entrevistas de emprego nos Estados Unidos e no Canadá concluiu que trabalhadores que eram identificados pelo entrevistador como sendo de beleza abaixo da média ganhavam cerca de 7% menos do que a média, enquanto os de beleza acima da média ganhavam 5% a mais. Homens sofriam uma punição por feiura de 9%; mulheres feias ganhavam 5% a menos.

Essas disparidades de remuneração se devem provavelmente, em parte, à discriminação. Mas grande parte das diferenças salariais tem a ver com o modo como traços físicos são indícios de melhora na produtividade. Estudos na Suécia revelaram que pessoas mais altas são mais inteligentes, mais fortes e dotadas de maiores habilidades sociais porque são mais saudáveis e bem nutridas na infância. Por serem mais altas, sua autoestima é mais elevada. Os baixos são simplesmente menos produtivos. E produtividade é o que os chefes procuram comprar no mercado de trabalho.

Além disso, há a competição por trabalho entre os trabalhadores. Pessoas dadas à nostalgia gostam de se lembrar de um tempo em que o mercado de trabalho era mais terno e gentil, quando os salários não estavam tão precisamente calibrados com as habilidades e os empregadores se preocupavam que seus funcionários tivessem um padrão de vida decente. No início do século XX, empresas como Sears e Eastman Kodak criaram miniestados de bem-estar social para seus funcionários, numa tentativa de favorecer a estabilidade e manter os sindicatos fora de suas fábricas e lojas.

A Eastman Kodak Company ficou famosa por levar a fotografia do estúdio profissional para a farmácia da esquina. (Seu slogan: "Você aperta o botão. A gente faz o resto.") Mas o fundador George Eastman era também um inovador em relações industriais. A Kodak oferecia um bônus por desempenho para os trabalhadores já em 1899. Em 1929, seis anos antes de Roosevelt dar teor de lei à seguridade social e às relações trabalhistas nacionais, a empresa implementara a participação nos lucros, um fundo de compensação para trabalhadores feridos, bônus de aposentadoria e um plano de aposentadoria, seguro contra acidentes e benefícios por enfermidade. Depois que Eastman cometeu suicídio, em 1932, dando um tiro no próprio peito, o obituário no *New York Times* aplaudiu suas "ideias avançadas no campo das relações industriais de pessoal".

Outros pioneiros tentaram estabelecer a remuneração como incentivo. Diante do moral baixo dos trabalhadores e da elevada rotatividade na linha de produção, em janeiro de 1914, Henry Ford subiu os salários para cinco dólares diários, dobrando num golpe só o pagamento da maioria dos funcionários. Aparentemente, funcionou. Candidatos a emprego fizeram uma fila que dava a volta na fábrica de Ford. O jornalista O. J. Abell, na época, escreveu que, depois desse aumento nos salários, Ford estava desovando 15% de carros a mais diariamente com 14% de trabalhadores a menos. Henry Ford observou mais tarde: "O pagamento de cinco dólares por dia para uma jornada de oito horas foi uma das medidas de maior corte de custo que jamais fizemos." Gradualmente, o restante da indústria automobilística veio atrás. Em 1928, os salários no setor já eram 40% mais elevados do que o de outras indústrias. E isso antes que o sindicato United Auto Workers houvesse desempenhado seu papel nas fábricas de carros.

Mas as corporações mansas e paternalistas de um século atrás não são tão diferentes de suas descendentes. A diferença crítica hoje é que as companhias têm opções mais baratas. E elas não podem mais se dar ao luxo de serem generosas como os leviatãs corporativos do início do século XX, que se sustentavam com uma característica única do capitalismo norte-americano da época: lucros de monopólio. Como empresa dominante em uma nova indústria com grandes barreiras para quem quisesse entrar, Eastman Kodak exercia o virtual monopólio do filme fotográfico. Ford também aproveitou gordos lucros que seriam impensáveis no ambiente altamente competitivo da atualidade. Hoje em dia, empresas multinacionais varrem o mundo atrás de mão de obra barata e baixos impostos, matéria-prima abundante e proximidade com os consumidores. E a competição é implacável.

Os economistas de Princeton Alan Blinder, antigo vice-diretor do Fed, e Alan Krueger, assistente do secretário do Tesouro no governo Obama, estimam que cerca de um quarto dos empregos preenchidos nos Estados Unidos são passíveis de "offshore" — isto é, poderiam ser realizados por mão de obra mais barata em outro continente, tirando vantagem das novas tecnologias da informação e das redes de telecomunicações. Os computadores também substituíram os trabalhadores em uma série de tarefas, seja nos escritórios das empresas, seja dentro da fábrica. A tecnologia permitiu a novos atores alcançar mercados antes considerados impenetráveis. As siderúrgicas ao longo do Cinturão da Ferrugem norte-americano não sofreram só por conta do aço importado mais barato. As pequenas aciarias no Sul que produziam o metal a partir do ferro-velho no mínimo contribuíram tanto para a derrocada global das aciarias nacionais quanto suas rivais no exterior.

Essas forças econômicas trouxeram prosperidade para muitos trabalhadores no mundo. O PIB per capita chinês triplicou durante a última década, para 7.200 dólares, à medida que as empresas realocaram sua produção para lá a fim de tirar vantagem da mão de obra mais barata. Desde 1990, a parcela da população chinesa vivendo com menos de um dólar por dia caiu de 60% para 16%. Mas, nos Estados Unidos, a competição intensa derrubou inúmeros acordos e instituições que governaram o mercado de trabalho durante grande parte do século XX. A Kodak está passando por uma transformação violenta com o filme dando lugar à imagem digital. Em 2009, ela interrompeu a produção de Kodachrome, que estivera presente ao longo dos últimos 74 anos. E perdeu 232 milhões de dólares. Sua força de trabalho encolheu para menos de 20 mil, menos de um terço de seu pessoal no auge da empresa.

Os sindicatos, antigos instrumentos de negociação por melhores salários junto aos patrões, perderam poder. Trabalhadores do setor privado representados por sindicatos ganham cerca de 21% a mais do que os outros, um prêmio que vale cerca de 148 dólares por semana. Contratos sindicais permanecem úteis nas recessões — quando os patrões procuram lugares fáceis para cortar custos. Mas os sindicatos estão morrendo conforme empresas sindicalizadas encolhem ou fecham as portas, enquanto as novas firmas resistem a eles com unhas e dentes. Ao longo dos últimos trinta anos, a parcela de trabalhadores no setor privado coberta pelos contratos coletivos de trabalho desabou de quase 21 para 7%.

Até a década de 1970, as Big Three (as três grandes) da indústria automobilística de Detroit (GM, Ford, Chrysler) fabricaram nove em cada dez carros e caminhões leves vendidos nos Estados Unidos. A General Motors era chamada de Generous Motors. Em 2009, a parcela do mercado americano das Big Three era cerca de 45%. A General Motors e a Chrysler foram à falência para serem socorridas pelo governo. Os Estados Unidos ainda têm uma indústria automobilística, mas a maior parte dela se desenvolve em fábricas não sindicalizadas fora de Michigan. Em 1999, cerca de 38% dos trabalhadores automotivos da nação estavam cobertos por contratos sindicais. Em 2008, esse número era de apenas 25%. A indústria automobilística emergente dificilmente vai oferecer os generosos salários e pacotes de benefícios que as fábricas sindicalizadas outrora ofereciam.

PAGANDO O SUPER-HOMEM

O mercado de trabalho americano é tão impiedoso quanto seria de se esperar de uma rica nação industrializada. As democracias sociais da Europa Ocidental observam diversas leis que obrigam períodos mínimos de férias e jornadas máximas de trabalho. Salários mínimos mais elevados e tributação dos rendimentos mais altos favorecem salários mais homogêneos. O mercado de trabalho norte-americano, por outro lado, tem mais a ver com livre competição — sem a interferência do governo. Ele está estruturado com um único objetivo em mente: ser recompensado com o sucesso. Isso levou a uma enorme disparidade de remuneração entre os melhores e o resto.

Em 1989, o San Francisco Giants, a equipe mais dispendiosa da Major League do beisebol americano, pagava um salário médio de 535 mil dólares, mais do que cinco vezes o salário médio do Baltimore Orioles, o clube mais barato da época. Por maior que pareça, a diferença é pequena pelos padrões atuais. Em 2009, o New York Yankees pagava um salário médio de 5,2 milhões, quase vinte vezes mais do que os Oakland Athletics, na parte de baixo.

Uma dinâmica similar pode ser observada nos escritórios das empresas. Em 1977, um executivo-chefe do topo trabalhando em uma das cem principais empresas norte-americanas tirava um salário cerca de cinquenta vezes maior do que o do trabalhador médio. Três décadas mais tarde, os CEOs mais bem pagos do país ganhavam cerca de 1.100 vezes mais do que um trabalhador médio na linha de produção. Essa mudança separou os megarricos dos que eram simplesmente muito ricos. Um estudo sobre salários na década de 1970 revelou que executivos nos 10% do topo ganhavam cerca de duas vezes mais do que os que estavam no meio da pirâmide. No fim da década de 2000, os principais executivos ganhavam mais do que quatro vezes o que ganhavam os executivos na parte média.

Uma proposição econômica elegante faz uma tentativa de explicar esse fenômeno. Em 1981, Sherwin Rosen, economista da Universidade de Chicago, publicou um artigo intitulado "The Economics of Superstars" (A economia dos superstars). Em suma, Rosen argumentava que o progresso tecnológico permitiria aos melhores desempenhos em um dado campo servir um mercado maior e assim colher uma parcela mais substancial de seus lucros. Mas isso também reduziria as sobras disponíveis aos menos capacitados no negócio.

O argumento se encaixa perfeitamente na dinâmica de renda dos pop stars. A indústria musical tem sido abalada por diversas mudanças tecnológicas desde a década de 1980. Primeiro a MTV levou a música à televisão. Depois o Napster a levou à internet. A Apple possibilitou ao consumidor comprar canções unitariamente e carregá-las consigo. Cada um desses avanços permitiu aos artistas mais famosos alargar a base de fãs e assim conquistar uma fatia maior do dinheiro e da atenção do mercado consumidor. Em 1982, a parcela mais bem-sucedida dos pop stars ficava com 26% da receita dos shows. Em 2003, a fatura de bilheteria desses mega-astros era de 56%.

O efeito superstar explica em grande parte o que ganha um Tom Cruise, que passou de 75 mil dólares em *Negócio arriscado* para algo entre 75 e 92 milhões de dólares por *Missão Impossível 2*. Eles se aplicam ao futebol na Europa, onde os vinte times principais abocanharam uma receita de 3,9 bilhões de dólares, 25% mais que a renda combinada de todas as ligas de futebol europeias. Pelé, o maior jogador de futebol de todos os tempos, fez sua estreia em Copas do Mundo na Suécia, em 1958, com apenas 17 anos. Ele se tornou um astro instantaneamente, cobiçado por todos os times do planeta. Em 1960, seu time, o Santos, lhe teria pagado 150 mil dólares por um ano — cerca de 1,1 milhão em dinheiro atual. Uma quantia modesta para os padrões de hoje. O jogador mais bem pago da temporada 2009-2010, o atacante português Cristiano Ronaldo, ganhou 13 milhões de euros jogando pela equipe do Real Madrid. Incluindo contratos de patrocínio, o jogador que mais fatura atualmente é David Beckham, o brilhante meio-campo inglês que ganhou 33 milhões de dólares com seus contratos em 2009, além dos 7 milhões em salários do Los Angeles Galaxy e do Milan.

Pelé fica para trás não pela qualidade do seu futebol, mas devido à sua pequena base de receita. Ele pode ser o maior de todos os tempos, mas pouca gente conseguia pagar para apreciar sua grandeza. Em 1958, havia cerca de 350 mil aparelhos de televisão no Brasil, para uma população de mais ou menos 70 milhões. O primeiro satélite de tevê, o Telstar I, não foi lançado senão em julho de 1962, tarde demais para a estreia de Pelé na Copa do Mundo. Por outro lado, a Copa do Mundo de 2010, na África do Sul, em que Cristiano Ronaldo vestiu a camisa da seleção portuguesa, foi transmitida para mais de duzentos países. Juntando o público de cada jogo pelo mundo afora, dezenas de bilhões de pares de olhos assistiram ao torneio — mais do que a população mundial. Cristiano Ronaldo não é melhor que Pelé. Ele ganha mais dinheiro porque seu talento é transmitido para mais pessoas.

A lógica de Rosen também tem sido evocada para explicar a folha dos executivos. À medida que as empresas americanas, os bancos e os fundos mútuos cresceram em tamanho, tem se mostrado crucial para eles entregar o leme ao "melhor" executivo ou gerente ou administrador de fundo possível. Isso desencadeou uma enorme competição no mercado por talentos gerenciais, empurrando os preços dos executivos top muito acima dos salários de todos os demais. Xavier Gabaix e Augustin Landier, da Universidade de Nova York, publicaram um estudo em 2006 estimando que os salários dos principais executivos norte-americanos sextuplicaram entre 1980 e 2003 devido ao fato de que o mercado das grandes empresas americanas também ficou seis vezes maior.

O padrão segue a mesma lógica darwiniana do sexo entre elefantes-marinhos. As fêmeas dos elefantes-marinhos sistematicamente favorecem os grandes machos capazes de se impor sobre os rivais. Isso acontece a despeito do fato de que quanto mais pesados eles se tornam, mais fácil é para tubarões e orcas comê-los. As corporações se utilizam de pacotes salariais para atrair talentos assim como elefantes-marinhos se valem de gordura para atrair parceiras. E, contudo, planos de remuneração gigantescos não tendem a se traduzir em benefícios para os acionistas. Contracheques muito gordos encorajam fraudes, como se descobriu — é uma tentação para os executivos abonados com opções de fundos fazer qualquer coisa para elevar o preço de suas ações nas companhias. Descobriu-se também que eles encorajam assumir riscos em excesso.

E é duvidoso que essa estratégia beneficie a sociedade como um todo. Ao longo dos últimos 15 anos, o 1% mais rico de famílias americanas abocanhou metade de todo o aumento no rendimento nacional. Em 1980, elas levaram para casa um décimo disso. Atualmente, conseguem ficar com quase um quarto. Isso corresponde a pouquíssimos elefantes-marinhos comendo todo o peixe.

FAZENDEIROS E FINANCISTAS

Os maiores elefantes-marinhos trabalham para os bancos. Estes pagam enormes bônus para atrair os mais brilhantes mestres em administração de empresas ou físicos quânticos. Esses financistas brilhantes, por sua vez, inventam os extravagantes novos produtos que tornam o setor bancário um dos empreendimentos mais lucrativos do mundo.

Lembram-se dos anos 1980? Gordon Gekko se pavoneando na tela de cinema. Ivan Boesky sendo preso por *insider trading*. Michael Milken mascateando *junk bonds*. Em 1987, as empresas financeiras amealharam um pouco menos do que um quinto dos lucros de todas as corporações americanas. Os bônus de Wall Street totalizaram 2,6 bilhões — cerca de 15.600 dólares para cada homem e mulher trabalhando lá. Hoje, isso parece uma soma irrisória. Em valores de 2007 correspondia a um terço dos lucros do setor privado da nação. Em 2007, os bônus de Wall Street atingiram o recorde de 32,9 bilhões, 177 mil dólares por trabalhador.

Desnecessário dizer que esse tipo de remuneração não é a norma nas indústrias. Na economia rural da América, longe das ruas anabolizadas da baixa Manhattan, os proventos têm menos a ver com incentivos do que com manter os trabalhadores vivos. Na primavera de 2009, o salário médio do trabalhador nas fazendas americanas era 9.99 dólares a hora.

Entre outras táticas para assegurar a mão de obra barata, os fazendeiros apelam regularmente ao lobby junto ao Tio Sam. Eles pediram ao governo que abrisse as portas para os trabalhadores mexicanos desde a Primeira Guerra Mundial. Fizeram isso outra vez na década de 1940, quando o programa Bracero foi lançado para substituir os americanos que haviam sido mandados para a Segunda Guerra Mundial. O programa sobreviveu até 1964, um tributo ao poder de lobby dos fazendeiros. Mas quando ele terminou e o salário dos agricultores começou a subir, os fazendeiros os substituíram por algo mais barato.

Fazendeiros hoje estimam que cerca de 70% dos cerca de um milhão de lavradores contratados para cultivar os campos e fazer a colheita são imigrantes ilegais. Em 2006, quando o Congresso dos Estados Unidos debatia uma revisão da lei de imigrantes, conheci Faylene Whitaker, uma fazendeira que cultivava tabaco, tomates e outros produtos na área Piedmont da Carolina do Norte. Ela estava preocupada com o elevado custo de se empregar trabalhadores imigrantes por meio dos canais legais comuns e queria um acordo melhor. "Nós preferiríamos usar trabalhadores legais", disse. Mas "se não obtivermos um programa de trabalhador estrangeiro (*guest worker program*) razoável, vamos contratar os ilegais". O visto fixava um salário mínimo em comparação com outros salários das fazendas na região. Na época, isso equivalia a subir para cerca de 8,51 dólares a hora de 8,24 dólares. Trabalhadores ilegais, por outro lado, podiam ser trazidos por menos de 6,50 dólares.

IMIGRANTES ILEGAIS, É claro, querem os trabalhos de 6,50 dólares a hora. É por esse motivo que arriscam a própria vida para atravessar a fronteira, fugindo dos agentes da patrulha de fronteira, das gangues de criminosos, de cobras. São os melhores trabalhos a que muitos mexicanos pobres podem aspirar. Eles representam um caminho para a relativa prosperidade, comparada à profunda pobreza de suas aldeias e seus bairros. A comparativa boa sorte dos migrantes — ostensivamente exibida cada vez que eles voltam para casa com dólares guardados nos bolsos — incentiva os irmãos e as irmãs, os primos e as primas mais novos a empreender a mesma jornada assim que tiverem idade para tanto. Eles também querem ficar ricos.

Isso é exatamente o que seria de se esperar. Como diferenças em outros preços, as disparidades de remuneração orientam os recursos — nesse caso, gente — para onde estariam mais produtivamente empregados. Alguns dos mexicanos mais trabalhadores são atraídos pela relativa prosperidade que conseguem atingir ao norte da fronteira. Anseios similares motivam os 11 milhões de imigrantes vivendo na Alemanha, os 7 milhões da Arábia Saudita e os cerca de 6,5 milhões cada de França, Grã-Bretanha e Espanha.

A desigualdade que incitou deslocamentos tão vastos de pessoas é uma característica inevitável e, de fato, necessária de uma economia capitalista. Em economias pobres, o crescimento econômico acelerado aumenta a desigualdade quando alguns trabalhadores tiram proveito das novas oportunidades e outros não. A parcela da renda nacional cabendo ao 1% mais rico da população chinesa mais do que dobrou entre 1986 e 2003, para quase 6%. A desigualdade, por sua vez, pode incitar o crescimento econômico, levando as pessoas a acumular capital humano e se tornarem mais produtivas. Ela atrai a nata para as linhas de trabalho mais lucrativas, em que as companhias mais rentáveis as empregam.

Mas com todo esse poder de incentivo, será o vasto abismo salarial entre altos executivos e trabalhadores agrícolas útil de algum modo? Os Estados Unidos cresceram rapidamente durante as três últimas décadas. O Produto Interno Bruto per capita aumentou cerca de 69% desde 1980, conforme a desigualdade crescia para níveis não vistos desde a década de 1920. Porém, também aumentou rapidamente — 83% — entre 1951 e 1980, quando a desigualdade, medida como a parcela da renda nacional indo para o extremo mais alto da população, declinou.

Um estudo concluiu que cada ponto percentual aumentado na parcela da renda nacional canalizado para os 10% mais ricos dos americanos desde 1960 levou a um aumento de 0,12 ponto percentual na taxa anual de crescimento econômico. Mas mesmo a essa taxa elevada, demorou 13 anos para os 90% dos americanos de baixo recuperarem a parte da renda que haviam sacrificado para acelerar a economia.

Os Estados Unidos continuam sendo o país rico com distribuição de renda mais desigual. Segundo a OCDE, os rendimentos dos 10% mais ricos dos americanos são seis vezes maiores do que os dos 10% na base da pirâmide. Isso se contrapõe a uma proporção de 4,2 na Grã-Bretanha e 2,8 na Suécia.

Além disso, os americanos têm menor mobilidade econômica do que os cidadãos de inúmeros outros países. Há uma chance de 42% de que o filho de um americano na quinta parte inferior da distribuição de renda permaneça estagnado no mesmo lugar. As probabilidades equivalentes de um britânico são de 30%, e de 25% para um sueco.

Mesmo se a desigualdade fosse um motor indubitável do crescimento econômico, poderíamos invocar outros motivos para impor um limite à concentração de ricos no topo. Desigualdade intensa gera desconfiança, inveja e hostilidade entre os diversos grupos. A igualdade favorece um senso de solidariedade e propósito compartilhado que contribui para uma boa liga social.

As disparidades de renda crescentes empurram as famílias menos afortunadas para fora dos bairros desejáveis enquanto os ricos se apropriam dos imóveis. Em cidades como Manhattan, o centro de Boston ou São Francisco, as únicas pessoas de rendimento modesto são as que limpam as casas, preparam a comida e cuidam das crianças dos ricos, antes de voltar à noite para um lugar mais barato.

Entre 1970 e 2000, os preços das casas no centro de São Francisco subiram 1 a 1,5% anual mais rápido do que no resto do país, e ela se tornou uma cidade de ricos. A parcela de famílias que ganhavam mais do que 136 mil dólares por ano, em dinheiro atual, subiu de 10 para 31%, mais do que duas vezes a taxa de crescimento nacional. Pessoas de rendimento médio foram empurradas para fora. Em 1970, cerca de 70% das famílias em São Francisco ganhavam menos do que 90 mil, em dólares atuais. Em 2000, a parcela era de mais ou menos a metade.

A segregação geográfica favorece a segregação educacional. Verbas para escolas dependem dos impostos sobre as propriedades, que por sua vez dependem dos preços dos imóveis. Uma vez que os salários das pessoas dependem intimamente da quantidade e da qualidade de seu nível de instrução, as famílias que são forçadas para áreas com escolas inferiores ficam ainda mais defasadas.

Finalmente, o poder da desigualdade como estímulo para o crescimento depende de que ele seja percebido como justo, ou pelo menos não inteiramente ilegítimo. Hoje em dia, muitos americanos duvidam que os ricos "mereçam" o que ganham. Isso é particularmente verdade para os banqueiros, que de algum modo causaram uma catástrofe jamais vista em décadas e mesmo assim se safaram com enormes recompensas.

O MEIO EM DESAPARECIMENTO

Houve uma época em que os Estados Unidos ofereciam aos trabalhadores uma chance de prosperidade. Os pais de meu pai não tinham alto nível de instrução. Meu avô cresceu em uma fazenda em Winnipeg e talvez não tenha terminado sequer o ensino fundamental. Mas se mudou para Phoenix, conseguiu um emprego sindicalizado na usina Salt River Project e adquiriu treinamento como eletricista. Na década de 1970, quando eu passava os verões com meus avós americanos, eles moravam em uma casa com um terreno na frente, quintal, uma salinha para o equipamento de som, ar-condicionado central, carro, picape e um trailer. No México, onde eu morava na época, eletricistas não viviam desse jeito.

A renda per capita nos Estados Unidos quase sextuplicou ao longo do século XX, impulsionada por uma explosão de progresso tecnológico. Mas o traço mais notável nesse crescimento foi que durante a maior parte do século ele foi amplamente compartilhado. Em 1928, o 1% mais rico das famílias americanas abocanhava quase um quarto da renda nacional. Na década de 1950, o quinhão delas caíra para 10%.

Os economistas aventaram diversas hipóteses para essa dinâmica. Alguns sugerem que o campo de disputa ficou nivelado pelas instituições que emanaram do New Deal — incluindo o salário mínimo, proteções trabalhistas e programas governamentais como a Seguridade Social, junto com elevação de taxas e regulamentações estritas restringido os lucros de indústrias como a bancária. A ascensão da mão de obra organizada desempenhou um papel, conforme os sindicatos negociavam remunerações melhores para seus membros.

Porém, outro fator se destaca: o nível de instrução. Por todo o século, os negócios exigiam trabalhadores cada vez mais instruídos para acompanhar o progresso tecnológico, oferecendo salários elevados a trabalhadores com mais escolaridade. E os trabalhadores reagiram a isso indo à escola.

Da geração nascida em 1870 à que nasceu em 1950, cada grupo de americanos recebeu mais instrução do que seus pais. Na década de 1950, 60% dos jovens de 17 anos haviam terminado o colegial; mais ou menos seis vezes a quantidade do Reino Unido. Então a GI Bill foi criada, oferecendo faculdade paga para veteranos regressando da Segunda Guerra Mundial. Em 1915, o trabalhador médio americano tinha 7,6 anos de escolaridade. Em 1980, tinha 12,5.

Uma consequência desse investimento em capital humano é que a renda da maior parte das famílias americanas cresceu de 2 a 3% por ano no quarto de século após o fim da Segunda Guerra Mundial, mais ou menos de maneira uniforme pela escala de rendimentos. Essas famílias construíram a classe média americana.

EM ALGUM MOMENTO na década de 1980, a dinâmica se rompeu. Desde essa época, banqueiros, advogados e engenheiros, os que têm uma faculdade ou mais, viram seus salários subir substancialmente. Trabalhadores na parte de baixo — faxineiros, funcionários de casas de repouso, empregadas domésticas, babás — também se beneficiaram de remuneração ligeiramente melhor. Mas trabalhadores no meio, como operários sindicalizados de siderúrgicas e montadoras de automóveis, sofreram com a queda e a estagnação de seus salários.

Tudo se resume à questão de quem é o mais fácil de ser substituído. É difícil mecanizar uma babá. Também é difícil substituir advogados e especialistas em debêntures. Mas trabalhos que podem ser reduzidos a uma rotina mecânica, como pintar um carro usando o revólver de pressão, desapareceram ou mudaram de lugar. Em 2008, o *Orange County Register* da Califórnia contratou uma empresa indiana, a Mindworks Global Media, para assumir parte das funções editoriais. Em 2007, a Reuters abriu um escritório em Bangalore, Índia, para cobrir o noticiário financeiro americano.

A recompensa pelo grau de escolaridade está maior do que nunca. Em 1973, homens com pelo menos uma faculdade ganhavam 55% a mais do que os que haviam apenas completado o colegial. Em 2010, tiravam 84% a mais. Porém, talvez devido ao esvaziamento do mercado de trabalho, essa recompensa não está mais funcionando bem como um incentivo. A capacidade educacional do trabalhador americano médio cresceu apenas em um ano de 1980 a 2005.

Atualmente, o sonho americano não passa de um enganoso devaneio. O salário por hora do operário mediano está mais baixo em 2009 do que estava em 1972, após contabilizar a inflação. A família americana típica — duas fontes de renda, duas crianças — ganhou menos do que o fez uma década antes. Já são quarenta anos desde a última vez em que o trabalhador médio podia se dar ao luxo de pagar as contas de uma família média em um regime de quarenta horas semanais trabalhadas a um salário médio. No fim da primeira década do novo milênio, o *boom* de prosperidade vivido pelos inúmeros trabalhadores no século XX parece apenas fogo de palha.

O PARAÍSO DE UM BANQUEIRO

Essa reconfiguração da prosperidade não diz respeito simplesmente a mudanças no modo como pagamos pelo trabalho. O quadro inteiro de regras que governam o capitalismo americano mudou. As que emergiram durante as últimas três décadas atingiram com tudo a classe média.

Barreiras comerciais caíram durante esse período, e os controles do capital foram erradicados. Dinheiro da previdência social foi realocado para forçar os desempregados a procurar trabalho. Pilhas de regulamentações foram postas de lado como sendo empecilhos equivocados aos negócios. A mudança eliminou inúmeros mecanismos que haviam protegido os trabalhadores americanos contra algumas das forças econômicas mais cruéis. E isso constituiu uma oportunidade de ouro para aqueles em condições de se apoderar delas.

Tomem-se os bancos. O sistema financeiro atual é a indústria mais lucrativa para quem se destaca nas faculdades. Mas nem sempre foi assim tão bem remunerado. Os altos executivos conheceram um grande momento nas primeiras décadas do século XX. De 1909 a meados da década de 1930, eles ganhavam cerca de 50% a 60% mais do que trabalhadores em outras indústrias. Mas o colapso do mercado de ações em 1929 e a Grande Depressão mudaram tudo. Em 1934, os lucros corporativos no setor financeiro encolheram para 236 milhões, um oitavo do que era cinco anos antes. Os salários foram atrás. De 1950 até mais ou menos 1980, os banqueiros e as seguradoras tiravam apenas 10% mais do que trabalhadores de fora do sistema financeiro.

Em larga medida, isso espelha o vaivém de restrições que governam o sistema financeiro. Há um século não havia praticamente nenhuma regulamentação para restringir a criatividade dos bancos e suas ânsias especulativas. Eles podiam investir onde quisessem, dispor do dinheiro dos depositantes como bem lhes aprouvesse. Após a Grande Depressão, o presidente Roosevelt decretou uma infinidade de restrições para evitar uma repetição da bolha financeira que levou à quebra da bolsa em 1929.

A expansão de bancos para além das fronteiras estaduais (*interstate banking*) tem sido limitada desde 1927. Em 1933, a Lei Glass-Steagall proibiu os bancos comerciais e de investimento de interferir nos negócios uns dos outros — separando as retiradas de depósito e os empréstimos do jogo de mercado. Tetos para as taxas de juros também foram impingidos nesse ano. As ações para regular o funcionamento dos bancos continuaram em 1959 sob o presidente Eisenhower, que proibiu a união de bancos com companhias de seguros. Impedidos de utilizar plenamente seus cérebros para maximizar seus rendimentos, muitos dentre a elite da nação que haviam afluído aos bancos para ganhar dinheiro partiram para outros setores.

Então, na década de 1980, o governo Reagan desencadeou uma onda irrefreável de desregulamentação que continuou por trinta anos. Em 1999, a Lei Glass-Steagall estava revogada. Os bancos podiam se misturar à vontade com as companhias de seguro. Os tetos para taxas de juros haviam desaparecido. Os bancos podiam abrir filiais onde bem entendessem. Não surpreende que os de mais elevado nível de escolaridade regressassem ao sistema financeiro para faturar alto. Em 2005, a parcela de trabalhadores no setor financeiro com diploma superior excedia a de outros setores em quase 20%. Esses executivos espertos puseram sua criatividade para funcionar, inventando as *junk bonds* na década de 1980 e seguindo em frente, nos últimos anos, para desovar coisas como *residential mortgage-backed securities* (caução com garantia na hipoteca de imóvel residencial) e *credit default swaps* (permuta de inadimplência de crédito). Em 2006, os salários do setor financeiro eram mais uma vez 70% maiores do que os salários de qualquer outro segmento no setor privado. Então o sistema financeiro implodiu.

Desde o fim de 2008, quando a falência do banco de investimentos Lehman Brothers deixou os mercados financeiros em parafuso no mundo todo, os banqueiros têm argumentado insistentemente contra qualquer esforço regulatório para limitar seus pacotes de remuneração, observando que a restrição da atividade financeira vai deixá-los de mãos atadas para contratar os melhores do mercado. Isso talvez seja verdade. As novas regulamentações financeiras aprovadas pelo Congresso em 2010 talvez reduzam a rentabilidade do setor financeiro. Os bônus podem ser sacrificados.

Mesmo assim, isso provavelmente é uma boa coisa. Apenas 5% dos homens que se formaram em Harvard em 1970 acabariam trabalhando no mercado financeiro 15 anos mais tarde. Para a turma de 1990, foram 15%. Entretanto, a porcentagem de homens formados indo para o direito e a medicina caiu de 39% para 30%. Da turma de 2009 de Princeton que obteve empregos após a graduação, 33,4% foram para o setor financeiro; 6,3% conseguiram empregos no governo. De nosso atual ponto de observação, isso parece uma má alocação de recursos. Pelo bem do restante da economia, os banqueiros deviam ganhar menos.

CAPÍTULO SEIS

O preço do grátis

PARA AQUELES QUE acreditam que a internet vai mudar tudo, 10 de outubro de 2007 assinala um pequeno divisor de águas. Nesse dia, a banda britânica alternativa Radiohead ofereceu aos fãs uma oportunidade de pagar o que quisessem para baixar seu novo álbum, *In Rainbows*. Se quisessem, poderiam obtê-lo de graça. Cerca de um milhão de fãs baixaram o álbum no primeiro mês, segundo a comScore, uma empresa de pesquisa de mercado, dos quais mais de seis em dez não pagaram nada. Outros vários milhões baixaram o álbum de serviços peer-to-peer (P2P) que ofereciam aos fãs a capacidade de compartilhar sua música na internet, em vez de fazê-lo do site gratuito do Radiohead.

Para os economistas, cuja compreensão da civilização começa com o pressuposto de que é parte do DNA das pessoas procurar a melhor relação custo-benefício, o que os deixou perplexos foi que 38% dos que escolheram baixar *In Rainbows*, pela estimativa da comScore, optaram por pagar, mesmo não precisando. Teriam esses fãs sido dominados por uma necessidade altruísta premente de dar dinheiro para astros do rock, por mais ricos que sejam? Talvez as pessoas acreditassem que era injusto não pagar coisa alguma por algo que cobiçavam, feito por artistas que elas amam. Talvez tenham apreciado a novidade do experimento.

A comScore calculou que a banda faturou 2,26 dólares por download; um bom preço, considerando que o arquivo de áudio disponível para baixar era de qualidade razoavelmente inferior. Além do mais, a banda não precisou dividir nenhuma parte do dinheiro com uma gravadora. E havia mais ainda para faturar. Os fãs correram para comprar uma versão de melhor qualidade do álbum quando foi posto à venda, alguns meses depois — empurrando-o para o topo das paradas americana e britânica. Nos Estados Unidos, ele permaneceu nas paradas por 52 semanas, mais do que qualquer outro álbum do Radiohead. Em outubro de 2008, *In Rainbows* havia vendido mais de 3 milhões de cópias, segundo o agente da banda, incluindo 100 mil de uma caixa especial vendida a oitenta dólares. Isso ultrapassou as vendas dos dois álbuns precedentes, *Hail to the Thief* e *Amnesiac*. Turbinada pela enorme publicidade que cercou o lançamento do álbum, a subsequente turnê foi um sucesso estrondoso.

Para os que acreditam no potencial transformador da internet, o experimento do Radiohead sugeriu que a economia da informação pode revolucionar o capitalismo, permitindo que os criadores sejam capazes de ganhar a vida distribuindo suas criações de graça. Essa nova economia talvez exija que as pessoas mudem radicalmente sua abordagem da propriedade. Mas *In Rainbows* demonstrou que se os criadores iriam se libertar dos grilhões capitalistas representados pelas gravadoras, pelos estúdios de Hollywood e outros representantes da cobiça corporativa que canalizavam uma enorme fatia de seus ganhos, esse novo paradigma talvez funcionasse para todos.

Não seria mais necessário que criadores se escondessem atrás de muros de copyright erguidos para proteger a "propriedade intelectual". A produção de bens de informação seria sustentada pelo altruísmo dos consumidores, bem ao estilo da filantropia ou da gorjeta. Os artistas poderiam apelar para o senso de justiça e reciprocidade dos consumidores entregando o produto de seu suor para qualquer um que o quisesse de graça.

Porém, apesar da ideia de utopia implícita na proposta do Radiohead, o *In Rainbows* foi menos um produto de idealismo comunitário do que uma necessidade inflexível, urgente. O nexo entre criatividade e comércio que tem impulsionado o capitalismo por centenas de anos está sob crescente ameaça. Os computadores e a internet tornaram tão fácil copiar e compartilhar informação pelo mundo que seus criadores perderam a capacidade de cobrar por isso. O Radiohead estava à procura de alternativas de sobrevivência em um mundo em que, goste-se ou não, seus fãs pudessem escutar sua música à vontade, sem pagar.

A música é só a ponta do iceberg. Ao longo da última década ou mais, a maioria dos jovens passou a acreditar que as notícias são um bem gratuito também, prontamente disponível on-line. O Google escaneou milhões de livros fora de catálogo e, com o consentimento da justiça, espera criar uma vasta biblioteca virtual. Filmes estão gratuitamente disponíveis para qualquer um com banda larga e um mínimo de conhecimento em programas. A tecnologia VoIP permite a qualquer um com conexão à internet fazer ligações telefônicas gratuitas para qualquer lugar do mundo. E gigantes do software corporativo precisam agora rotineiramente competir com o "freeware" projetado por milhares de engenheiros, contribuindo com seu trabalho para um empreendimento coletivo.

A revolução da informação tem minado até o antigo padrão econômico da mídia gratuita: a transmissão de tevê. Um programa com uma hora de duração na maioria das redes de televisão normalmente envolve uma programação de 42 minutos e 18 minutos de propaganda, que supostamente custeariam a atração. Em 2009, por exemplo, os anunciantes afirmam ter pagado cerca de 230 mil dólares por uma inserção de trinta segundos no seriado *Desperate Housewives*, da ABC. A esse valor, cada um dos 10,6 milhões de lares assistindo a *Desperate Housewives* valia cerca de 79 centavos para a rede.

Gravadores digitais de vídeo como o TiVo, que permitem ao público pular os comerciais, ameaçam privar as redes desse orçamento e possibilitam aos fãs assistir a programas sem custo de dinheiro ou tempo. "Seu contrato com a rede quando você recebe o programa é de que vai assistir aos comerciais. De outro modo, não poderia obter o programa numa base sustentada por anúncios", afirmou um frustrado Jamie Kellner, diretor e principal executivo da Turner Broadcasting, numa entrevista de 2002. "Toda vez que você pula um comercial ou assiste a algo pela internet, você está na verdade roubando a programação." Os telespectadores, claro, não têm a menor obrigação legal de assistir ao que quer que seja. Mesmo assim, Kellner articulou com precisão a troca econômica implícita que tem sustentado a televisão. Se ela deixar de existir, a tevê precisará se sustentar de outra forma.

O FASCÍNIO DO GRATUITO

Não se pode ter uma economia funcional baseada no gratuito. Isso violaria uma lei férrea do universo conhecida como "Não existe almoço grátis". A expressão aparentemente se originou nos Estados Unidos de meados do século XX, quando algum observador perspicaz notou que a refeição grátis oferecida aos fregueses em bares e restaurantes não era gratuita de verdade, mas vinha com o preço embutido nas bebidas. Isso encontrou um lugar na astrofísica, que significa que em um universo fechado, como a maioria acredita ser o nosso, não se pode conjurar nova matéria ou energia a partir do nada. Mas isso é mais importante para a economia, destilando a própria essência da disciplina. A afirmação significa que, em um mundo de escassez, todas as decisões implicam uma troca. A pessoa em geral não pode obter algo sem por sua vez abrir mão de alguma outra coisa. Pode ser que você não reconheça sempre o preço, mas até mesmo preços ocultos podem ser altos.

Gratuito é precisamente o tipo de conceito capaz de fazer com que nos separemos de nosso dinheiro sem perceber que o estamos fazendo. O mundo dos negócios tem há muito tempo usado o mecanismo para atrair os clientes e fazê-los gastar. Os truques incluem o usual "compre um, leve o outro de graça" e o típico comercial de tevê a cabo tarde da noite, que pede ao telespectador que "ligue agora" e receba qualquer bugiganga grátis além do produto anunciado.

Receber alguma coisa grátis evoca uma sensação de comprometimento e incita sentimentos profundos de reciprocidade que podem ser afagados em busca de lucro. Os representantes de vendas da gigante das vendas diretas Amway são conhecidos por deixar os potenciais clientes com uma cesta cheia de artigos de toucador e outros produtos domésticos e voltar alguns dias depois para fechar a venda, aproveitando-se do sentimento de obrigatoriedade do cliente. Na década de 1970, membros da Sociedade Hare Krishna davam uma flor ou alguma lembrancinha para o transeunte antes de tentar conseguir dinheiro. Isso funcionava tão bem que os aeroportos onde os hare krishnas operavam postavam cartazes e anunciavam nos alto-falantes para advertir as pessoas sobre o que eles pretendiam com seus "presentes".

Conseguir algo de graça contribui para seu valor intrínseco. Em um experimento no Instituto de Tecnologia de Massachusetts, dois terços dos alunos a quem foi oferecido um vale-presente da Amazon no valor de dez dólares por um dólar ou um vale-presente de vinte por oito dólares escolheu este último, devido à margem de lucro. Mas quando o preço de ambos os vales eram subtraídos em um dólar, todos mudavam de opção para ficar com o vale-presente de dez dólares, porque o estariam obtendo de graça, mesmo que manter a segunda alternativa lhes garantisse um lucro de 13 dólares.

A ilusão do gratuito é tão tentadora que os governos gastam um bocado de empenho nos protegendo de seu fascínio. Em 1925, a Federal Trade Commission (Comissão Federal de Comércio) tentou e fracassou ao impedir John C. Winston Co. de fornecer enciclopédias "gratuitas" que vinham com caros suplementos anexos. O tribunal de apelações determinou que um cliente teria de ser "muito estúpido" para achar que a oferta de gratuidade era realmente grátis. Mas em 1937 a Suprema Corte apoiou a ação da FTC para impedir a Standard Education Society de usar um estratagema similar. O juiz Hugo Black afirmou: "O cidadão não tem a menor obrigação de suspeitar da honestidade daquele com quem está realizando um negócio." E em 1953 o código do consumidor forçou o Clube do Livro do Mês a parar de usar grandes anúncios com letras garrafais oferecendo um livro de graça, para alertar o cliente numa letrinha minúscula que ele tinha de comprar mais quatro livros por ano do catálogo como parte do acordo.

O CONFLITO ENTRE criadores e consumidores de informação é de suma importância para nossa era. O historiador americano Adrian Johns argumenta que assim como a indústria-chave do século XIX foi a manufatureira e a indústria central do século XX foi a de energia, o poder no século XXI vai gravitar em torno dos que forem melhores em produzir e administrar conhecimento e informação.

Essas pessoas que exaltam os benefícios sociais da informação on-line gratuita veem a si mesmos como revolucionários da contracultura dispostos a libertar a era dos grilhões opressivos do capitalismo, livrá-la da opressão das corporações ávidas de lucro e conduzir todos de volta a nossas raízes supostamente comunitárias. Mas refeições grátis também não são fáceis de encontrar entre sociedades pré-capitalistas.

Presentes desempenham um grande papel em muitas sociedades. Há o *potlatch* entre os nativos do noroeste americano e o *kula* entre os melanésios das ilhas Trobriand, ciclos rituais de entrega de presentes entre tribos próximas. Bronislaw Malinowski, o antropólogo que estudou nativos das ilhas Trobriand ao largo de Papua-Nova Guiné, na década de 1910, presenciou fazendeiros levando montes de inhame e raiz de taro para a aldeia dos pescadores. Depois viu os pescadores retribuindo, levando montes de peixe para a aldeia dos fazendeiros.

Mas esses presentes não são em troca de nada. O sociólogo francês Marcel Mauss argumentou que tais atos de generosidade conspícua são destinados a promover um senso de dívida no grupo que recebe, criando pressão social para que este retribua com um presente no mínimo de igual valor. Isso tende a funcionar como liga social. Quando Malinowski pensou ter descoberto um presente definitivo sem nenhum encadeamento a ele associado — pequenos presentes que os maridos davam regularmente a suas esposas —, Mauss objetou que esses presentes, chamados *buwana* ou *sebuwana*, eram "uma remuneração-*plus*-presente pelo serviço prestado pela esposa quando ela fornece o que o Corão ainda chama de 'terra para cultivo'".

O preço de qualquer commodity em uma transação de mercado é o ponto em que tanto o comprador quanto o vendedor avaliam a transação como rentável, deixando as duas partes em melhor situação. Coisas grátis, mesmo que apenas uma miragem, podem provocar curto-circuito na sociedade introduzindo duas distorções. Elas encorajam os consumidores a consumir muito mais do que o fariam de outro modo e desencorajam os produtores de produzir o suficiente para satisfazer a demanda de consumo.

Tomemos como exemplo o spam. Ele responde por 90% do tráfego mundial de e-mails. Isso acontece porque é praticamente gratuito enviá-los. Em 2008, os pesquisadores estimaram que o custo dos autores de spam com registros de domínio, taxas de hospedagem, listas de e-mails e assim por diante saía por uma bagatela: oitenta dólares por milhão de mensagens. De modo que os spammers enviam toneladas, e os destinatários pagam o preço. Um estudo em uma universidade da Alemanha concluiu que cada um de seus empregados gastava cerca de vinte horas por ano detectando e deletando spams. Considerando que o salário médio na Alemanha chegava a cerca de vinte euros por hora, o spam estava custando para a universidade cerca de quatrocentos euros por empregado. Num universo de 8 mil empregados, o total alcançava 3,2 milhões de euros.

Se fosse custoso enviar spam, ele seria menos abundante. Em 1º de abril de 2002, o portal de internet coreano Daum começou a cobrar de quem enviasse um volume maciço de e-mails uma taxa de mais de dez won (cerca de 0,8 centavo) por mensagem, dependendo da quantidade enviada. O volume de e-mails enviados para domicílios caiu 54% nos primeiros três meses de cobrança da taxa.

Assim como o spam livre de custo encoraja a superprodução, a informação gratuita inibe que ela seja criada. Os que acreditam que a informação on-line deveria estar disponível a custo zero gostam de vê-la como a luz do farol. Qualquer navio passando pela baía à noite extrairá benefício dessa luz, mas seu uso não vai reduzir o fornecimento de luz para outros navios nas proximidades. A analogia cabe. Baixar uma cópia do último filme do Batman não o torna menos acessível para outros. O custo de se fazer mais uma cópia é tão próximo de zero que mal podemos dizer a diferença. Assim, o fornecimento de Batman nunca termina.

Mas a analogia também lança luz sobre o problema existencial dos criadores: alguém tem de pagar pela iluminação do farol. A luz e o filme não vão acontecer a menos que os donos de navio e os fãs do Batman sejam obrigados a pagar por eles. Faróis — como o ar puro e a defesa nacional — são conhecidos por sua natureza peculiar como "bens públicos". O fato de que os consumidores possam usá-los sem pagar também tem um nome: o "problema do passageiro clandestino". É um problema porque as empresas privadas não são capazes de ganhar dinheiro suficiente com a venda de bens públicos para que tenham um motivo para produzi-los. Assim, se deixados ao setor privado, eles não serão produzidos. Transportado à era da internet, o argumento sugere que se a informação se torna verdadeiramente gratuita, vamos parar de produzi-la.

NAPSTERIZAÇÃO DO MUNDO

A tecnologia nos trouxe ao limiar do gratuito. O preço dos computadores caiu 99% entre 1980 e 2009, contabilizada a inflação. Um computador em 1980 custava 79 vezes o que custa hoje. À medida que o preço de armazenamento, cópia e transmissão da informação na forma digital caiu, os produtores de canções, filmes e outros meios digitais perderam sua capacidade de impedir os consumidores de copiar seus produtos à vontade e distribuí-los como bem entendessem. Em junho de 1999, Shawn Fanning, um adolescente de Brockton, Massachusetts, conhecido por seus amigos como Napster, lançou um sistema que permitia às pessoas compartilhar na internet os arquivos de música que tinham em seus HDs. Em julho do ano seguinte, um em cada quatro adultos que usavam a internet afirmava ter baixado música de graça.

Stewart Brand, um velhaco da contracultura saído dos lisérgicos anos 1960 para se tornar um futurista revolucionário, afirmou na primeira conferência de hackers nas imediações de São Francisco um quarto de século atrás que "a informação quer ser livre". Na década de 1990, a Apple anunciava seus novos iMacs equipados com um drive de CD gravável como a ferramenta para "ripar, mixar, gravar" (Rip.Mix.Burn). Atualmente, os criadores perderam o controle de suas criações. No minuto em que elas se tornam um arquivo digital, passam a "pertencer" a todo mundo, de modo que ninguém as possui.

Em *Free: The Future of a Radical Price* (Grátis: o futuro de um preço radical), Chris Anderson, o editor da *Wired*, argumentava que as pessoas não podem mais possuir coisas feitas de ideias porque qualquer um pode tê-las de graça. Uma vez que a maior parte do que as economias avançadas produzem é feita de informação, isso poderia significar que grande parte do produto da moderna atividade econômica inevitavelmente se tornaria gratuita.

A afirmação parece verdadeira. A venda a varejo de música nos Estados Unidos — de CDs a toques de celular — caiu em cerca de um quinto em 2008 para 8,5 bilhões, à medida que os consumidores pararam de comprar música e se voltaram às redes P2P, onde ela está disponível gratuitamente. No mundo todo, o envio por atacado de música gravada caiu para cerca de um décimo, para 18,4 bilhões de dólares. Isso alterou o próprio significado do sucesso. O maior álbum de 2008, *Tha Carter III*, de Lil Wayne, vendeu 2,87 milhões de cópias nos Estados Unidos, segundo a Nielsen SoundScan. Nove anos antes, o álbum número um foi *Millennium*, dos Backstreet Boys. Vendeu 9,45 milhões de cópias.

NÃO SURPREENDE MUITO que seja lá quem for o dono dos direitos dessas canções e desses filmes vai resistir contra sua liberação. As gravadoras e os estúdios de Hollywood requisitaram batalhões de advogados para reverter a onda do gratuito. Eles conceberam as assim chamadas tecnologias de Digital Rights Management (Gerenciamento de Direitos Digitais) — conhecidas como DRM — para impedir os usuários de copiar seus produtos.

Em 2000, a A&M Records e outros selos processaram a Napster, obrigando-a a fechar no ano seguinte. Em abril de 2009, um tribunal sueco condenou os três fundadores e o financiador do site The Pirate Bay, um dos maiores serviços de compartilhamento de música do mundo, por transgressão da lei de copyright, sentenciando cada um deles a um ano de cadeia mais multas que totalizavam cerca de 3,6 milhões de dólares. Em agosto desse ano, um júri em Boston decidiu que Joel Tenenbaum, de 21 anos, aluno de física do Boston College, era culpado de baixar ilegalmente e compartilhar trinta músicas — que poderiam ter sido compradas por menos de trinta dólares no iTunes — e multou-o em 675 mil dólares. A quantia foi diminuída para 67.500 dólares na apelação.

Porém, os triunfos da indústria musical até agora têm sido uma vitória de Pirro. A Napster perdeu. Mas o compartilhamento de arquivos explodiu. Em maio de 2010, um juiz de Nova York determinou que Mark Gorton, fundador do LimeWire, um serviço de compartilhamento de arquivos que permitia às pessoas compartilhar suas canções e seus filmes pela internet, pagasse 450 milhões de dólares às gravadoras por infringir a lei de copyright. Mesmo assim, nesse mesmo mês, o software do LimeWire estava entre os dez programas de computador mais baixados no download.com.

Em 2008, um levantamento do Pew Project sobre a internet e a vida americana revelou que 15% dos adultos que ficavam on-line regularmente admitiam ter baixado ou compartilhado arquivos. A Federação Internacional da Indústria Fonográfica calculou 40 bilhões de downloads ilícitos só naquele ano, respondendo por 95% do total de música baixada no mundo todo. E a decisão contra o The Pirate Bay enfureceu de tal modo os suecos que um membro do Partido Pirata conseguiu se eleger para o Parlamento Europeu em Estrasburgo, recebendo 7,1% dos votos na eleição de junho de 2009.

As gravadoras parecem prontas a mudar de estratégia. Após cerca de 35 mil processos nos Estados Unidos durante cinco anos, em 2009, a Recording Industry Association of America (Associação Americana da Indústria Fonográfica), RIAA, na sigla em inglês, abandonou sua campanha de levar à justiça os supostos compartilhadores de arquivos. No início de 2009, o diretor da Apple, Steve Jobs, entrou num acordo com as gravadoras para remover o bloqueio DRM em canções vendidas em sua loja de música on-line iTunes, algo que permitiria aos usuários copiar as canções e escutá-las em qualquer aparelho que quisessem.

O GRATUITO ESTÁ se disseminando para outras indústrias da era da informação. Dias após sua publicação, mais de 100 mil exemplares do best-seller de Dan Brown *O Símbolo Perdido* foram baixados de sites de compartilhamento de arquivo no formato e-book ou audiobook, segundo o blog TorrentFreak.com. Os estúdios de cinema parecem estar indo pelo mesmo caminho das gravadoras. Em 2005, um relatório encomendado pela Motion Picture Association of America (Associação Americana dos Produtores de Filme) revelou que a pirataria custava à indústria cinematográfica no mundo todo 18,2 bilhões por ano e que o roubo on-line respondia por 39% do total. Hoje em dia, existem mais pessoas copiando filmes do que indo ao cinema. Em maio de 2008, os franceses adquiriram 12,2 milhões de ingressos para ir ao cinema, mas baixaram 13,7 milhões de cópias gratuitas de filmes on-line por meio de redes P2P.

No verão de 2008, a Warner Bros. fez uma exibição impressionante de medidas de segurança para lançar o aguardado filme do Batman, *O Cavaleiro das Trevas*, usando tecnologia que lhe permitia rastrear cada cópia do filme.

Meses depois eu estava sentado em Bryant Park, atrás da Biblioteca Pública de Nova York, com um magricela estudante de filosofia de 24 anos da State University de Nova York. Ele abriu seu Mac iBook e me mostrou um site no qual, a um clique do mouse, podia baixar de graça uma cópia em alta definição de *O Cavaleiro das Trevas*. Segundo o serviço de rastreamento BigChampagne, perto do fim do ano, 7 milhões de cópias do filme foram baixadas ilegalmente no mundo todo.

A indústria jornalística, o setor que me emprega, tem sido estripada. Em vez de erguer a ponte levadiça como os estúdios de cinema e as gravadoras tentaram fazer, a imprensa saudou a internet como a inovação mais promissora em uma geração. Afinal, a maior parte do dinheiro dos noticiários vem da publicidade. Os consumidores pagam apenas uma pequena fração do custo que leva para produzir as notícias. Os jornais acharam que a internet representava uma dádiva divina — uma plataforma barata e eficaz de distribuir as notícias mais amplamente e colher os frutos de vastas novas fontes de publicidade on-line.

Imagine sua surpresa quando, em vez disso, a Web se tornou o competidor mais implacável que jamais haviam conhecido. À medida que o custo de oferecer informação para o público se aproximava de zero, a enxurrada de notícias on-line destruiu seu monopólio corporativo de séculos sobre a atenção das pessoas, que se mantivera protegido pelos altos custos de se produzir e distribuir jornais impressos. As assinaturas de jornais e revistas estancaram, já que os leitores prefeririam sua leitura on-line. E a publicidade impressa virou fumaça.

Quando Michael Jackson morreu, em 25 de junho de 2009, sua página na Wikipedia recebeu 1,8 milhão de visitas. Segundo um estudo da Associated Press, Google News e Wikipedia se tornaram as fontes de informação mais populares sobre o pop star, capturando respectivamente 7,1% e 6,8% de todas as buscas por "Michael Jackson" nas quatro semanas até o 4 de Julho. O YouTube veio em terceiro lugar. A única empresa de mídia tradicional que entrou nos dez mais foi o site da CNN, em décimo lugar.

Para aumentar o sofrimento, o tsunami de publicidade on-line que a indústria jornalística tanto esperava quando decidiu oferecer notícias gratuitamente na Web se revelou um mero conta-gotas. Empresas de mídia tradicionais perderam dinheiro com publicidade para agregadores e, mais importante, ferramentas de busca, que faturaram bilhões vendendo anúncios junto a páginas de resultados de busca que se resumiam a uma lista de links para artigos dos veículos de comunicação tradicionais.

A revolução da informação não tornou a informação gratuita. O que ela fez foi transferir o dinheiro dos produtores da informação para os donos das tecnologias que a forneciam para seu público. O Pirate Bay, um dos maiores sites de compartilhamento de arquivos da internet, obtém sua verba com anúncios. Forçando as gravadoras a aceitar o baixo preço de 99 centavos por canção em sua loja de músicas do iTunes, a Apple transferiu grande parte do orçamento musical dos ouvintes da compra de músicas para a compra de iPods. E o Google absorveu uma larga parcela dos orçamentos com publicidade que costumavam ser dedicados a jornais e revistas. Em 2009, a receita de publicidade total de toda a indústria jornalística americana somou 27,6 bilhões, o nível mais baixo em 23 anos, 44% abaixo de seu pico em 2005. A receita com publicidade do Google, enquanto isso, praticamente quadruplicou ao longo de quatro anos, atingindo 22,9 bilhões em 2009.

LUCRANDO COM IDEIAS

Desde que as pessoas transformaram ideias em lucro pela primeira vez, elas têm pedido proteção contra quem pode copiar essas ideias sem pagar por elas. Em 1421, o arquiteto florentino Filippo Brunelleschi contou aos notáveis da cidade na Signoria que ele havia projetado uma enorme barcaça com um mecanismo de içar capaz de carregar mármore rio acima pelo Arno. *Il Badalone*, como era chamado, podia satisfazer a fome de Florença por matérias-primas que iria construir o Renascimento. Mas Brunelleschi só aceitou construí-la depois que a Signoria concordou com algumas condições:

"Nenhuma pessoa viva, nascida onde quer que seja e que tenha o status, a dignidade, a qualidade ou a classe que tiver, ousará tomar a liberdade, dentro de três anos seguintes ao dia em que a presente disposição houver obtido aprovação no Conselho de Florença, de cometer qualquer uma das seguintes ações no rio Arno, ou em qualquer outro rio, água parada, pântano ou água corrente existentes no território de Florença: possuir, manter ou usar de qualquer maneira, seja recém-inventada ou feita de nova forma, uma máquina ou um navio ou outro instrumento projetado para importar ou embarcar ou transportar por água qualquer mercadoria ou quaisquer coisas ou bens." Toda e qualquer máquina nova ou produzida de nova forma 'deverá ser queimada'".

As atuais patentes não chegam nem perto de ser tão generosas com os inventores. Um inventor que queira uma precisa fornecer de algum modo informação mais detalhada sobre a invenção. Patentes bem projetadas visam proteger apenas a nova contribuição específica do inventor — não impedir os outros de fazer alguma coisa que possa servir para um propósito similar. Mas a lógica de patentes não é diversa daquela que inspirou Brunelleschi seiscentos anos atrás. A finalidade delas é assegurar que um inventor possa colher os frutos de sua invenção de modo que ele tenha um incentivo para inventar. Elas conseguem isso concedendo aos inventores os direitos de monopólio para explorar suas criações.

Patentes decididamente não são a solução ideal. Na utopia dos economistas, o acesso a um bem ou serviço deveria estar disponível para qualquer pessoa cujo benefício marginal de uso excedesse o custo marginal de produção. Ao conceder o monopólio aos inventores, as patentes lhes permitem vender suas invenções a um preço muito acima de seu custo marginal — mantendo-as fora de alcance para muitos consumidores. Elas são entretanto necessárias. O custo marginal de uma invenção — o custo de produzir mais uma pílula para controlar o colesterol — jamais vai capturar o custo de inventá-la. Se o preço fosse não mais do que o custo marginal, seria impossível para quem a produz recuperar seus investimentos.

Medicamentos encarnam o que há de melhor e pior no sistema de patentes. A pesquisa e o desenvolvimento que entram na criação de um novo remédio e no trabalho de fazer com que seja aprovado no processo de regulamentação nos Estados Unidos custam à indústria farmacêutica de dez a 12 anos e cerca de 1,27 bilhão de dólares. Contudo, depois que tudo isso é feito, o custo de fabricar as pílulas em geral cai para alguns centavos cada. Assim, novos medicamentos recebem patentes de vinte anos — a partir do dia em que são registrados — para impedir os fabricantes de genéricos de vender cópias baratas e minar seus criadores.

Mas as patentes têm um lado negro. Mantendo os preços dos remédios elevados, elas impedem muitas pessoas doentes de ter acesso a medicamentos potencialmente vitais — pondo os interesses dos inventores contra o imperativo de saúde pública de salvar vidas. Brasil, Argentina, Índia e outros países em desenvolvimento que não participavam do negócio de inventar remédios ainda recentemente se recusavam a conceder proteção de patente para produtos farmacêuticos. A lei de patentes indiana de 1970 facilitou que os fabricantes domésticos de genéricos contornassem as patentes sobre remédios dos laboratórios multinacionais. Isso promoveu o crescimento de uma grande indústria de medicamentos genéricos — que podia vender pílulas por muito menos do que os laboratórios farmacêuticos que as inventaram.

Quinze anos atrás, muitos países em desenvolvimento aceitaram conceder aos remédios patentes de vinte anos como parte de negociações globais que levaram à criação da Organização Mundial do Comércio em 1995. Desde então, porém, muitos países pobres combatendo o flagelo da aids — como Zimbábue, Indonésia e Brasil — têm tirado vantagem de brechas legais no acordo para burlar patentes a fim de conseguir os medicamentos necessários por menos. Em 2008, o Ministério da Saúde brasileiro estimou que os fabricantes indianos de genéricos podiam fornecer a droga antirretroviral Tenofovir por 170 dólares por paciente ao ano, uma pequena fração dos 1.387 dólares cobrados pela Gilead, dona da patente.

Por outro lado, inventores de remédios não sobreviveriam no negócio sem patentes. E sem os inventores, os remédios não existiriam. Conceder patentes por um período limitado parece uma barganha razoável. O tempo deve ser longo o suficiente para permitir aos que inventaram a medicação recuperar seus custos e obter lucro, mas não por mais que isso — a fim de assegurar que a competição com genéricos vai baixar seu preço e torná-la amplamente acessível para toda a população.

Nos Estados Unidos, o período de proteção de patente começa a contar no momento em que uma empresa farmacêutica a requisita. Em média, restam aos novos medicamentos ainda cerca de 12 anos de proteção depois que enfim chegam às prateleiras das farmácias. Assim que os genéricos entram na briga, os preços despencam. Eles capturam cerca de 60% do mercado por volume dentro de nove anos. Em 12 anos tomam conta de 80%. A essa altura, o preço dos remédios caiu pela metade.

As patentes têm sido motores de inovação. Elas encorajam os inventores a criar e difundem suas criações — encorajando os donos a licenciar sua propriedade intelectual. Por exemplo, um levantamento de 133 multinacionais feito por uma firma de consultoria britânica revelou que 102 haviam licenciado tecnologia de outros e 82 haviam licenciado tecnologia para outros. O mercado de licenças tecnológicas vale cerca de 25 bilhões de dólares só na América do Norte, segundo um estudo. Em 2000, aproximadamente 20% do lucro da IBM derivou da venda de licenças. E nos Estados Unidos, novas firmas e grupos de investimento surgiram em anos recentes para comprar, vender, corretar, licenciar e leiloar patentes, atraindo capital de risco ao setor.

Essa transferência de ideias seria pouco provável de acontecer se a informação fosse gratuita. A probabilidade é de que ninguém teria se dado ao trabalho de pensar a respeito. Ou os inventores guardariam suas invenções a sete chaves até descobrir um jeito de lucrar com elas.

A DEFESA DOS BOOKANEIROS

Artistas e laboratórios farmacêuticos têm muito em comum. Contudo, por mais que gostemos de pensar nos pop stars e outros artistas como interessados apenas no significado mais profundo de sua arte, eles também gostam de ganhar dinheiro. Como Paul McCartney disse certa vez, "John e eu costumávamos literalmente sentar e dizer: 'Bom, vamos escrever uma piscina'". Se não for capaz de ganhar uma piscina com o que criam, a maioria vai parar de criar.

Contudo, a propriedade de ideias brutas — um poema, uma melodia — sempre foi um conceito mais controverso do que a propriedade de objetos feitos de ideias, como remédios. Os livros eram protegidos na Inglaterra do século XVII por meio de um monopólio sobre a impressão concedido à Stationers' Company, associação de livreiros e editores londrinos, que mantinha um registro de todos os títulos em um volume encadernado em pergaminho na Stationers' Hall de Londres.

Mas a primeira lei do copyright só foi votada pelo Parlamento inglês em 1709, depois que a Stationers' Company perdeu seu monopólio de 140 anos em 1694, desencadeando uma competição implacável no negócio das impressões. Após a independência, o Congresso dos Estados Unidos seguiu o exemplo inglês, votando uma lei de copyright em 1790 que concedia aos editores proteção por 14 anos, com possibilidade de prorrogação por mais 14 anos. Mas a lei tinha um porém. Cobria apenas autores americanos — liberando os impressores americanos para copiar à vontade obras de estrangeiros. Informação estrangeira era gratuita; informação doméstica não.

Os impressores americanos correram para se apoderar e republicar best-sellers ingleses, fazendo os preços despencar. Segundo uma notícia, *Um conto de Natal*, escrito por Charles Dickens em 1843, que na Inglaterra custava o equivalente a 2,50 dólares, saía por meros seis centavos nos Estados Unidos. A recusa dos americanos em proteger obras estrangeiras durou até 1891, época em que uma cena literária local emergira e os escritores americanos haviam começado a pedir proteção das importações de baixo custo. Mesmo quando o Congresso estendeu a proteção para obras estrangeiras, ele jogou um osso para os impressores locais ao limitar o copyright apenas para obras de além-mar que eram compostas nos Estados Unidos.

Essa disposição permaneceu existindo de várias formas até 1986, levando a queixas acaloradas de pirataria americana, ou "*bookaneering*", um trocadilho entre *book* e "bucaneiro", como alguns escritores chamaram. O famoso compositor inglês Sir Arthur Sullivan chegou até a pagar músicos americanos para assinar seus nomes em algumas de suas partituras, como a de *The Mikado*, de 1885, e transferir os direitos de volta para ele. Desse modo ele podia obter proteção autoral que de outro modo seria indisponível para um estrangeiro.

"As presentes regulamentações de copyright americanas tendem a manter todos os autores ingleses e continentais [i.e., da Europa] em um estado de irritação com as coisas americanas", escreveu Ezra Pound em 1918. "Há um incômodo contínuo e desnecessário quanto à prevenção da pirataria literária, uma necessidade de agentes, e vigilância de agentes, e a questão toda gera aborrecimento, e em última instância tende a inflamar a opinião pública."

Muitos dos argumentos articulados pela atual safra de rebeldes da internet foram feitos pela primeira vez anos atrás pelos piratas de gerações do passado. No século XVIII, membros do Congresso alegaram que impedir a proteção de copyright para obras importadas populares serviria a um propósito virtuoso: fornecer livros baratos a uma população cada vez mais iletrada. Queixas de escritores ingleses eram, por comparação, aborrecimentos menores. Os guerreiros de hoje da revolução on-line argumentam que o compartilhamento de arquivos possibilita um acesso sem precedentes à música, um bem por si só evidente. Eles votam às gravadoras e aos estúdios de Hollywood a mesma espécie de desprezo que o Congresso votava aos escritores ingleses do século XVIII.

A EXPERIÊNCIA DO Radiohead dá apoio a um argumento adicional com o qual os piratas contemporâneos querem encerrar a discussão. Entregar a propriedade intelectual de graça permitiria aos seus criadores ganhar mais dinheiro do que se a mantivessem guardada a sete chaves. Se antes os artistas faziam turnê para promover o último álbum, hoje o último álbum é que promove os shows. Uma banda que disponibilizou suas canções gratuitamente na internet concederia aos fãs uma amostra do que ela tem a oferecer e os persuadiria a comprar mais de sua música, camisetas, chaveiros etc.

Alguns artistas foram convertidos pelo credo. Paulo Coelho, o autor best-seller de *O Alquimista*, alega que o compartilhamento de arquivos catapultou a venda de seus livros na Rússia em várias ordens de grandeza. Ele lançou um site chamado "Pirate Coelho", no qual disponibiliza cópias de seus livros para baixar de graça. "Uma pessoa que não compartilha é não só egoísta como também amarga e solitária", escreveu.

Mesmo assim, a defesa econômica reunida pelos adeptos do roubo on-line é pouco consistente. De fato, a evidência até o momento é razoavelmente inequívoca: oferecer coisas de graça significa não ganhar dinheiro com isso. Uma análise de alunos de graduação na Universidade da Pensilvânia concluiu que baixar música de graça reduziu os gastos anuais dos estudantes com álbuns de sucesso de 126 para 100 dólares, em média. Em 2002, outros pesquisadores descobriram que o compartilhamento de música P2P derrubou as vendas de música na Europa em 7,8%, diminuindo em 30% as chances de que alguém comprasse música. Porém outros concluíram que, de 1998 a 2002, os downloads talvez tenham reduzido as vendas de música no mundo todo em um quinto.

A experiência de *In Rainbows* é tida como principal exemplo do que a arte pode fazer uma vez que está livre do abraço tóxico do copyright, para ser compartilhada pelo mundo afora. Contudo, essas táticas apenas parecem funcionar para um seleto grupo de bandas que já são famosas.

Em 2003, quando a RIAA começou a levar as pessoas à justiça por baixar até mesmo um pequeno punhado de canções de um site P2P, ofereceu aos pesquisadores uma janela para o impacto da pirataria. Rastreando o impacto da decisão sobre as vendas de música, um grupo de pesquisadores descobriu um interessante padrão de comportamento. Como esperado, o compartilhamento de arquivos desabou nos meses que se seguiram ao anúncio da campanha legal da gravadora, quando os adolescentes ficaram com medo de que pudessem acabar sendo presos.

A descoberta interessante, contudo, foi de que embora a redução da pirataria não tivesse qualquer impacto discernível nas vendas dos artistas no topo, ela provia um significativo impulso para bandas menores. Para álbuns que debutaram nas paradas da *Billboard* abaixo da vigésima posição, a ameaça judicial das gravadoras impulsionou sua sobrevida nas paradas de 2,9 semanas para 4,7 semanas. As vendas sugeriram que a pirataria era particularmente prejudicial às vendas de artistas menores.

De 1996 a 2003, quando o compartilhamento gratuito de arquivos começou a dizimar as vendas de música, o preço dos ingressos para shows de rock importantes pulou para quase cinco vezes o índice da inflação — substancialmente mais rápido do que os ingressos para os eventos teatrais ou esportivos. Mas a evidência sugere que sair em turnê não é solução para bandas menores.

A estratégia do "gratuito" funciona para Trent Reznor, da banda de rock pós-industrial Nine Inch Nails. Quando lançou *Ghosts I-IV* em março de 2008, Reznor ofertou uma série de formatos, de um download digital de cinco dólares ao pacote ultradeluxe de trezentos dólares compreendendo um DVD e outras mercadorias. Ele também ofereceu *Ghost I*, a primeira parte do álbum, gratuitamente na internet — disponibilizando-o no The Pirate Bay e em outros serviços de compartilhamento de arquivos. E licenciou o álbum sob a assim chamada licença Creative Commons, uma alternativa ao copyright regular oferecida pela ONG de São Francisco que permite aos criadores conservar parte dos direitos e abrir mão de outros, concedendo livre acesso a muitos usuários em uma base não econômica. Na primeira semana, o Nine Inch Nails faturou 1,6 milhão. E *Ghosts I-IV* foi o maior sucesso de vendas de MP3 da Amazon em 2008.

A experiência de Reznor, porém, também sublinha os limites da estratégia para os que não se encontram no primeiro escalão do estrelato pop. Em 1º de novembro de 2007, três semanas após o ruidoso lançamento de *In Rainbows*, o amigo de Reznor Saul Williams tentou uma proeza similar. Ele lançou seu álbum *The Inevitable Rise and Liberation of Niggy Tardust!*, que Reznor produziu e ajudou a bancar, oferecendo aos ouvintes uma escolha entre a versão gratuita e uma de alta qualidade por cinco dólares. Nos dois meses seguintes, 154.449 pessoas baixaram o álbum. Mas apenas 28.322, menos que uma em cada cinco, pagaram. Um genuíno adepto do poder transformador da internet, Reznor ficou desolado ao ver que a maioria dos fãs de Williams interpretara gratuito como significando que não tinham de pagar coisa alguma:

"Saul e eu entramos nessa história com a melhor das intenções", disse Reznor mais tarde. "Queríamos divulgar a música em que acreditávamos. Queríamos fazer isso do jeito mais desimpedido, mais livre de receita publicitária, mais dissociado do mundo corporativo possível. Queríamos o álbum sem encadeá-lo a outros produtos, sem o discurso de convencimento, sem o chamariz e as iscas, ou o 'Agora você pode comprar a versão tal se você comprar...' Não, não, dissemos: 'Aqui está. Ao mesmo tempo, seria ótimo se pudéssemos cobrir os custos e quem sabe viver disso.'" Para Williams, o modelo "pague o que quiser" permitiu a 126.177 pessoas — mais de quatro em cada cinco dos que baixaram sua música — não pagar coisa alguma. É muito difícil ganhar a vida com números assim.

ROUBANDO TÊNIS

Em 1979, o governo canadense pediu a Stan Liebowitz, um economista americano que estudava direito autoral, para investigar o impacto que a fotocópia e a retransmissão da programação da tevê nos canais a cabo teria em editoras e emissoras. Liebowitz observou que os editores podiam aumentar o preço das obras que publicavam porque os usuários valorizavam o fato de que podiam tirar cópias. Para a tristeza das redes de tevê e editoras, ele concluiu que copiar não era necessariamente um mal. "Parece que sou o primeiro economista a sugerir que a cópia ilícita na verdade talvez beneficie os donos do copyright", escreveu Liebowitz, anos mais tarde. "Mas naqueles dias não havia um exército de críticos do copyright para adotar meu trabalho e me tornar um herói, como é hoje."

Contudo, agora ele mudou de ideia. Três décadas após seu seminal estudo da fotocópia, Stan Liebowitz também duvida de que haja dinheiro a ser ganho distribuindo música de graça. Em estudo recente ele concluiu que todo o declínio nas vendas de álbuns numa amostragem de 99 cidade americanas entre 1998 e 2003 se deveu a um compartilhamento desenfreado de arquivos on-line. Curiosamente, as vendas de jazz e música clássica aumentaram — talvez um testemunho da média de idade de seus ouvintes típicos. Mas as vendas de hard rock, rap e R&B caíram em dois dígitos.

É um pouco como roubar tênis, ele observou. Não é impossível que uma gangue de rua que rouba um contêiner de tênis possa em última instância aumentar as vendas do calçado, se acontecer de estabelecer uma tendência paradigmática de comportamento *cool* no bairro. Um rapaz que roube um bife talvez signifique mais negócios para o açougueiro a longo prazo se o roubo induz no ladrão um gosto permanente por carne. Mesmo assim, apontou Liebowitz, "nunca vi esse tipo de argumento apresentado de uma maneira séria para sugerir que a sociedade estaria melhor se a proibição do roubo fosse subvertida".

Na internet, o ladrão está tentando convencer o açougueiro de que é para seu próprio bem que deve entregar o filé e assim influenciar seus hábitos alimentares. Quando o Google precisou de ilustrações com as quais decorar seu novo browser, o Chrome, sugeriu aos ilustradores que fornecer sua arte de graça seria em benefício deles próprios. "Acreditamos que esses projetos signifiquem uma oportunidade única e empolgante para que os artistas exibam seu trabalho diante de milhões de pessoas", afirmou o Google. Melinda Beck, uma ilustradora do Brooklyn, enviou ao Google um e-mail em resposta à oferta. Ela observou que já trabalhara para clientes importantes como Target e Nickelodeon, que haviam dado a seu trabalho enorme exposição. Mesmo assim, ressaltou, "os dois clientes me pagaram".

O espírito do Google é contagioso, porém, como se pôde observar em um anúncio no outono de 2009 para uma firma de advocacia em Menlo Park, Califórnia, no serviço de classificados gratuito Craiglist. "O atual clima econômico tornou difícil para os jovens advogados encontrar trabalhos pagos", dizia.

"Boa experiência com uma firma de primeira grandeza é o que oferecemos. Se você pode realisticamente assumir um compromisso de seis a 12 meses e consegue se virar sem receber (excetuando reembolso por viagens, milhagem, despesas com estacionamento e outras), esta é uma excelente oportunidade." Os comentários sobre o anúncio, exibidos em um blog jurídico, não foram dos mais educados. Um deles dizia: "Os caras que estão pedindo isso deviam ser recompensados com a qualidade de trabalho pela qual estão pagando, e eu espero que acabem sendo processados e condenados por prática inidônea."

AO QUE PARECE, há duas categorias amplas de potenciais soluções para as indústrias da informação. Uma é encontrar barreiras mais eficazes — tecnológicas e legais — para manter o conteúdo reservado atrás de um acesso pago. Tendo abandonado as ações legais contra os downloads individuais, a RIAA voltou sua atenção para os provedores de serviços na internet — na esperança de que pudessem se tornar os fiscais da legalidade on-line, restringindo e talvez até desconectando o serviço de quem baixa material ilegalmente.

Os provedores poderiam até se tornar os cobradores de taxas de usuário para downloads ou streams legais, como um pedágio na rampa de acesso à rodovia. Eles se tornaram o foco de uma efervescente atividade legal. Em setembro de 2009, o Parlamento francês aprovou uma lei que permitiria aos provedores desconectar clientes que fossem pegos três vezes baixando material ilegalmente. Uma nova lei do direito autoral na Suécia força os provedores a revelar informação sobre compartilhadores de arquivos não autorizados para os detentores do copyright, pavimentando o caminho para uma ação legal. Em abril de 2010, a Inglaterra aprovou uma lei que não só forçaria os provedores a reduzir a velocidade ou interromper as conexões de quem baixasse repetidamente material pirata, como também permitiria ao governo exigir que o provedor bloqueasse os websites que hospedassem quantidades significativas de material pirata.

Isso pode não funcionar. Inúmeras vezes os hackers destravaram os melhores bloqueios de software. E a criação de barreiras legais eficazes exigiria uma cooperação internacional na questão dos direitos autorais que talvez se provasse difícil de atingir. "O copyright está se tornando obsoleto", disse-me Hal Varian, o economista-chefe do Google. "Mesmo à medida que a lei se torna cada vez mais restritiva, a prática se torna cada vez mais frouxa." Varian também não crê que as empresas possam se proteger com alguma ferramenta. "Não existe solução tecnológica real."

Se é assim, a única coisa que os provedores de conteúdo podem fazer é tentar reconfigurar o modo como seu conteúdo é oferecido aos consumidores, para persuadi-los a pagar voluntariamente por pelo menos parte disso. Conceituar o CD como uma peça promocional para o show se enquadraria nessa categoria, assim como o seria a nova tentativa da indústria musical de vender assinaturas para streams legais de música para celulares. Quanto à mídia noticiosa, Varian sugere "versionar" — oferecer uma versão básica da notícia para quem a deseja de graça e uma versão premium para os que pretendem pagar. A intenção "é levar os consumidores a se separarem em diferentes grupos de acordo com sua disposição de pagar", sugeriu Varian. "O produtor escolhe as versões de modo a induzir os consumidores a se autosselecionar em categorias apropriadas."

Espera-se que isso funcione em parte. Caso não funcione, talvez obrigue a informação a ser veiculada inteiramente off-line. O *Newport Daily News* de Rhode Island, que não sofre competição praticamente de nenhum outro jornal, tentou atrair os leitores de volta à página impressa. Em junho de 2009, começou a cobrar uma anuidade de 345 dólares por uma assinatura exclusivamente on-line e cem dólares por um pacote da versão impressa mais on-line. Em três meses, o tráfego no site caiu 30%, e as vendas de jornal avulso subiram 8%.

ONDE A INFORMAÇÃO VAI MORRER

Em última análise, tenho receio de que a informação gratuita resulte em menos criação de produtos informativos. Na França, houve 8% a menos de álbuns lançados na primeira metade de 2008, e os lançamentos musicais de novos artistas caíram 16%. Mais de dez empresas jornalísticas nos Estados Unidos pediram proteção contra falência desde o fim de 2008. Isso inclui a Tribune Company, dona do *Los Angeles Times* e do *Chicago Tribune*, o *Philadelphia Inquirer* e a Freedom Communications, que é dona do *Orange County Register* e 32 outros jornais. O *Rocky Mountain News* de Denver, Colorado, que circulava desde 1859, publicou seu último exemplar em 27 de fevereiro de 2009.

Em julho de 1999, 425 mil pessoas trabalhavam para jornais impressos nos Estados Unidos. Dez anos depois, os empregados no setor haviam caído para 150 mil. O emprego em outros periódicos caiu para 45 mil desde seu pico em 2000, e emissoras de rádio e tevê também eliminaram muitos empregos nesse período. Porém, com todas as altas expectativas de que as ponto-

-com pudessem substituir as antiquadas empresas de mídia no fornecimento de notícias, toda publicação, transmissão e busca em portais da internet não significou mais do que 15 mil empregos desde seu ponto mais baixo, em 2004. Em julho de 2009, o volume total de emprego gerado chegava a 82 mil — 30 mil empregos a menos do que o pico da bolha ponto-com, uma década antes.

Os saqueadores da internet parecem muito seguros do poder de sua causa. Entre os peritos pesquisados em dezembro de 2008 pelo Pew Project sobre a internet e a vida americana, menos de um em três achava que os criadores e seus advogados encontrariam um modo legal de reivindicar o controle sobre suas criações num futuro próximo. "Copiar dados é o estado natural dos computadores", disse Brad Templeton, diretor da Electronic Frontier Foundation, um grupo de defesa das liberdades civis na internet. Giulio Prisco, ex-cientista do CERN, que fundou a Metafuturing Second Life, uma empresa de serviços na internet, acrescentou: "Não se pode deter uma onda com uma colher."

Talvez não. As empresas de mídia que surgiram no século XX podem estar irremediavelmente condenadas. As gravadoras podem desaparecer. Mas duvido de que a informação gratuita um dia seja o estado de coisas natural em uma economia capitalista. Na verdade, sou capaz de apostar que, seja lá qual for o aspecto da economia da informação daqui a dez anos, a informação não será gratuita.

A última batalha pelo gratuito talvez sirva como precedente ilustrativo. A pirataria musical não existia até o fim do século XVIII porque os direitos de propriedade não cobriam composições musicais. Agentes das companhias de ópera compareciam às noites de estreia de suas rivais para "roubar" as melhores melodias e reutilizá-las em seus próprios espetáculos. Apenas no século XIX, quando o romantismo propagou a ideia do autor como gênio, os compositores começaram a se queixar. Hector Berlioz chamava os contraventores de ladrões e assassinos.

A tecnologia mudou as regras do jogo. A popularidade da pianola na Inglaterra do fim do século XIX gerou a primeira indústria de música gravada para as massas, a música de partitura. Por volta de 1900, a Inglaterra tinha um piano para cada dez ingleses. Os editores de música faturavam alto, vendendo partituras — conhecidas como *dots* — a um xelim e quatro pence cada. Puccini e Handel haviam sido transcritos para a pianola, assim como outros artistas mais populares. Inevitavelmente, vieram os piratas, usando a nova técnica da fotolitografia para copiar músicas sem erros e vender por apenas dois pence.

Então, como hoje, grande parte da opinião pública ficou do lado dos piratas. O Parlamento britânico votou a Musical Copyright Act (Lei do Copyright Musical) de 1902, que permitiu a apreensão sumária de música pirateada. Mesmo assim, os editores de música sofreram, confiscando centenas de milhares de partituras piratas apenas para ver outras surgindo no mercado. Mas em dezembro daquele ano a polícia apanhou o "rei dos piratas", James Frederick Willetts, dono da People's Musical Publishing Company.

Willetts fez uma forte defesa da pirataria no tribunal. Ele argumentou que os artistas não deveriam dispor da plena posse de suas obras porque seu talento era uma dádiva divina que deveria ser usada em benefício público. Argumentou também que a pirataria permitia aos frutos desse talento chegar aos consumidores que eram incapazes de pagar os preços extorsivos cobrados pelos editores. Mas Willetts perdeu e foi preso. E os contraventores musicais sumiram de vista. A informação ficava cara mais uma vez.

No fim das contas, a informação não pode ser gratuita. Apenas parece ser assim de vez em quando. As palavras de Stewart Brand que se tornaram o slogan dos defensores da liberdade on-line têm um preâmbulo que admite que a informação também "quer ser cara" devido ao enorme valor que tem para quem a recebe. Essa é uma proposição razoável. Mesmo assim, não deixa espaço algum para o produtor da informação. A informação não pode existir sem ele.

CAPÍTULO SETE

O preço da cultura

A DEMOCRACIA PARECE ter tomado conta do mundo. Segundo um cálculo, ao final do século XX, 63% da população mundial vivia em regimes democráticos, contra 12% ao final do XIX. Mas um governo democrático — que dá aos cidadãos uma escolha em eleger seus representantes políticos — pode significar coisas diferentes em lugares diferentes. É uma expressão abrangente usada igualmente nos Estados Unidos, onde a transferência de poder entre partidos de oposição é rotina, e no Zimbábue, onde a oposição ainda é regularmente subjugada à força de porrete.

Mesmo assim, algumas variáveis podem nos ajudar a determinar a qualidade do governo democrático pelo mundo. A primeira é a quantidade de recursos — petróleo do Kuwait, diamantes do Congo — à disposição dos governantes para comprar a aquiescência dos governados. A outra é o preço corrente dos eleitores, o valor que eles atribuem a seu voto. Quanto mais corrupto o país, mais baratos são seus eleitores.

O preço de um voto normalmente gira em torno da renda do eleitor. Os mais pobres exigem menos porque consideram que seu voto vale pouco comparado com o dinheiro de que tão terrivelmente necessitam. Nas eleições gerais de 1996 na Tailândia, os eleitores eram avaliados em média a 678 baht cada, mas os de Bangcoc tinham chance de receber o dobro do que recebiam os das áreas rurais, que eram mais pobres. Em São Tomé e Príncipe, uma pobre ex-colônia portuguesa em duas ilhotas ao largo da África Ocidental, um levantamento de votantes na eleição de 2006 revelou que o preço médio para um voto na escolha da assembleia nacional era de 7,10 dólares, mas a média chegava a cerca de 37 dólares na capital.

O preço também é determinado pelo que está em jogo na eleição. Em São Tomé e Príncipe, a compra de votos decolou apenas depois que as reservas de petróleo foram descobertas em alto-mar no fim da década de 1990 no golfo da Guiné — oferecendo a perspectiva de uma maré de prosperidade. Nem todas as eleições valiam a mesma coisa. Um voto para presidente, cujo poder é na maior parte limitado aos campos da defesa e dos negócios estrangeiros, custa meros 4,20 dólares. A verdadeira grana estava na eleição da assembleia nacional — que exerce a maior parte dos poderes executivo e legislativo.

Embora a compra direta de votos possa parecer uma perversão da democracia, trata-se de uma tradição de longa data com significativa ancestralidade. Na Inglaterra, as eleições eram compradas pelo menos desde o século XVII. A prática aumentou à medida que membros endinheirados das colônias britânicas e sua nova classe comercial tentavam romper com o monopólio de poder político da pequena nobreza rural. Em 1812, George Venables-Vernon, o segundo barão de Vernon, deixou a seu genro, Edward Harbord, terceiro barão de Suffield, "uma soma que não excedia 5 mil libras voltada à aquisição de uma cadeira no Parlamento". Tal comércio prevaleceu até a Corrupt and Illegal Practices Prevention Act (Lei de Prevenção contra Práticas Ilegais e Corruptas), de 1883, que impôs duras penalidades sobre aqueles que dessem ou recebessem subornos e estabelecia rígidos limites para gastos com campanha.

Do outro lado do Atlântico, os jornais na Nova York do século XIX citavam o preço dos votos como se fosse o de porcos. O *Elizabethtown Post* mencionava um voto em Ulster County a 25 dólares. Os eleitores faziam o sistema tão bem que esperavam ser pagos antes de votar no candidato que já seria de sua preferência, de um jeito ou de outro. Em 13 de novembro de 1879, o *Watkins Express* em Schuyler County publicou a arenga de um ministro congregacionalista, Thomas K. Beecher, exaltando as virtudes dos livre mercados políticos: "Quando um homem bom com um bom propósito compra o voto do próximo, o votante — sendo um chefe e um soberano — está livre para fazer o que escolher; o ato está correto. O comprador não é nenhum subornador no tribunal da consciência, não nas barras do tribunal divino, exceto se tem intenção de desvirtuar o julgamento. E o votante de mente humilde que aceita a dádiva e a orientação do homem bom supramencionado está obedecendo a motivos mais varonis e mais próximos de seguros do que os que normalmente influenciam nossos votantes mais ativos e entusiastas."

A compra do voto direto sumiu dos Estados Unidos quando a introdução do voto secreto tornou impossível para os políticos verificar se os eleitores estavam vendendo seu voto como prometido. Mesmo assim, a prática de comprar poder político permaneceu conosco para sempre. A compra de votos primeiro foi substituída pela tática igualmente duvidosa de pagar os eleitores do partido de oposição para permanecer em casa no dia da eleição. Técnicas mais recentes são mais sofisticadas. O objetivo da transação, contudo, não é diferente do que ocorre em São Tomé. A principal diferença do que ocorre no pequeno arquipélago africano é o preço mais elevado dos eleitores americanos.

Mark Hanna, o pistolão e senador republicano por Ohio do século XIX, tem uma frase famosa: "Há duas coisas importantes na política. A primeira é dinheiro, e a segunda não consigo lembrar qual é." Mais de um século depois, a despeito das inúmeras leis aprovadas para reduzir a influência do dinheiro na política, em 2008, a campanha de Barack Obama gastou um recorde de 730 milhões de dólares — a maioria em anúncios de campanha — para conquistar a presidência. Isso corresponde a quase 10,50 dólares por cada eleitor que o apoiou nas urnas. Ao passo que o republicano John McCain gastou apenas cerca de 5,60 dólares por cada um dos seus.

Isso talvez não pareça muito diferente do preço de eleitores na São Tomé rural. Mas a comparação direta induz ao erro. Muitos dos eleitores de Obama teriam votado nele por nada. O custo de convencer os indecisos foi muito maior. Um estudo de eleições para a Câmara dos Representantes de 1972 a 1990 revelou que um acréscimo de 100 mil dólares em gastos de campanha, em moeda de 1990, aumentava uma fração do voto do ocupante do cargo em apenas um décimo de um ponto percentual, em média. Os postulantes, que eram menos conhecidos e se beneficiavam mais da exposição de campanha, podiam comprar 0,3% do total de votos por esse valor. Corrigindo pela inflação, isso significaria que, na eleição da Câmara em 2008, o preço de ganhar um voto adicional era de cerca de 212 dólares para um postulante e 640 dólares para um ocupante do cargo.

OS ADEPTOS DO financiamento privado de campanhas políticas alegam que a aquisição de influência política nos Estados Unidos é muito diferente da compra de votos. Os políticos usam dinheiro para municiar os eleitores com a informação necessária para chegar a uma decisão. Anúncios de tevê são voltados a convencer os eleitores de que um candidato é o melhor e o mais viável — ou de que seu rival não é digno. Se parece que o candidato mais endinheirado sempre vence é porque bons candidatos são bons em atrair contribuições de campanha. E se os políticos votam do modo como seus doadores financeiros gostariam que votassem é porque de todo modo os primeiros concordam com os segundos.

Essa defesa infelizmente não se encaixa na realidade. Os estrategistas de campanha americanos empregam sofisticadas técnicas de marketing, em vez de dinheiro, pura e simplesmente. Eles preferem flertar com as tendências dos eleitores, em vez de lhes pagar. Eles os seduzem, em vez de comprá-los. Mas o objetivo deles também é conseguir o maior número de eleitores possível a fim de ignorar seus interesses próprios e votar por eles. Admito que o governo nos Estados Unidos é melhor que o de São Tomé e Príncipe. Há mais restrições institucionais no poder. A despeito dos ocasionais arroubos de críticas antigovernamentais intensas, o governo ainda pode ser considerado uma instituição legítima.

Por outro lado, a compra de votos em São Tomé tira a legitimidade da democracia aos olhos dos eleitores. Os políticos que pagam por um voto não vão se sentir constrangidos por compromissos políticos. Eleitores que aceitaram dinheiro dos políticos não vão perder tempo ficando de olho na qualidade do governo. Cientistas sociais que estudaram instituições políticas no mundo em desenvolvimento argumentam que a capacidade dos ricos de comprar os votos dos pobres contribui para a pobreza inerradicável dos países pobres, impedindo as políticas de redistribuição. São Tomé e Príncipe já passaram por dois golpes de Estado desde suas primeiras eleições livres em 1991. O país ocupa o 111º lugar entre 180 no índice de percepção de corrupção Transparency International — junto com cleptocracias como o Egito de Mubarak[*] e a Indonésia.

Mas ambas as culturas políticas dependem da compra de poder. As diferenças fundamentais são o modo como o poder é comprado e seu preço. Nos Estados Unidos, os votos são muito mais caros. De certo modo, a distinção entre as formas de pagamento pelas eleições nos Estados Unidos e em São Tomé e Príncipe reproduz a diferença entre a corrupção e sua prima rica, o lobby. Grandes empresas de países ricos preferem fazer lobby — o uso do

---

[*] Após 18 dias de protestos violentos que tomaram diversas cidades do Egito, o ditador Hosni Mubarak renunciou ao poder depois de trinta anos no poder. (N. da E.)

dinheiro para convencer os políticos a mudar a lei — porque isso traz efeitos mais permanentes. Mas a prática é cara demais para empresas menores em países pobres, que em vez disso voltam-se para a corrupção: usando dinheiro para influenciar os burocratas a ignorarem a lei.

Os Estados Unidos podem figurar 92 lugares acima de São Tomé e Príncipe no índice de percepção de corrupção Transparency International. Mas é pouco provável que aqueles que são examinados por esse vigilante da corrupção levem em consideração os 3,5 bilhões gastos pela indústria em 2009 com lobbies no Congresso e na Casa Branca para formular leis mais ao seu gosto. O mais provável é que eles raramente pensem a respeito dos 1.447 ex-funcionários do governo federal — incluindo os 73 antigos membros do Congresso — contratados por instituições financeiras para fazer lobby no Congresso e influenciar o debate sobre a reforma da regulamentação financeira em 2009 e 2010. Só as indústrias financeira, de seguros e imobiliária gastaram 467 milhões de dólares com lobbies em 2009. Os bancos prodigalizaram tanto dinheiro no Congresso que os líderes da casa começaram a pôr novatos vulneráveis no Financial Services Committee, de modo que pudessem obter dinheiro suficiente para derrotar seus oponentes.

A diferença entre as táticas usadas para controlar a influência política em São Tomé e Príncipe e nos Estados Unidos tem pouco a ver com virtude e muito a ver com estratégia. De fato, os economistas propuseram que os países passavam da prática da propina à do lobby à medida que cada vez mais empresas reagiam às demandas crescentes por suborno de um número cada vez maior de burocratas passando ao lobby, que era mais eficaz economicamente porque poderia ser usado para mudar leis, em vez de apenas influenciar aqueles que as faziam vigorar.

Os empresários praticam as duas, dependendo de onde estejam. Em 2010, a fabricante de automóveis alemã Daimler AG foi pega gastando dezenas de milhões com propinas a funcionários do governo em pelo menos 22 países, incluindo China, Rússia, Tailândia e Grécia, para obter contratos do governo durante toda uma década. No Turcomenistão, ela deu a um funcionário do governo um Mercedes-Benz S-Class blindado de 300 mil dólares de presente de aniversário. No mundo rico, a Daimler se comporta diferente. De 2001 a 2009, ela gastou mais de 4 milhões de dólares em doações de campanha na Alemanha. Nos Estados Unidos, onde até 2007 era dona da Chrysler, seu Comitê de Ação Política havia gastado quase um milhão de dólares em cada uma das últimas eleições. Em 2007, quando ela vendeu a Chrysler, gastou 7 milhões de dólares com lobbies junto aos congressistas norte-americanos.

Embora um político que aceite propina esteja transgredindo a lei, enquanto um que aceite uma contribuição de campanha não, para o leigo a diferença pode parecer sutil. De fato, contribuições de campanha podem ser tão valiosas para um político quanto o dinheiro vivo por baixo dos panos. Um estudo de como membros do Congresso reagiram à legislação de financiamento de campanha em 1989, que os proibia de embolsar o restante de seus fundos de campanha quando se aposentassem, concluiu que os congressistas avaliavam seus assentos em algo entre 300 mil e 20 milhões de dólares, dependendo de sua riqueza, idade, seu mandato e tempo de casa no Congresso.

A reforma deixou aos 159 congressistas uma difícil escolha: se aposentar antes da eleição de 1992 e ficar com seu dinheiro ou concorrer à reeleição. Comparando os fundos de campanha dos que decidiram concorrer contra os dos que decidiram desistir, os economistas concluíram que um congressista de 53 anos com 50 mil dólares no banco abriria mão de seu assento por 800 mil dólares. Um representante da mesma idade com 2 milhões no banco não largaria o osso por menos de 11,8 milhões de dólares.

O objetivo dessa comparação não é meramente salientar que o poder político pode ser comprado e vendido na nação mais rica do mundo tanto quanto pode ser na mais pobre. A questão mais ampla é que as culturas políticas nas nações ricas e pobres, por mais diferentes que sejam, são o produto de uma dinâmica evolucionária semelhante. As normas e as instituições políticas regulamentam como cada sociedade "resolveu" o desafio de como distribuir poder no mercado pela influência. A composição resultante de leis escritas e não escritas surgiu de avaliações quanto a sua eficiência política. Se um comportamento fica arraigado em uma cultura política nacional, isso ocorre porque foi considerado que valia o preço.

Na Inglaterra, a compra de votos emergiu como ferramenta necessária para uma nova classe comercial com dinheiro desafiar o poder político da aristocracia rural. Em São Tomé e Príncipe, foi uma reação à descoberta de petróleo, que aumentou a rentabilidade do poder político. A Daimler escolhe suas ferramentas para se adequar ao ambiente. Os executivos da montadora com poder de decisão devem ter avaliado que um Mercedes de 300 mil dólares era um preço razoável para fosse lá o que quisessem no Turcomenistão. Evidentemente, o funcionário do governo turcomano pensou o mesmo. E embora isso provavelmente não fosse um bom negócio para o país, foi consistente com a cultura política.

Nos Estados Unidos, por outro lado, não seria um bom negócio. Na verdade, a Daimler teve de pagar 185 milhões de dólares em multas e cessão de lucros para o Departamento de Justiça e a Securities and Exchanges

Commission (Comissão de Títulos e Valores Mobiliários) por violar a Foreign Corrupt Practices Act (Lei Contra Práticas de Corrupções Estrangeiras). Contudo, houvesse a Daimler escolhido uma técnica mais sutil para influenciar a política do Turcomenistão, haveria uma chance maior de a empresa ter se safado incólume.

O QUE A CULTURA FAZ

"Cultura" — como em cultura política — é um conceito amplo, empregado para descrever todo tipo de costume, convenção e comportamentos coletivos que operam dentro das sociedades. Isso inclui modos de se vestir, estilos de dançar e música. Inclui as histórias que usamos para moldar nossas identidades coletivas. Existem as crenças e os rituais — religiosos ou de outros tipos. Existem as regras — as instituições e os tabus. A cultura inclui um sujeito de 20 e poucos anos com piercings e cabelo roxo dedilhando uma guitarra em cima do palco. E inclui as normas e instituições que determinam como o poder é exercido e transferido.

Uma crítica comum e, em minha opinião, correta, sobre o ponto de vista dos economistas é de que ele muitas vezes ignora o modo como a cultura afeta nossas escolhas — pressupondo as pessoas como criaturas calculistas e autocentradas cegas para qualquer ideia de "bem social". Espera-se que o *Homo economicus* encare a vida como uma série de análises custo-benefício, avaliando os preços envolvidos em cada decisão de maximizar seu bem-estar individual. Margaret Thatcher, a antiga primeira-ministra britânica conhecida por seu apreço ao mercado que a levou a combater os sindicatos trabalhistas, privatizar companhias estatais e reduzir os gastos públicos com programas sociais, articulou sucintamente essa perspectiva: "Não existe essa coisa de sociedade", disse. "Existem homens e mulheres individuais, e existem as famílias."

Thatcher estava errada, é claro. Os humanos são tão sociais quanto animais podem ser. Dependemos da sociedade — dos outros — para nossa própria sobrevivência. Para a sociedade emergir, tivemos de submeter parte de nossos interesses próprios aos interesses coletivos da tribo. A cultura nos ajuda com isso. Ela regulamenta formas de comportamento aceitáveis. Determina listas de preço para penalidades e recompensas para se adequar aos padrões de conduta sancionados pelo clã. A cultura insere nossa análise de custo-benefício dentro do sistema de preços coletivo da sociedade.

A cultura afeta o preço de se estacionar na frente de um hidrante, o valor da oração, os riscos da evasão fiscal e as recompensas da corrupção. Votar, numa democracia, faz pouco sentido para o eleitor individual. Custa tempo e esforço e não rende frutos pessoais. A probabilidade de um voto isolado determinar o curso de uma grande eleição é tão pequena que o ato faz quase tanto sentido quanto dar uma gorjeta para um taxista que a pessoa provavelmente nunca mais vai voltar a ver. É o equivalente de jogar dinheiro fora. Mesmo assim, fazemos isso. É um artefato cultural.

Nos Estados Unidos, as filhas de imigrantes de países mais "liberais" se mostraram mais inclinadas a trabalhar do que as filhas de imigrantes de países mais "conservadores", onde as mulheres ficam em casa para cuidar do marido e dos filhos. Isso acontece independentemente de quanto possam ganhar ou de quanto possam precisar do dinheiro.

Noções coletivas de propriedade muitas vezes determinam cálculos individuais sobre o preço de uma dada escolha. Espera-se que as multas constituam meios de intimidação eficazes. Quem gosta de perder dinheiro? Mas um experimento em um punhado de creches em Israel revelou que impor uma pequena multa aos pais que apanhavam seus filhos além do horário na verdade agravava o problema. Antes, os pais atrasados suportavam o peso do constrangimento, sabendo que haviam quebrado as regras. Quando as creches substituíram esse peso por uma pequena multa, estar atrasado tornou-se algo muito mais passível de ser aturado.

As preferências culturais afetam muitos preços. Os preços no Japão continuam sendo 40% maiores do que a média das nações industrializadas da Organização para Cooperação e Desenvolvimento Econômico, após contabilizadas as flutuações da taxa de câmbio. Isso em certa medida reflete as restrições econômicas. O Japão é um país pequeno e montanhoso com excesso de gente e escassez de energia e terras aráveis. Mas a cultura também exerceu um papel em seus preços. O alto preço da comida no Japão, por exemplo, na maior parte pode ser atribuído a normas políticas enraizadas no passado do Japão rural.

No Japão, distritos legislativos no campo são muito mais esparsamente povoados do que na cidade — dando aos eleitores rurais um poder maior. Pode ser necessário três vezes mais votos para se obter um assento na câmara de um distrito urbano do que no campo. O poder político do japonês rural estabelece uma recompensa na proteção de fazendeiros com barreiras tarifárias contra a competição de produtos agrícolas importados. O custo é que os habitantes da cidade têm de pagar um alto preço por sua comida.

O PREÇO DA CULTURA

Embora os economistas estejam errados em ignorar a influência da cultura nos preços que nos guiam por esse caminho ou aquele, eles estão certos em dizer que essa mesma cultura está mais para um artefato econômico do que aqueles dentre nós que criticam as suposições estreitas da economia seriam levados a crer. Os sociólogos e antropólogos gostam de retratar a cultura como um complemento ad hoc de nossas motivações econômicas. Algo que vem de algum outro lugar, além da dimensão de custos e benefícios. Mas essa representação faz pouca coisa para ajudar a compreender o comportamento humano. Por que existe a cultura?

A cultura divide o mundo em duas esferas. Além das fronteiras, nosso homem econômico interior pode agir livre e solto, concentrando-se exclusivamente em nosso benefício individual. Dentro, no domínio do clã, espera-se que sacrifiquemos as necessidades individuais a uma necessidade coletiva de coesão. Dentro do grupo, tabus e convenções sociais reconfiguram o sistema de preços, orientando as escolhas individuais para construir confiança e solidariedade. As danças e as canções rituais, o cabelo roxo e as calças caídas no meio da cueca — essas coisas são fronteiras culturais. São totens em torno dos quais erigir um propósito comum, separando o que está dentro do que está fora.

As instituições culturais não surgem plenamente formadas das sociedades. Elas são moldadas pelas transações dentro de cada uma e de suas interações com o ambiente exterior. As instituições culturais são determinadas pelas escolhas que o grupo tomou no curso de sua existência. A cultura corporifica os preços que têm determinado as escolhas comunitárias. É o sistema de precificação coletivo da sociedade.

DE ONDE VEM A CULTURA

A confiança, por exemplo, é essencial para as transações econômicas. Ela encoraja o comércio e está relacionada ao investimento em capital físico e humano. Os pesquisadores descobriram que pessoas que confiam são mais otimistas e assumem muitos riscos. Embora sejam trapaceadas com mais frequência, elas são essenciais para o crescimento econômico. Pessoas desconfiadas assumem menos riscos e perdem oportunidades de lucro. Sociedades confiantes tendem a ser mais estáveis e prósperas. Sessenta e oito por cento dos suecos e 59% dos finlandeses dizem que a maioria das pessoas é de confiança. Em Ruanda e na Turquia, apenas 5% pensam assim.

A confiança não poderia se desenvolver em um mundo povoado exclusivamente pelos egoístas. Ela só teria como emergir dentro de fronteiras em que as normas moderassem o interesse próprio em favor do bem comum. As fronteiras necessitariam ser eliminadas para todos.

No fim da década de 1990, morei em São Paulo, no Brasil, onde editei uma revista de negócios. Meu apartamento no bairro dos Jardins ficava perto de uma sinagoga ortodoxa. De vez em quando eu via famílias de judeus ortodoxos saindo para um passeio. Lembro-me de como fiquei boquiaberto ao vê-los passeando na calçada em pleno calor do verão, vestidos com seus longos casacos pretos e enormes chapéus de pelica que teriam servido a um propósito mais útil em um inverno na Polônia.

Só mais tarde compreendi o propósito de um traje tão incongruente: era um sacrifício. O quente casaco de inverno sinalizava para todos os demais judeus hassídicos que aquele que o usava era um deles — um membro de um grupo muito fechado que provia conforto espiritual e material para seus membros. O casaco ajudava a ligar a comunidade de judeus ortodoxos em São Paulo. O desconforto, reconhecido como válido ou não, representava o sacrifício exigido pelo grupo junto a seus membros, uma barreira necessária para manter os intrusos do lado de fora e assim proteger o grupo de forças externas de mudança.

ASSIM COMO ESTABELECE fronteiras, a cultura regulamenta o sistema de preços que opera dentro delas. Os mursi, uma tribo de pastores nômades do sul da Etiópia, desfiguram os lábios inferiores das meninas de 15 anos, cortando-os e inserindo pratos cada vez maiores na cavidade, esticando o lábio. Os antropólogos descrevem os pratos como sinalizadores da idade adulta e do potencial reprodutivo. Isso não fornece o menor indício de por que um sinalizador tão doloroso foi escolhido. A economia sugere que a desfiguração talvez tenha surgido como estratégia para tornar as mulheres mursi menos atraentes para os traficantes de escravos. A prática persistiu depois que o comércio de escravos deixou de existir porque os pais tendem a passar adiante o que aprenderam na infância, dando impulso às convenções. Mas isso foi originalmente visto como uma troca: lábios esticados eram o preço da liberdade.

A propensão humana supostamente universal para a justiça exibe diferentes modalidades pelo mundo afora — dependendo do cálculo de custos e benefícios das sociedades individuais. Elas podem ser medidas usando um experimento chamado Jogo do Ultimato.

Nesse jogo, o jogador A recebe dinheiro e é instruído a compartilhá-lo sempre que quiser com o jogador B. Se B se recusar, ambos saem de mãos abanando. Se A se comportar segundo os ditames econômicos, vai oferecer o menos possível para B, e B aceitará, baseado no fato de que pouco é melhor do que nada. Ambos terminariam melhor do que começaram. Mas as pessoas raramente exibem esse tipo de comportamento. Em uma série de experimentos realizados pelo mundo, um grupo de cientistas sociais encontrou uma ampla série de estratégias, refletindo diferentes atributos culturais que pareceram feitos na medida para coordenar suas sociedades específicas.

Nas florestas tropicais do sul do Peru, os machiguenga disputando o Jogo do Ultimato ofereceram em média apenas 26% de seu dinheiro. Mas os paraguaios aché às vezes chegaram ao extremo de oferecer todo o seu dinheiro. E a vasta maioria dos baleeiros lamalera da Indonésia ofereceram pelo menos metade. Os pesquisadores sugeriram que estratégias específicas usadas por cada grupo se enquadram na dinâmica social de cada um. Em grupos que comerciam pouca coisa fora da unidade familiar, como os machiguenga, as pessoas tendem a sentir pouca pressão social para compartilhar — então é mais barato ser egoísta. Os lamalera indonésios, por outro lado, caçam coletivamente. Eles têm regras elaboradas para dividir baleias inteiras. O estigma social sai mais custoso.

A cultura não só estabelece preços coletivos, ela os cerca em um invólucro ritual, narrativo. No inverno de 1984-1985, pouquíssimos caribus regressaram aos campos de caça da nação cree de Chisasibi, na baía James, no norte de Québec. A caça fora intensa no ano anterior. Muitos caribus tinham sido mortos. Os anciãos da tribo narravam uma história para os mais jovens: na década de 1910, houvera uma caçada sanguinária. Os índios, recém-armados com rifles de repetição, trucidaram milhares de caribus. Comida foi desperdiçada. O rio ficou poluído com as carcaças apodrecendo. Por muitos anos depois disso, os caribus permaneceram a distância.

O ponto central da história era de que os caribus iriam regressar para os campos de caça de Chisasibi apenas se os caçadores se comportassem de modo responsável. Isso funcionou. No inverno de 1985-1986, cada uma das aproximadamente quatrocentas famílias de Chisasibi pegaram apenas cerca de dois caribus. O imperativo do manuseio de recursos — o preço de caçar acima do necessário — foi transmitido pela invocação da suposta vontade do caribu.

As diferentes crenças que tomamos como sinalizadores de profundas distinções culturais surgem como adaptações a diferentes ambientes. Nigerianos e ugandenses têm probabilidade muito maior de concordar com determinados valores do que nigerianos e japoneses. Egípcios e jordanianos concordam mais prontamente do que dinamarqueses e paquistaneses. Um dinamarquês discorda de um sueco 33,8% das vezes, mas discorda de um tanzaniano 56,3% das vezes. Isso não se deve meramente à raça ou à geografia. Quanto mais dois países transacionam entre si, menor é o fosso que separa seus valores.

Nos antigos satélites soviéticos da Europa Oriental, quatro décadas de controle estatal sobre a produção e a distribuição instilaram uma visão de mundo totalmente diferente das opiniões comuns no Ocidente. Os alemães orientais têm maior probabilidade de dizer que o sucesso é o produto das circunstâncias sociais externas, enquanto os alemães ocidentais atribuem isso ao esforço individual. Em 1997, quase uma década após a queda do Muro de Berlim, a probabilidade de que os "Ossies" (do leste) dissessem que o governo fornecia segurança financeira para as pessoas era muito maior do que a de que os "Wessies" (do oeste) o fizessem. Mas as opiniões mudam junto com as realidades econômicas. Os pesquisadores sugerem que as diferenças entre o Oriente e o Ocidente tendem a desaparecer inteiramente dentro dos próximos vinte anos.

QUEM PODE BANCAR DIREITOS ANIMAIS?

Escolhemos características culturais que podemos bancar. Famílias grandes são a assim chamada norma cultural nos países onde muitas crianças morrem antes dos 5 anos e aquelas que sobrevivem são necessárias como mão de obra. Países mais ricos, onde a mortalidade infantil é menor e onde as crianças não trabalham, fomentaram uma cultura em que menos crianças são a norma e os pais investem mais em cada uma delas.

Costumes culturais quanto ao sexo no Ocidente têm tudo a ver com determinar preços. A permissividade sexual foi possibilitada pelo acesso à contracepção e ao aborto, o que reduziu o custo de se tornar sexualmente ativo. Mais de dois terços de todos os casos criminais em New Haven, Connecticut, entre 1710 e 1750, foram por sexo pré-marital. Em 1900, apenas 6% das mulheres americanas com menos de 19 anos haviam experimentado sexo pré-marital. Hoje em dia, as mulheres raramente se casam antes dos 19 anos, e contudo três em cada quatro mulheres já fizeram sexo antes dessa idade, e o estigma deixou de existir.

As pessoas nas nações industrializadas são mais promíscuas do que as dos países em desenvolvimento, entregando-se a mais parceiros sexuais e fazendo mais sexo. Nos países ricos, cerca de 70% das mulheres não casadas afirmaram aos pesquisadores que haviam feito sexo no mês anterior, segundo um levantamento. Por comparação, no leste e no sul da África apenas 25% das mulheres não casadas afirmaram ter tido relações sexuais nesse período. Homens relataram padrões similares. Os dados foram uma surpresa para muitos observadores que presumiam que as elevadas taxas de infecção por HIV entre os africanos significavam que eles praticavam mais sexo. Mas isso foi uma leitura equivocada da realidade. Em países mais pobres com saúde pública mais precária e taxas mais altas de doenças sexualmente transmissíveis fatais, o preço de fazer sexo é mais elevado. É natural que as pessoas façam menos.

Considere a cozinha inglesa. É certamente um dos artefatos culturais mais surpreendentes, tanto quanto o canto iodelei alpino, o langthab do Butão e os pés amarrados das bebês chinesas. Lembro até hoje quando fui apresentado à torta de filé com rim, embora isso tenha acontecido há muito tempo. Quando frequentei a faculdade em Londres, nos anos 1980, não fui capaz de conceber por que o único modo de se comer bacalhau era frito em óleo.

Talvez haja uma explicação. Paul Krugman, o economista ganhador do prêmio Nobel, certa vez sugeriu que a comida inglesa era tão horrível porque a industrialização inicial empurrou o povo para longe da terra e para dentro das cidades, afastando-o dos ingredientes naturais, antes que as pessoas dispusessem de boas tecnologias para produzir, estocar e transportar a comida fresca por longas distâncias e sem custo muito elevado. A Londres vitoriana tinha mais de um milhão de pessoas, e contudo seu alimento chegava numa barcaça puxada a cavalo. Assim os londrinos tinham de depender de comidas que se mantinham por longos períodos de tempo: legumes e carnes em conserva ou raízes que não requeriam refrigeração. Quando a tecnologia permitiu aos londrinos se alimentarem decentemente com alimentos frescos, eles já estavam acostumados a sua dieta vitoriana. Assim a comida ruim se tornou parte integrante da cultura inglesa.

O PREÇO DA subsistência oferece uma perspectiva simples de como os costumes culturais seguem o caminho tortuoso do progresso e da oportunidade econômicos pelo mundo todo. Uma família no Azerbaijão deve gastar quase três quartos de seu orçamento total com comida. No Brasil, isso se aproxima de pouco mais de um quinto. No topo da pilha, uma família americana gasta menos de um décimo de sua renda com comida.

O fato de que o alimento ocupa um lugar menor no orçamento da família americana típica significa também que o americano típico se importa menos com o preço. O Departamento de Agricultura dos Estados Unidos estima que se o preço da carne subisse 10%, uma família americana comeria 0,9% a menos. Uma família mexicana, por outro lado, cortaria seu consumo de carne em mais de 5%.

Só isso já explica por que os movimentos de proteção aos animais são muito mais populares nos Estados Unidos do que em lugares como o Congo ou o México. É mais caro matar um novilho de um modo humano. Mais americanos podem se dar a esse luxo. Um estudo de 2005 feito por economistas na Utah State University e na Appalachian State University revelou que os consumidores norte-americanos estariam inclinados a pagar 9% a mais para garantir que a carne de seus sanduíches vinha de animais humanitariamente tratados.

No México, essa decisão mudaria a dieta das pessoas: essa faixa de aumentos de preço levaria as famílias a cortar seu consumo de carne em quase 5%. O preço que um americano pagaria para se certificar de que os hambúrgueres aderiam ao código moral levaria a família congolesa típica a comer 6% menos carne. Assim, talvez não seja de surpreender que os americanos mostrem maior inclinação do que mexicanos ou congoleses a pertencer a uma organização de direitos animais.

AS PREFERÊNCIAS CULTURAIS alteram os preços, que por sua vez alteram as preferências culturais. Restaurantes e salões de cabeleireiros são mais comuns em Nova York do que em Estocolmo. Empregadas e babás são uma visão muito mais comum em Lisboa. Em Oslo elas são raras. O setor de serviços domésticos em Portugal é cerca de três vezes maior do que o norueguês, enquanto parcela da economia. A Escandinávia é um dos lugares mais caros do planeta.

Todas essas diferenças podem ser rastreadas a um único preço: o do trabalho. Em Portugal, empregadas e babás são muito mais baratas do que na Noruega, comparadas a trabalhadores com outras ocupações. Em Nova York, a indústria de serviços se apoia em um exército de trabalhadores baratos que não pode ser encontrado na Suécia. Os trabalhadores de lavanderia dinamarqueses são mais caros do que os canadenses, comparados com pessoas em outras ocupações.

Um estudo de meados da década de 1990 revelou que os trabalhadores suecos na décima parte mais baixa da distribuição de renda ganhavam três quartos do salário médio, enquanto nos Estados Unidos eles ganhavam apenas 37%. Mesmo com a renda per capita sendo 25% mais elevada nos Estados Unidos do que na Suécia, em média, o trabalhador sueco mais barato recebia 70% mais do que o americano mais barato. Esses preços são o produto de diferentes escolhas culturais.

Os Estados Unidos e a Europa compartilham mais em termos de atitudes e crenças do que europeus e americanos gostam de admitir. Mesmo assim, o fosso cultural transatlântico fornece uma ilustração válida de como as motivações econômicas em interesse próprio se entrelaçam com a ideologia.

Os europeus tendem mais ao pessimismo. Eles acreditam no puro acaso como característica definidora da vida e são céticos diante da proposição de que os ricos merecem sua riqueza. Dificilmente tendem a atribuir o sucesso ao esforço — imputando-o antes à serendipidade e às condições sociais externas. Convencidos da injustiça do mundo, preferem impostos elevados e redistribuição agressiva de renda para impor justiça numa sociedade injusta.

A crença dos europeus na injustiça da distribuição de renda e oportunidade está igualmente enraizada no passado feudal da Europa — quando a prosperidade não tinha nada a ver com esforço e muito a ver com o parentesco certo. Os americanos tendem a viver na outra ponta do espectro das expectativas. Eles acreditam que o crime não compensa e que o trabalho duro e honesto é a chave da prosperidade, convictos de que o sonho americano está disponível para todos. A crença americana de que o trabalho duro leva a uma vida melhor é dez vezes maior do que a crença de que o sucesso é mera questão de sorte e contatos. Nos países da Europa Ocidental, a proporção raramente está acima de dois para um. Mais de um quarto dos alemães acham que tributar os ricos para dar aos pobres é uma tarefa essencial da democracia. Menos de 7% dos americanos pensam assim.

Cada uma dessas séries de crenças criou sua realidade econômica. Ceticismo sobre a justiça do mercado levou os europeus a construir normas que favoreçam a redistribuição e desencorajam a desigualdade — incluindo impostos mais elevados, maiores gastos com a seguridade social e regulamentações mais estritas do mercado de trabalho. Nos Estados Unidos, a crença de que o mundo é essencialmente justo impele as pessoas a trabalhar, a assumir riscos e a investir. Motiva-as a educar seus filhos para galgar a escada econômica. Também fornece a base ideológica para a preferência dos americanos por impostos baixos e um governo minimalista. E promove a visão de que os pobres são culpados por sua pobreza — preguiçosos demais para colher as recompensas do trabalho honesto.

Essa visão é ainda mais encorajada, sugerem os cientistas sociais, pela diversidade racial americana. Em 1996, o sociólogo americano William Julius Wilson escreveu que os americanos brancos se rebelaram contra o Estado de bem-estar social na década de 1970 porque avaliaram que ele usava seus árduos impostos para prover os negros de "serviços médicos e legais que muitos deles não poderiam se dar ao luxo de adquirir para suas próprias famílias". Não achavam isso justo.

Nos Estados Unidos, uma crença otimista em uma economia de mercado justa é uma visão de mundo útil de se ter — encorajando os investimentos que têm maior probabilidade de levar ao sucesso. Na França — onde os impostos das altas rendas são mais elevados e a assistência social para os de renda mais baixa é mais generosa — tais crenças seriam menos proveitosas.

AS NORMAS CULTURAIS muitas vezes levam ao que muitos economistas considerariam um comportamento ostensivamente irracional. Você alguma vez refletiu por que dá gorjeta? Para um economista com treinamento clássico, a "caixinha" é uma insanidade. Resume-se a pagar alguma coisa por nada, jogar dinheiro fora. Dar gorjeta para seu barbeiro regular talvez o poupe de uma orelha cortada na próxima vez. Mas qual o sentido de dar gorjeta a um taxista que você nunca vai ver outra vez? Gorjetas não são, de modo algum, universais. Elas são raras na Europa e na Ásia. Lembro-me de um garçom em um restaurante em Tóquio que saiu em meu encalço pelas ruas para me devolver alguns milhares de ienes que deixei em cima da mesa. Aparentemente, ele achou que o *gaijin* distraído havia esquecido o troco.

Nos Estados Unidos, contudo, dar gorjeta está na raiz de rituais elaborados. Mesmo clientes de passagem que jamais voltarão a determinado restaurante insistem em deixar os costumeiros 15%. Os garçons empregam a cordialidade para aumentar sua recompensa. Estudos revelaram que garçons e garçonetes que se apresentam pelo nome, repetem as palavras do freguês quando estão anotando o pedido, tocam-no levemente no braço ou desenham um rosto de *smile* no verso da conta tendem a ganhar gorjetas maiores.

Essas diferenças são, em parte, adaptações para diferentes mercados de trabalho. Nos Estados Unidos os garçons ganham pouco. Enquanto o salário mínimo subiu para 7,25 dólares por hora, entre os garçons ele ficou estagnado em 2,13 dólares desde 1991, baseado no fato de que pode ser suplementado com gorjetas. Mas as diferenças de precificação no mercado de trabalho estão elas próprias enraizadas em diferentes abordagens da justiça econômica. Os europeus acreditam que tais salários são injustos e, assim, em lugar disso impuseram taxas de serviço compulsórias para adicionar à conta.

O PREÇO DA AVERSÃO

Existe ampla evidência de que a cultura pode distorcer os preços. Basta ver as apostas em qualquer copa internacional de futebol. Nenhum torcedor digno do nome vai jogar suas fichas contra o time nacional. O orgulho patriótico invariavelmente leva os torcedores a superestimar as chances de sua equipe obter a vitória. Os *bookmakers* agradecem a tendenciosidade. Mas as preferências culturais podem subverter inteiramente a lógica econômica, impedindo negociações a qualquer preço.

No Le Cheval du Roy, um açougue em Caen, na França, em 2009 se podia comprar filé de cavalo — um corte muito apreciado — por 30 euros o quilo. Em partes dos Estados Unidos, uma tentativa de comercializar essa carne poderia fazer o açougueiro parar na cadeia. Uma lei de Illinois proibindo o consumo de carne de cavalo forçou o último abatedouro americano de equinos a fechar as portas em 2007. Nos últimos anos, democratas e republicanos no Congresso têm tentado aprovar uma lei para proibir a posse, transporte, compra, venda, entrega, importação ou exportação de carne equina ou de cavalos se forem destinados ao consumo humano. Servir carne de cavalo para humanos é ilegal na Califórnia desde 1998, quando os moradores do estado votaram pela proibição.

Isso tinha pouco a ver com o bem-estar dos cavalos. É perfeitamente legal matá-los para exportação, para alimentar leões no zoológico e, com menos frequência, moer a carne para fazer ração animal. O que definitivamente não é aceitável é servi-la às pessoas. A proibição é um produto direto da aversão. É a cultura impedindo arbitrariamente uma transação econômica potencialmente sensata, independentemente do preço.

O desconforto com as transações pode tomar formas bizantinas. As pessoas parecem à vontade pagando por esperma, por exemplo, mas ficam cheias de dedos quanto a óvulos. Uma doadora de óvulos de alta qualidade, como uma aluna de Harvard com ótimas notas em seu exame de admissão, pode faturar 35 mil dólares. Mas alguns críticos afirmam que pagar por óvulos desvaloriza a vida, ao tratá-los como simples bens. As diretrizes da American Society for Reproductive Medicine (Sociedade Americana para Medicina Reprodutiva) permitem que se paguem às doadoras até 10 mil dólares só porque a doação tem um custo físico — exigindo triagens e cerca de cinquenta horas em um hospital. Muitas agências de doação oferecem mais. No Reino Unido, pagar por óvulos é ilegal. As doadoras podem apenas recuperar os custos com despesas, além de outros gastos "razoáveis" até 55,19 libras por dia — chegando a um máximo de 250 libras —, a fim de cobrir dias perdidos de trabalho.

Faz diferença a que os óvulos se destinam. Na Califórnia, é legal uma mulher vender seus óvulos para fertilização, mas não para pesquisa. Se ela deseja fornecê-los para pesquisa, precisa fazer isso de graça. Em Nova York, por outro lado, a Empire State Stem Cell Board autoriza o uso de fundos públicos de pesquisa para pagar até 10 mil dólares às doadoras.

Muitas transações que são perfeitamente normais em uma parte do mundo ou em determinada época são consideradas repulsivas em outra. A servidão por contrato, antes um modo comum de europeus comprarem uma passagem para os Estados Unidos, está proibida atualmente no mundo todo. A usura, um antigo pecado da Igreja Católica, hoje é chamada de crédito.

O arremesso de anões, que costumava ser um passatempo comum em bares, foi proibido na França na década de 1990 apesar da oposição de um anão, que levou seu caso até as Nações Unidas, acusando o governo francês de discriminação, ao negar a ele o direito a um emprego. O trabalho, disse, "não constitui afronta à dignidade humana, uma vez que dignidade consiste em ter um emprego". Ele perdeu.

Em Seul, na Coreia do Sul, um prato de guisado de cachorro custa cerca de dez dólares — mais ou menos o dobro do valor do mesmo prato com carne bovina. Mas quando o país recebeu os Jogos Olímpicos de 1988, o governo da cidade proibiu o popular item para que os visitantes estrangeiros não ficassem enojados. Quando a Coreia foi uma das sedes da Copa do Mundo junto com o Japão, em 2002, a atriz francesa e protetora dos animais Brigitte Bardot tentou convencer o governo coreano a proibir toda a indústria. "Bois são criados para serem comidos, cães não", disse ela numa entrevista a uma rádio coreana. "Aceito que muitas pessoas possam comer carne bovina, mas um país civilizado não permite que seu povo coma cães."

A REPULSA TEM consequências significativas. Em 2009, havia cerca de 80 mil americanos na lista de espera oficial por um transplante de rim, quase cinco vezes a mais que vinte anos antes. Mas há apenas cerca de 16 mil transplantes feitos a cada ano. A lista de espera continua a crescer todo ano. Em 2005, cerca de dez americanos por dia morreram enquanto esperavam.

Permitir às pessoas que vendam um rim aumentaria o fornecimento. Os economistas Gary Becker e Julio Jorge Elías calcularam o preço de um órgão baseando-se no valor que as agências governamentais atribuem à vida e à saúde humanas quando estimam os benefícios dos investimentos públicos em sua segurança.

Eles inseriram certas estimativas nos cálculos: um risco de 0,1% de morrer durante a operação e uma chance de 1% de sofrer um ferimento não fatal. Presumiram que um ferimento assim reduziria a qualidade de vida de um doador em 15%, o que é um pouco pior do que a deterioração de qualidade da cegueira. Presumiram também que o doador médio ganharia cerca de 35 mil dólares anuais e precisaria de quatro semanas para se recuperar. Inserindo os dias perdidos de trabalho e presumindo que o valor estatístico da vida seja de 5 milhões de dólares, estimaram que um rim seria doado por cerca de 15.200 dólares. A esse preço, permitir que rins sejam comprados ou vendidos aumentaria a oferta em cerca de 44%.

Em Israel, pessoas que possuem cartão de doador são "pagos" com tratamento prioritário se um dia precisarem de transplante. A República Islâmica do Irã legalizou o pagamento por rins em 1988. Os doadores recebem uma taxa mínima de 1.200 dólares e em geral negociam uma compensação extra com o recebedor. Oficiais iranianos argumentam que a prática reduziu em alguns meses o tempo de espera médio para um transplante.

Mas comprar um rim é ilegal na maior parte do mundo. Doadores de rim vivem o mesmo tempo e de forma tão saudável quanto alguém que tenha dois rins, segundo uma pesquisa recente. Mas muita gente — incluindo os membros da Organização Mundial de Saúde — se opõe ao comércio do órgão. Dirigindo-se aos cirurgiões de transplante em Roma em 2000, o papa João Paulo II argumentou que "usar o corpo como um 'objeto' é violar a dignidade da pessoa humana".

Alguns críticos temem que pobres desesperados vendam uma parte de si pelo dinheiro. Eles observam que um mercado ilícito de carne humana está emergindo — com clientes aos montes em nações ricas como Arábia Saudita e Taiwan, e vendedores de lugares mais pobres, como China, Paquistão e as Filipinas. Nos Estados Unidos, em 1983, Al Gore, na época deputado pelo Tennessee, antes de chegar à vice-presidência, apoiou uma legislação para impedir a prática, proibindo doadores de obter em troca qualquer coisa de "valor considerável", incluindo cuidados médicos apropriados. A lei foi aprovada em 1984.

Os defensores da venda de rins observam que as pessoas ultrajadas com a ideia de pobres venderem pedaços de seu corpo não se mostram tão melindrosas quando é o caso de ver pobres se alistando nas Forças Armadas, na qual aumentam amplamente suas chances de sofrer morte violenta em troca de um salário. Mas a cultura permite um exército profissional — talvez porque o soldado individual põe sua vida em risco pela tribo. Vendas de rim, por outro lado, acontecem entre indivíduos. Então a cultura as proibiu.

O SISTEMA DE PREÇOS DE DARWIN

Algumas pessoas dizem que a cultura tem a ver com sexo. O rapaz com piercing no nariz e cabelo roxo pulando no palco está simplesmente anunciando seu material genético, mais ou menos como um pavão com sua cauda imensa. É um instrumento de corte. Esse tipo de comportamento socialmente sancionado sobreviveu pelo tempo evolucionário porque foi bem-sucedido e encorajava a reprodução.

Eu acrescentaria que a cultura também permitiu à sociedade acontecer, ajudando a humanidade a transcender sua natureza egoísta. Estabelecendo fronteiras de comunidade, e fixando os preços dentro dela, a cultura ajudou as atitudes pró-sociais a emergir e evoluir, melhorando a capacidade dos grupos de sobreviver ao competir com outros por recursos.

Alguma noção intrínseca de justiça e reciprocidade deve ter sido essencial para a sobrevivência entre os primeiros grupos de caçadores-coletores há 3 milhões de anos, quando havia poucas instituições legais para obrigar ao cumprimento de contratos. Esses primeiros humanos poderiam simplesmente se matar uns aos outros na luta por um pouco de comida. Em vez disso, caçavam e negociavam coletivamente. A cultura ajudou os grupos a se tornar mais coesivos, e assim a se tornar matadores mais eficazes das pessoas do lado de lá da cerca cultural. Havia um sistema de preços dentro do cercado em que o estigma portava um custo e havia recompensas para o altruísmo. A reciprocidade — troca de favores a um preço "justo" — prevaleceu.

Essas dinâmicas precedem a humanidade. Os chimpanzés limpam uns aos outros e dividem comida. Atravessando a selva, os saudáveis retardam o passo para esperar os doentes e feridos. Os lobos colaboram para obter grandes presas. Macacos do gênero cebus (macacos-prego) exibem um aguçado senso de justiça. Em geral, estão dispostos a trabalhar em troca de pequenos pedaços de pepino. Mas ofereça alguma coisa mais gostosa, como uma uva, para o macaco da cela ao lado e ele vai parar de cooperar. O antes desejável pepino passa a ser inaceitável. Os macacos fazem greve. É algo custoso para macacos-prego rejeitar a comida, mas ao fazê-lo podem assegurar que ninguém vai lhes oferecer um acordo desleal outra vez.

E humanos modernos exibem comportamentos diferentes de ambos os lados da cerca cultural. Fora do grupo — a raça, a crença ou a aldeia — podemos ser os caçadores mais implacáveis de um negócio vantajoso. Mas dentro do perímetro de nossa cultura podemos nos dar ao luxo de ser generosos. Aqui não vamos sempre barganhar implacavelmente para obter o melhor acordo possível ao menor preço possível.

CAPÍTULO OITO

O preço da fé

QUANTO VOCÊ APOSTARIA se o que estivesse em jogo fosse uma eternidade no paraíso? Por mais indecorosa que pareça, a proposição tem excelente pedigree. Ela data de pelo menos o século XVII, quando o matemático, filósofo e jogador francês Blaise Pascal escreveu uma série de pensamentos que vieram a ser conhecidos como Aposta de Pascal. Uma tentativa de convencer as pessoas a acreditar em Deus, o raciocínio de Pascal oferecia uma interessante inovação sobre argumentos anteriores a favor da fé: não dependia de se provar a existência de Deus. Ele propôs, em vez disso, que faria sentido acreditar mesmo se fosse impossível determinar se Deus existia ou não. A recompensa por acreditar se Ele de fato existisse simplesmente era boa demais para ser rejeitada. Se Deus não existisse, sugeriu Pascal, a pessoa não perderia nada por acreditar. Contudo, se por acaso Ele de fato existisse, a crença levaria à eterna felicidade, enquanto a descrença levaria direto ao inferno. "Pesemos o ganho e a perda em apostar que Deus existe", propôs Pascal. "Se você ganha, você ganha tudo; se você perde, não perde nada. Aposte, então, sem hesitar que Ele existe."

Na verdade, a fé impõe de fato alguns custos sobre os fiéis, incluindo restrições dietéticas e sexuais, bem como inúmeros outros sacrifícios e proibições. Mesmo assim, na visão de Pascal, acreditar era a escolha sensata. Na medida em que haja uma chance finita de que Deus existe, por mais ínfima que seja, a fé faz sentido porque as recompensas infinitas do céu no futuro superariam qualquer custo finito hoje.

Pascal era um católico fervoroso. Mas era também um homem de lógica e razão. Ele se desesperava com as tentativas que haviam sido feitas ao longo dos séculos para provar a existência divina. Tomás de Aquino, por exemplo, argumentava que tinha de haver um motor imóvel principal de todas as coisas que se moviam. René Descartes saiu-se com o assim chamado argumento ontológico, dizendo que, como ele próprio podia conceber Deus, Deus tinha de existir. "A razão não decide nada nesse caso", escreveu Pascal. "Não sabemos se Ele existe."

O ARGUMENTO DA aposta de Pascal não é irrefutável. Ele omite que o fato de acreditar apenas para reivindicar uma futura recompensa muito provavelmente seria interpretado como uma corrupção. Deus talvez não fique muito satisfeito com uma abordagem tão pragmática da fé. Ele poderia condenar os crentes mercenários a apodrecer no inferno de um modo ou de outro. O raciocínio encobre o fato de que existem inúmeras religiões, algumas das quais tendo deuses que punem os que acreditam nas outras. A aposta não contempla os riscos de escolher a fé errada. E a lógica pascaliana perderia sua força se as recompensas do céu fossem finitas, em vez de eternas. Talvez o mais importante, se a pessoa não acredita que haja a menor possibilidade da existência de Deus, a aposta não faz nenhum sentido.

Mas a despeito de suas falhas, a argumentação de Pascal elevou o pensamento religioso a um novo patamar. Sua aposta apregoa a religião não como a única resposta possível da humanidade para uma deidade onipotente cuja existência não deveria ser colocada em dúvida. Ele a propôs como uma ferramenta para a civilização lidar com um mundo incerto. Além do mais, argumentou que as recompensas da fé eram valiosas. Pascal provavelmente não pensou em nada disso quando sugeriu sua aposta, no século XVII, mas ele estava propondo a religião como um serviço pelo qual deveríamos, naturalmente, estar dispostos a pagar um preço.

Isso é a religião como seguro contra catástrofe: se acontecer de Deus existir, a fé nos asseguraria um lugar no céu em vez de no inferno. Os prêmios são pagos parcialmente em dinheiro: caridade, dízimo e coisas assim. Mas os custos mais onerosos são as regras estritas que os fiéis devem observar, de fazer jejum e rezar a evitar sexo fora do casamento. Tais restrições constituem a principal moeda da crença. Elas são o preço que pagamos pela graça divina.

Faz tempo que deixamos para trás o século XVII. Mas os estudiosos tentando entender como a religião conseguiu sobreviver enquanto instituição através das eras chegaram a uma conclusão análoga. A religião talvez seja retratada como a instituição antimercado suprema, construída sobre imperativos morais inquestionáveis vindos do céu. Mas é na verdade composta de uma série de transações em que os fiéis calculam os custos da fé contra seus benefícios.

Talvez a maior diferença entre a Aposta de Pascal e a atual análise da religião é que o filósofo do século XVII argumentava que as recompensas por acreditar ocorreriam no pós-vida. Os estudiosos contemporâneos, por outro lado, concluíram que há uma recuperação do investimento do lado de cá da morte. Sejam economistas tentando entender por que os indivíduos investem em fé, sejam biólogos refletindo sobre como a religião sobreviveu às pressões da evolução, a maioria dos analistas concluiu que a fé corresponde à melhor relação custo-benefício. Isso independentemente de Deus existir ou não.

OS BENEFÍCIOS DA CRENÇA

O benefício mais tangível que as religiões fornecem para os fiéis é uma mistura de contrato de seguro e serviços sociais. Em Israel, grupos sólidos de judeus ultraortodoxos asseguram que os enfermos recebam visitas e os solteiros tenham encontros com candidatas a esposa. Os rabinos no bairro Bayit Vegan de Jerusalém regularmente distribuem folhetos para pedir doações de tempo e dinheiro. Os folhetos também listam ofertas de refeições congeladas para os doentes, de aconselhamento para futuras mães, de cercadinhos para bebês e vestidos de noiva, tudo fornecido de graça por outros membros da comunidade. As comunidades ortodoxas conseguem levantar dinheiro rapidamente, fornecendo empréstimos livres de juros de milhares de dólares para membros necessitados. E a confiança é garantida: tudo assegurado pela palavra do rabino.

Esses tipos de acordo de assistência mútua são típicos de muitas religiões, incluindo o cristianismo, o hinduísmo, o budismo e o islã. Pesquisas Gallup em 145 países revelaram que pessoas que frequentam serviços religiosos doam mais para a caridade e realizam mais trabalho voluntário do que os que não o fazem. Quando uma crise impele as pessoas para os braços de Deus, elas O adotam por questão tanto de seguro quanto de conforto espiritual. Quando a crise financeira asiática atingiu a Indonésia em 1997, a rupia perdeu 85% de seu valor, o preço da comida quase triplicou, os salários reais desabaram quase pela metade e o estudo do Corão foi às alturas.

Os muçulmanos indonésios estudam o Corão em eventos comunais chamados "Pengajian", em que um professor explica e conduz a recitação do texto religioso. Nesses encontros, uma substancial pressão social é jogada sobre os crentes para que façam contribuições caritativas para os necessitados. Após a crise, a participação no Pengajian pulou para 71% dos aldeãos indonésios, comparada a 61% de antes da crise, segundo um levantamento.

Os muçulmanos indonésios talvez estivessem sentindo necessidade de tranquilização divina. Mas sua fé também era movida por uma necessidade física. Nos meses que se seguiram à crise, a família média de aldeia teve de cortar seu orçamento para tudo, exceto comida, em cerca de dois terços — mais ou menos 4,70 dólares por mês. Cada dólar cortado do orçamento aumentou em 2% as chances de que uma família participaria do Pengajian. Os que saíram mais prejudicados na crise — como os que trabalhavam para o governo por um salário fixo — tendiam mais a aumentar sua frequência no Pengajian do que os fazendeiros de arroz, que se beneficiaram dos preços elevados do produto e foram assim menos afetados pelos problemas econômicos. Indonésios que tiveram acesso a crédito bancário ou a pequenos empréstimos não mudaram muito sua participação religiosa. Eles não precisavam do Pengajian por dinheiro. Mas o seguro baseado em mesquita foi eficaz. Três meses após o pico, os que aumentaram sua participação no Pengajian tendiam muito menos a precisar de esmolas ou crédito do que os demais.

Porém a religião não é apenas um esquema de seguro mútuo. A fé oferece mais do que ajuda em tempos de necessidade. Ela também promove séries de comportamentos específicos, desencorajando escolhas autodestrutivas porque Deus e a comunidade estão de olho. Pessoas religiosas acreditam mais nos outros, confiam mais no governo e no sistema legal e são menos propensas a burlar a lei. Em um experimento, pessoas que eram levadas a ler séries de palavras incluindo termos evocativos como "espírito" ou "sagrado" doavam mais do que o dobro para um estranho, em comparação com as que não eram sugestionadas.

Sessenta e nove por cento dos consultados em uma pesquisa americana recente disseram que a religião era a ferramenta mais adequada para fortalecer os valores familiares e melhorar o comportamento moral, 85% afirmaram que ajudava os pais a educar melhor seus filhos, 79% opinaram que reduziria o crime. Independentemente da plausibilidade dessas crenças, frequentadores de igreja nos Estados Unidos fumam menos, bebem menos e são menos propensos a ficar acima do peso. Têm maior probabilidade de estar casados e relatam vidas sociais mais ativas. São também mais felizes por isso.

A diferença de felicidade entre os que vão à igreja toda semana e os que nunca vão é mais ou menos da mesma magnitude da que existe entre os 20% mais ricos dos americanos e os mais pobres vivendo na quinta parte mais baixa. Toda essa felicidade tende a ser boa para as pessoas. Em um período de oito anos, um grupo de sociólogos e demógrafos acompanhou a mortalidade de milhares de pessoas que participaram de um levantamento nacional de saúde em 1987. Eles descobriram que ir à igreja uma vez por semana aumentava a expectativa de vida em sete anos na idade de 20 anos: jovens de 20 anos que frequentavam a igreja podiam esperar viver até os 82 anos. Os demais podiam esperar viver apenas até 75 anos.

É possível até mesmo atribuir um preço aos benefícios: o grau superior de felicidade reportado por americanos religiosos em relação aos seus compatriotas menos devotos é semelhante à felicidade extra experimentada por pessoas que ganhavam mais dinheiro. Os americanos rezam em média 8,1 vezes por semana. O impulso de felicidade por rezar uma vez mais por semana é equivalente ao de ganhar mais ou menos um extra de 12.500 dólares por ano, em dólares atuais.

ASSIM COMO UM carro é mais valorizado em um subúrbio esparsamente povoado do que para alguém que mora na cidade densa com uma vasta rede de metrô, a propensão dos fiéis de obedecer às regras religiosas vai depender de suas opções fora de seu sistema de crença. As mulheres são consistentemente mais religiosas que os homens. Uma vez que normalmente ganham menos que os homens no trabalho, os investimentos religiosos exigem menos sacrifício delas em termos de abrir mão de ganhos. Da década de 1950 em diante, o comparecimento à igreja caiu depois que os estados revogaram a assim chamada *blue law*, que obrigava o comércio a fechar aos domingos. Os fiéis tinham mais opções para passar o tempo, então iam à igreja com bem menos frequência. O consumo de álcool e de drogas aumentou brutalmente.

As pessoas podem pagar por benefícios no além com seu tempo — indo à igreja, rezando etc. — ou com seu dinheiro. Os ricos, que têm dinheiro sobrando, mas pouco tempo, doam mais; os pobres, com mais tempo nas mãos, vão mais à igreja. Isso não é muito diferente de fazer compras — os pobres gastam mais tempo nisso e normalmente encontram preços mais baixos do que os ricos, que não podem ser dar ao trabalho de sair atrás de pechinchas.

E impostos capazes de mudar o valor relativo do tempo e do dinheiro podem alterar a composição do investimento religioso. Nos Estados Unidos, quando o governo aumentou as isenções de impostos para contribuições de caridade, as pessoas reagiram aumentando suas doações, mas indo com menos frequência à igreja. Cada ponto percentual a mais em caridade religiosa era acompanhado por um declínio médio de 0,92% em comparecimento à igreja, na medida em que pessoas que contribuíam com mais dinheiro sentiam menos necessidade de gastar seus domingos sentados num duro banco de madeira.

As pessoas escolhem até o próprio sabor da fé por meio de cálculos de custo-benefício do tipo mais mercenário. Pessoas com mais oportunidades no mundo secular, os que têm salários mais elevados e um custo de tempo mais elevado, vão optar por crenças menos exigentes, já que terão mais a perder com códigos morais estritos. Nos Estados Unidos, na França e na Inglaterra, pessoas com alto nível de escolaridade vão mais à igreja do que os menos instruídos. Mas elas tendem a desacreditar os preceitos religiosos mais extremos, como a realidade dos milagres.

Nos Estados Unidos, cristãos educados escolheram denominações protestantes relativamente fora da voga, como presbiterianos. Judeus, os crentes com maior nível de escolaridade de todos, são os menos inclinados a engolir a Bíblia como verdade literal. Eles vão à sinagoga pelas recompensas sociais.

Por outro lado, as religiões mais zelosas e estritas tendem a ser populares entre pessoas com nível de escolaridade mais baixo, que dispõem de menos opções em outros lugares e são assim mais propensas a investir seu tempo, energia e comprometimento. Evangélicos, mórmons e batistas, as denominações cristãs com maior índice de comparecimento à igreja nos Estados Unidos, são também aquelas cujas congregações apresentam o menor nível educacional e têm maior probabilidade de acreditar no demônio e no céu.

QUAL É O CUSTO DISSO?

O processo individual de adotar uma religião evidentemente depende de vários fatores. Os fiéis muitas vezes não têm consciência das trocas envolvidas em sua fé. Pais tendem a fazer a escolha por seus filhos. A maioria das pessoas se conforma às crenças religiosas das comunidades em que nasceram. Mas benefícios religiosos não vêm de graça. Seguro custa dinheiro. Os benefícios das organizações religiosas dependem das contribuições de seus membros em termos de tempo, dinheiro e esforço. As igrejas — capazes de exercer substancial pressão moral naqueles que a sustentam — são particularmente boas em extrair obrigações.

Mas o dinheiro não é a coisa mais importante a ser arrecadada pela religião. Os custos mais significativos da fé são os sacrifícios que ela impõe aos fiéis e as restrições com que agrilhoa suas vidas. Do judaísmo ao hinduísmo, a religião carrega um preço adicional na forma de uma série de regras quanto a traje, dieta, asseio, conduta sexual e até interações de lazer e sociais. Essas regras não são secundárias. Elas são essenciais para a sobrevivência da fé. Restrições morais onerosas extirpam os não comprometidos e garantem um nível mínimo de solidariedade e confiança dentro do grupo.

Nisso reside a proposição central da religião. Os benefícios de fazer parte dependem do zelo e da intensidade de cada um de seus fiéis, que doam tempo e dinheiro, dão sustentação às regras de comportamento, fornecem apoio moral e reforçam as narrativas míticas que organizam seu mundo. Quanto mais difíceis as regras de admissão, mais comprometidos serão seus membros. Esse zelo é o que valoriza o fato de ser membro de uma religião para os que acreditam nela.

Regras que proíbem atividades seculares servem para assegurar que o fiel dedique tempo e esforço à fé, gastando pouco tempo com distrações fora do rebanho. Mas os sacrifícios e as restrições comportamentais também desencorajam os não praticantes — os descrentes e simpatizantes casuais pouco afeitos a se engajar inteiramente e cuja presença diluiria os benefícios para todos.

Essa abordagem explica por que os grupos religiosos radicais são mais proficientes no terrorismo do que seus colegas seculares — envolvendo-se em ações mais extremas e cometendo suicídio. Os sacrifícios exigidos para pertencer à fé selecionam os mais aptos a ser bons terroristas, separando naturalmente os membros mais fracos que se mostrariam mais propensos a dar para trás e pôr o grupo em perigo. O terrorismo suicida é um serviço: ele sinaliza a intensidade do comprometimento com a fé e fortalece os laços dentro do grupo. Isso está no topo de qualquer agenda política que o homem-bomba possa ter.

Nas comunidades religiosas, restrições alimentares, tatuagens, prepúcios cortados e outras regras comportamentais ajudam os que têm comprometimento a reconhecer uns aos outros, ajudar uns aos outros e se isolar do resto. Qualquer um que já tenha pertencido a uma gangue de rua que recorre à violência ritual e exige uma conspícua miscelânea de tatuagens vai entender como os clubes estabelecem regras e exigem sacrifícios para separar seus membros dos que são de fora. Os muçulmanos devem orar cinco vezes por dia, doar parte de sua renda à caridade, evitar alimentos que não sejam *halal* e participar de dezenas de outros rituais. Qualquer um que se sujeite a um tratamento ritual completo dificilmente estará fingindo, e desse modo passa confiança quanto a sua lealdade e seu envolvimento.

O filósofo judeu do século XII Moisés Maimônides escreveu que a circuncisão não é apenas exigida por Deus "para limitar o intercurso sexual e para enfraquecer o órgão de geração tanto quanto possível, e assim levar o homem a ser moderado". Espera-se que também dê "a todos os membros da mesma fé, ou seja, a todos os crentes na Unidade de Deus, um sinal corporal comum, de modo que seja impossível a qualquer estranho dizer que pertence a ela. Pois às vezes as pessoas dizem isso com o propósito de obter alguma vantagem".

O conteúdo preciso de regras religiosas é incidental. Elas apenas têm de ser custosas de se obedecer. No sexto século antes da era cristã, o filósofo Pitágoras fundou uma religião mística pesadamente influenciada pela matemática que propunha a transmutação de almas. As proibições incluíam comer feijões, pegar coisas caídas, encostar a mão em galos brancos, passar por cima de retas transversais, atiçar o fogo com um pedaço de ferro, comer de um pão inteiro, arrancar pétalas de uma grinalda, sentar em um medidor de quarto, comer coração, andar em estradas, permitir que andorinhas partilhassem do telhado de alguém, olhar no espelho ao lado de uma luz.

A força de coesão social construída a partir das restrições de fé ajuda a explicar por que a religião se provou tão resistente ao longo dos milênios, sobrevivendo à ascensão da ciência, que minou muitos de seus dogmas mais acirradamente mantidos, oferecendo uma explicação inteiramente diferente de como o mundo funciona.

As comunas eram populares em todos os Estados Unidos no século XIX, uma época de grande experimentação social. Centenas foram fundadas em torno de todo tipo de ideias, das crenças do socialista utópico francês Charles Fourier e do escocês Robert Owen, pai do movimento cooperativo, a grupos anarquistas e dezenas de seitas religiosas. Pouquíssimas sobreviveram mais do que algumas décadas, levadas a se separar pela dificuldade de garantir a cooperação e evitando disputas quanto à alocação de recursos, aos direitos e às responsabilidades. O que é notável é que as comunas religiosas tinham de duas a quatro vezes mais chance de sobreviver em qualquer dado ano do que os grupos seculares. O motivo parece ser que impunham elevadas exigências aos seus membros — incluindo celibato e restrições a se comunicar com estranhos — que fortaleciam seus laços.

New Harmony, a comuna estabelecida por Owen em Indiana, em 1825, durou apenas quatro anos antes de se desmanchar em meio a acres disputas. A comunidade Oneida em Nova York, por outro lado, cujos membros acreditavam que Cristo havia regressado no ano 70 d.C., de modo que poderiam estabelecer Seu reino milenar na terra, durou 33 anos antes de se dissolver, em 1881. Isso porque suas ligações foram reforçadas por regras restritivas — incluindo a continência masculina de não desperdiçar sêmen, a posse coletiva das crianças e críticas em grupo voltadas a erradicar traços de caráter indesejáveis. E entre as comunas estabelecidas por grupos religiosos, as dotadas de exigências mais difíceis duraram mais do que as que tinham proibições e regras menos severas. Em essência, as religiões que impunham os preços mais pesados sobre os fiéis eram mais eficazes em assegurar a sobrevivência das comunidades — bem como a sua própria.

QUANDO A FÉ É BARATA

A religião encoraja a segregação por desígnio. No Brooklyn, os judeus ortodoxos se esforçam por permanecer afastados da sociedade secular e até de outros judeus. Casamentos entre mórmons e não mórmons têm probabilidade três vezes maior de terminar em divórcio do que as uniões entre dois membros da seita. A religião é um instrumento ajustado com precisão para segregar as sociedades — encorajando os fiéis a se rodear dos seus, a confiar uns nos outros, a ajudar uns aos outros e a cuidar uns dos outros. Isso naturalmente implica manter os estrangeiros a distância e até mesmo entrar em guerra com eles. As religiões mais bem-sucedidas da história foram as mais bem equipadas para separar os de dentro dos de fora. Eram essas que tinham as regras mais estritas.

Eis por que o medo mais profundamente arraigado das religiões é o de que as oportunidades no mundo exterior enfraqueçam o fervor dos seguidores. Uma vez que o fervor em última instância é o que determina a força da igreja e a qualidade dos bens religiosos que ela fornece, sua erosão equivale a uma ameaça existencial. Assim, quando a fé é atacada pela tentação secular, a primeira reação das igrejas muitas vezes é bater as janelas e erguer muros altos, exigindo que os fiéis se sacrifiquem mais para provar a pureza de sua crença. Alguns fiéis talvez deixem a comunidade à medida que a fé se torna mais custosa de se sustentar. Mas para os que ficam, as recompensas serão igualmente maiores.

O padrão é evidente na paradoxal emergência do judaísmo ultraortodoxo no século XVIII, no momento em que o Iluminismo tomava conta da Europa, oferecendo maiores oportunidades econômicas aos judeus europeus. A maioria dos judeus reagiu segundo o que exigiam os novos padrões econômicos. Conforme floresciam novas oportunidades, suas opções no mercado de trabalho aumentavam e o valor do tempo deles subia, eles diminuíam a participação religiosa, ensejando formas mais relaxadas de judaísmo reformado e conservador. Mas as seitas ultraortodoxas, como o hassidismo que emergiu na Polônia, e os opositores, os misnagdim, que surgiram na Lituânia, escolheram o caminho contrário — rejeitando a modernidade e exigindo ainda mais sacrifícios dos seguidores. Em 1865, por exemplo, os líderes ultraortodoxos na Hungria aprovaram um decreto chamado "Pessach Din", que proibia os devotos de entrar em uma sinagoga que houvesse adotado inovações, como falar alemão durante o serviço, tivesse estrutura que se assemelhasse a um campanário ou empregasse coro masculino.

Até hoje, os ultraortodoxos mantêm os trajes, hábitos dietéticos e estilo de vida prevalecente nos *shtetls* do centro e do leste da Europa. Eles rejeitam a modernidade como corrupta e evitam judeus mais moderados. Em Israel, fazem lobby no governo para restringir o comércio e as viagens no Shabat. E a despeito da pobreza inerente, os homens continuam fora do mercado de trabalho após os 40 anos, optando em vez disso por ficar na yeshiva estudando os textos sagrados. De 1980 a 1996, a parcela de homens ultraortodoxos na flor da idade em uma yeshiva que não tomavam parte na força de trabalho aumentou de 40 para 60%.

As religiões mais bem-sucedidas em construir comunidades de fiéis entusiásticas são em geral os de crenças mais extremadas, como os cristãos evangélicos nos Estados Unidos ou os islâmicos radicais na Ásia Central e no Oriente Médio. Mesmo diante das oportunidades cada vez maiores no mundo secular exterior, essas igrejas têm conquistado um número crescente de seguidores fervorosos estreitando cada vez mais suas opções. Eles selecionam membros entre pessoas com menos oportunidades no mundo de fora e erguem barreiras mais altas para mantê-las dentro. É uma estratégia estranha: aumentar os preços para manter os fregueses. Mas funciona.

A experiência da Igreja Católica ao longo das últimas décadas ressalta o risco para a religião de seguir o caminho inverso e tentar acomodar um mundo cada vez mais secular. Ao longo dos séculos, a Igreja Católica administrou uma lista de regras, restrições e sacrifícios grande e complexa, cortando, adaptando e fazendo a sintonia fina, a fim de sobreviver à ascensão da ciência e manter sua relevância religiosa, apesar da disseminação do progresso econômico pelo mundo.

Mas com um rebanho de cerca de 1,15 bilhão, a moderna Igreja Católica vem evitando estratégias radicais de aumentar o fervor com um endurecimento das regras. Talvez ela receie perder fiéis demais. Em vez disso, tem buscado seguir um curso dificultoso entre as restrições rígidas, que poderiam desligar os seguidores mais periféricos em cima do muro entre a Igreja e o mundo secular, e a abertura, que enfraqueceria o apelo da Igreja para os mais comprometidos. Pelos padrões de qualquer corporação secular, a estratégia tem sido amplamente bem-sucedida: o catolicismo continua a ser a maior instituição religiosa mundial. Mesmo assim, seus esforços por suavizar as regras para acomodar a modernidade lhe custaram inúmeros seguidores fiéis — que se bandearam para denominações mais rígidas e fervorosas do cristianismo evangélico.

Na década de 1960, a Igreja Católica lutou para se adaptar a um mundo que parecia empenhado em se desviar de tudo o que fosse direito e restrito. Alinhada com um rígido literalismo bíblico, a Igreja parecia cada vez mais fora da realidade nesse período de enorme efervescência social. No dia 8 de abril de 1966, a revista *Time* chegou até a estampar na capa a pergunta "Deus está morto?", em letras vermelhas contra um fundo preto — atingindo seu recorde de tiragem em vinte anos. "Secularização, ciência, urbanização — tudo isso tornou comparativamente fácil para o homem moderno se perguntar onde Deus está e difícil para o homem de fé dar uma resposta convincente, até para si mesmo", escreveu John T. Elson, o editor de religião da revista.

A Igreja reagiu tomando uma decisão fatídica de se modernizar. Durante o Concílio Vaticano II, que terminou em 1965, a Igreja proclamou liberdade religiosa, acolheu pessoas de outras fés cristãs e até admitiu a verdade de outras religiões. Para tornar a vida mais fácil daqueles sentados em seus bancos de madeira, ela relaxou as regras impostas na missa, encorajando o uso de línguas vernaculares em lugar do latim, de modo que os fiéis conseguissem compreender o que estava acontecendo. Ela chegou até a permitir a incorporação de elementos dos costumes locais na liturgia.

Para os católicos conservadores, as mudanças corresponderam a uma traição. A fuga de seguidores não só continuou, como também aumentou. Após um pico de 74% em 1968, no fim do Concílio em 1965, a frequência da missa semanal entre os católicos americanos diminuíra para 67%. Ao longo das quatro décadas seguintes, desabou para 45%. "As religiões estão na incomum situação em que compensa fazer exigências gratuitamente difíceis", disse-me certa vez o economista da religião Larry Iannaccone. "Quando elas enfraquecem as exigências que fazem sobre os membros, solapam a própria credibilidade." A Igreja tem sofrido de modo semelhante no mundo todo. Na Itália, seu grande reduto, apenas 27% dos italianos dizem que a religião é muito importante para eles. Na Espanha, a parcela de católicos que vão à missa toda semana caiu de 44% em 1980 para 19% atualmente.

Não está claro se há alguma coisa que a Igreja possa fazer para impedir a sangria, à medida que a modernidade pressiona sem distinções o dogma religioso. O atual papa, Bento XVI, tem trabalhado no sentido de desfazer algumas das reformas do Concílio Vaticano II. Ele reintroduziu a missa em latim. E trouxe de volta a indulgência plena, uma inovação introduzida durante a Primeira Cruzada no século XI, que consistia em um perdão geral a pecadores arrependidos para escapar do purgatório em troca de boas obras e atos de contrição.

Enquanto o Concílio Vaticano II dizia respeito a adaptar os ensinamentos e rituais da Igreja a um mundo em transformação, o papa Bento se concentrou em reimpor a primazia da Igreja sobre a realidade. Em entrevista ao *New York Times*, o reverendo Tom Reese, ex-editor da revista católica *America*, disse: "A Igreja quer a ideia do pecado pessoal de volta à equação." Ela sentiu a necessidade de subir os preços para atrair fregueses mais leais.

O QUE A IGREJA QUER?

Não existe nada nas doutrinas mais básicas de uma fé que necessite de uma igreja institucional. Mas as igrejas proliferam — reiterando seus dogmas, classificando seus rituais, administrando seus tabus.

Para os que compartilham de uma, o apelo fundamental da fé deriva da comunidade que ela cria. Se esse fosse o único propósito da religião, talvez as igrejas não seriam tão onipresentes. Mas a civilização deu outro propósito à fé: a legitimização de poder. Para isso, as igrejas são indispensáveis. Do Egito dos faraós à Europa medieval e do Japão Meiji ao Irã contemporâneo, os soberanos sempre derivaram sua autoridade do divino. As igrejas subordinam a crença em um mundo espiritual a serviço do poder terreno. Elas se colocam como árbitros supremos do comportamento, determinando recompensas para a virtude e punições para o crime.

Durante a Alta Idade Média, a Igreja Católica oferecia duas opções: a salvação ou o inferno. Para obter perdão, os pecadores tinham de se submeter a provações extremamente árduas. Mas por volta dos séculos XI e XII, no auge de seu poder na Europa, a Igreja começou a relaxar suas regras e ampliar suas ofertas. Ela introduziu o conceito de purgatório, um lugar a meio caminho onde os pecadores arrependidos tinham de passar algum tempo após a morte antes de obter permissão de entrar no céu. Isso dividiu os pecados em mortais e veniais, de modo a possibilitar a introdução de preços mais graduados para o perdão e a absolvição. Uma reforma-chave foi permitir a confissão em segredo diante do padre, em lugar de ser algo público, diante de toda a comunidade. E foi iniciada a venda de indulgências por dinheiro. Essas inovações reduziram o preço médio do pecado. Confissões secretas permitiam aos padres usar uma discriminação de preço — avaliando a riqueza de pecadores individuais e ajustando punições monetárias segundo a capacidade dos pecadores de pagar. Isso operou milagres nas finanças da Igreja.

A IGREJA CATÓLICA acabou pagando um preço por esses ajustes, na medida em que lutou para manter o controle sobre o mercado da fé medieval. Ela se tornou gananciosa — coletando dinheiro associado ao leque cada vez mais amplo de regras para custear sua existência luxuosa. Em 1501, durante o reinado de Henrique VII, uma bula papal estabeleceu uma lista de preços de indulgências pela qual os ingleses podiam comprar absolvição de todos os pecados. Proprietários de terras laicos com renda excedendo 2 mil libras por ano tinham de pagar três libras mais seis soberanos e oito dinares. No outro extremo da escala de renda, pessoas ganhando entre vinte e quarenta libras por ano tinham de pagar 16 dinares. As pessoas podiam pagar para livrar do purgatório a alma de parentes. Bispos tinham de pagar regularmente por seu cargo. E a realeza pagava para se casar.

A Igreja repudiava casamentos dentro da família já no século quarto. A política derivava, em parte, da preocupação com os cruzamentos consanguíneos, o que impunha o risco de filhos com malformações congênitas. Mas havia outros objetivos: os nobres apoiavam os casamentos entre parentes porque isso ajudava a manter as propriedades dentro da família. A Igreja temia que isso levasse a dinastias poderosas capazes de rivalizar com seu poder. Além do mais, uma proibição do casamento consanguíneo lhe permitia cobrar das famílias ricas uma "dispensa" da observância.

As interdições foram ficando cada vez mais estritas. No século quarto, a Igreja proibiu o casamento entre primos de primeiro grau. No século sexto, ela estendeu a proibição a primos em quinto grau; e no século nono, a primos em sexto grau. As proibições eram lucrativas. No século XI, o duque da Normandia, futuramente conhecido como Guilherme, o Conquistador, teve de construir duas igrejas em Caen — a Abbaye aux Hommes e a Abbaye aux Dames —, para que o papa Leão IX revogasse sua excomunhão após Guilherme ter se casado com uma prima distante, Matilde de Flandres, contra a vontade da Igreja.

O MODO COMO a Igreja gerenciou sua lista de preços do comportamento talvez tenha lançado as sementes de sua derrocada. Há inúmeras explicações concorrentes para a Reforma Protestante que varreu a Europa no século XVI. Martinho Lutero, o padre que liderou o ataque, acusava a Igreja de se tornar corrupta e moralmente fraca. Alguns historiadores lembram que a Igreja se aliou ao lado perdedor em muitas guerras que devastaram o norte da Europa. Mas a meu ver a hipótese mais convincente é a de que seus seguidores já não viam mais vantagem em sua relação custo-benefício. Os preços cobrados pela Igreja — que pela lógica da fé são planejados para fortalecer os laços entre os fiéis — haviam perdido sua razão de ser.

A Igreja parou de trabalhar para inspirar seu rebanho e em vez disso se concentrou nas cobranças. Descobrindo novos modos sofisticados de levantar dinheiro entre seus seguidores, a Igreja se tornou cara demais para os fiéis e em troca fornecia pouquíssimos de seus serviços básicos. Isso encorajou a entrada de um rival no mercado: o cristianismo protestante, que oferecia aos crentes um acesso direto a Deus por um preço melhor. Com isso eliminava-se a cobrança de taxas e se resgatava a ligação tradicional entre o precioso sacrifício e as recompensas religiosas que haviam caracterizado a fé desde tempos antigos.

Essa abordagem se mostrou particularmente propícia às economias capitalistas emergentes que começavam a se desenvolver nas cidades do norte da Europa, onde a riqueza era inerentemente menos estável do que na aristocracia feudal proprietária de terras. A Igreja nunca estabeleceu com os novos empreendedores as mesmas alianças que havia mantido com a nobreza europeia. Pelo contrário, eles resistiram à sua avidez por cobranças e se opuseram à sua intermediação nos empreendimentos econômicos. Assim eles optaram pela concorrência.

O PECADO VERSUS O MUNDO SECULAR

A crença na origem divina do mundo sofreu um bombardeio nos últimos séculos. No Ocidente, a ciência gradualmente substituiu Deus no esquema do mundo físico desde que Nicolau Copérnico provou no século XVI que a Terra não estava no centro de tudo, suscitando a questão de entender por que um Deus onipresente e onisciente de todas as coisas se preocuparia tanto com os eventos de um pequeno planeta em algum canto do universo.

Desde então o Big Bang propôs uma alternativa a Deus para a origem do universo, e a teoria da seleção natural de Darwin propôs uma explicação alternativa à Bíblia para a origem do homem. A neurociência eliminou a alma da discussão ao equacionar mente e cérebro, e a psicologia moderna até mesmo desafiou a religião como um caminho para a felicidade.

Os sociólogos europeus do século XVIII em diante, de Karl Marx a Émile Durkheim e Max Weber, argumentaram que o progresso secular matou a fé. Isso minou os principais preceitos religiosos ao fornecer aos fiéis uma explicação alternativa do mundo que não se apoiava em anjos. E o edifício de regras e sacrifícios de alto preço que definia as comunidades religiosas, provendo a elas um propósito coletivo que as ajudava a serem bem-sucedidas no curso da evolução humana, foi substituído por um cenário secular do direito. O proceder democrático ofereceu uma alternativa ao cardápio de normas e tabus da religião, encorajando a solidariedade por outros meios.

Os Estados seculares gradualmente assumiram o papel de fornecer educação, assistência médica e outros benefícios sociais, como aposentadoria e auxílio para os desempregados. À medida que as pessoas ficaram mais ricas, mais educadas, mais tolerantes socialmente e mais livres politicamente, a religião perdeu seu propósito. A crença em Deus declinou durante a segunda metade do século XX em praticamente todos os países da Europa Ocidental, no Japão e até na Índia. A parcela de irlandeses que frequentam a igreja pelo menos uma vez por semana caiu de 82% em 1981 para 65% duas décadas depois. Na Holanda, caiu de 26 para 14%.

MESMO ASSIM, EXISTE uma enorme lacuna na tendência de secularização no mundo industrializado: os Estados Unidos. Os americanos continuam aferrados a Deus, apesar do espetacular progresso econômico dos últimos cem anos. Em 2001, 46% dos americanos compareciam a serviços religiosos pelo menos uma vez por semana, três pontos percentuais a mais do que duas décadas antes. E mais de três quartos dos americanos afirmavam acreditar em vida após a morte, 12% mais do que em 1947. O entusiasmo religioso norte-americano é próximo do de países menos desenvolvidos. Cinquenta e nove por cento dos americanos disseram que a religião era muito importante em suas vidas, segundo pesquisa do Pew Global Attitudes Project de 2002. Isso foi pelos menos o dobro da parcela de outras nações desenvolvidas, mas comparável a Turquia, México e Venezuela.

O padrão levou um grupo de economistas e sociólogos americanos a sugerir que a tese da secularização está errada. Se a fé declinou em outros países ricos, isso não se deveu a uma menor demanda por serviços religiosos, mas ao fornecimento precário. O apoio religioso minguou na Europa Ocidental porque a Igreja Católica era um monopólio apoiado pelo Estado que ficou cada vez mais preguiçoso e permitiu a fuga de fiéis. Seus serviços se tornaram baratos demais para ter importância. Por outro lado, a religião nos Estados Unidos prosperou devido à vibrante diversidade que floresceu quando a independência levou a uma separação estrita entre Igreja e Estado. Dezenas de igrejas surgiram para atender ao desiludido mercado do cristianismo predominante, oferecendo preços altos e coesão elevada. Cerca de um em cada oito protestantes norte-americanos rezam várias vezes por semana, comparado a cerca de um em cada trinta católicos, segundo levantamentos. Os protestantes têm maior propensão a acreditar no inferno do que os católicos e é mais provável que pertençam a grupos sociais ligados à igreja. Vinte e nove por cento dos protestantes afirmam tentar converter um estranho pelo menos uma vez ao mês. Apenas 11% dos católicos faz o mesmo.

Essa hipótese — conhecida como teoria da fé baseada na oferta ou no livre mercado — postula que a religião sobreviveu ao progresso científico e à sua explicação alternativa do mundo porque, enquanto clube fechado, ela ainda oferece benefícios palpáveis para seus membros, que compartilham de um mesmo pensamento e estão dispostos a fazer sacrifícios por suas crenças.

Os sociólogos Roger Finke e Rodney Stark observaram que em 1776 apenas 17% dos americanos aderiam a uma igreja. Mas a taxa subiu para 34% em 1850 e para 56% em 1926, conforme novas denominações agressivas rivalizavam pelas almas. As seitas mais rígidas e veementes, sugeriram, como mórmons ou testemunhas de Jeová, estão crescendo mais rápido não só porque são agressivas no recrutamento de novos membros, mas também porque são muito mais estritas do que as Igrejas católica e protestante tradicional, das quais estão roubando uma parcela do mercado.

Há uma ironia no modo como a hierarquia das congregações mudou nos Estados Unidos. Na década de 1960, a mensagem da sociedade secular para a religião parecia ser "modernize-se". A escolha era entre a abertura para o mundo secular, adaptando-se às descobertas da ciência ou afundando na irrelevância. Em todo o mundo, a Igreja Católica tentou justamente isso, e não houve resultados. As igrejas que se deram bem foram as que tomaram um caminho oposto. As ordens que prosperaram foram as fundamentalistas, que pregavam a interpretação literal da Bíblia, e as denominações pentecostais, empenhadas em exorcismos e outros rituais catárticos — ou seja, os que recuaram e resgataram a proposta tradicional da fé como uma parede destinada a fechar a comunidade, exigindo um alto preço para ser considerado membro.

DEUS VAI SE RECUPERAR DO BAQUE?

É uma tese convincente. Há alguns anos, escrevi um artigo sobre protestantes evangélicos tentando se expandir entre hispânicos nos Estados Unidos, roubando os seguidores da fé católica. Acompanhei um grupo de batistas sulistas em uma missão de evangelização em um supermercado de um bairro predominantemente latino de Ontario, Califórnia. Seu zelo e sua determinação eram algo digno de se ver. Cerca de dez pessoas se espalharam pelo estacionamento do supermercado, reafirmando aos compradores apressados os benefícios da vida cristã. Quando a mulher empurrando um carrinho abarrotado até seu porta-malas parou para dar uma olhada no folheto que haviam enfiado em sua mão, um bando de evangelizadores se abateu sobre ela como uma revoada de gansos. Eram incansáveis. Ao longo de uma semana de pesquisa, fui convidado a aceitar Deus em meu coração pelo menos meia dúzia de vezes. Em comparação com as massas entediadas e soporíferas que vivenciei crescendo no México, os batistas ofereciam a energia de um show de rock. E ofereciam promessas específicas sobre como a fé iria melhorar as vidas instáveis das pessoas.

Mas existem outras potenciais explicações para a força única da ligação dos americanos com Deus. Suspeito que tenha a ver com o fato de que, para um país rico, os Estados Unidos possuam pobres demais. Os sociólogos sugerem que a demanda por serviços religiosos como seguro contra potenciais infortúnios decline à medida que os países galgam a escada do desenvolvimento.

O desenvolvimento torna as pessoas mais seguras. Fornece-lhes uma fonte de renda, melhor assistência de saúde, educação. Reduz o risco de processos políticos e disputas étnicas. Mas não faz isso incondicionalmente. Existem grandes bolsões de miséria até mesmo nos países altamente desenvolvidos. Nesses rincões empobrecidos a crença religiosa prospera, oferecendo uma janela para a segurança e a felicidade suprema. Aqui Deus pode desempenhar Seu papel como a forma de seguro suprema. Nos Estados Unidos — que sofrem da desigualdade de renda mais aguda no mundo desenvolvido — esses bolsões abundam.

Visto dessa forma, torna-se óbvio por que a religião está crescendo em algumas partes do mundo mesmo à medida que a secularização avança em outras: em países religiosos pobres, as pessoas têm mais filhos do que nas nações ricas seculares. Por todo o mundo, o desenvolvimento tem reduzido as taxas de fertilidade. As famílias em países ricos optaram por ter menos filhos e investir mais recursos em cada um deles. Os veementes pobres, por outro lado, agarram-se às tradições que repudiam a contracepção e exigem famílias grandes.

Os ultraortodoxos em Israel ganham menos da metade do que ganham as famílias não ortodoxas. Em meados da década de 1990, sua taxa de natalidade era de 7,6 crianças para cada mulher. Como comparação, a taxa de fertilidade de outros judeus em Israel é de cerca de 2,3. Nos Estados Unidos, os estados mais religiosos tendem a ser os mais férteis e pobres. New Hampshire é provavelmente o estado da União menos temente a Deus: 21,4% de sua população afirma ser ateia ou não ter nenhuma crença religiosa. O estado é relativamente rico, com uma renda per capita média de 74.625 dólares. E apresentava apenas 42 nascimentos por mil mulheres em 2006. No Mississippi, por outro lado, havia 62 nascimentos por mil. O Mississippi é pobre: a renda média familiar era de 44.769. E apenas 5,8% dos habitantes afirmam não ter religião.

Apesar da onda de secularização vivida nos últimos cem anos, suspeito que o mundo possa estar em vias de se tornar mais religioso, não menos. Desde a Revolução Industrial, o crescimento tem sido a solução da humanidade para praticamente qualquer problema. À medida que o progresso tecnológico possibilitou um uso de recursos mais eficiente e intenso, ele trouxe um período de prosperidade diferente de tudo o que o mundo já viu.

Esse período, contudo, pode estar próximo de um fim. O aquecimento global sugere que estamos atentando contra rígidos limites de recursos em nossa busca pela prosperidade econômica. Conforme os esgotarmos, o crescimento econômico se tornará mais difícil de alcançar. Dois séculos após o reverendo Thomas Robert Malthus alegar que "o poder da população é indefinidamente maior do que o poder da Terra de produzir subsistência para o homem", a armadilha malthusiana parece um futuro plausível.

Se atingirmos o limite de nossos recursos, é provável que a demanda por Deus volte a crescer. A interrupção do crescimento econômico faria mais do que elevar a pobreza. À medida que as pessoas e as sociedades fossem forçadas a competir ferozmente pela produção econômica, o quadro de normas éticas da religião viria a calhar para ajudar as sociedades a se harmonizar. Deus seria necessário para fornecer uma explicação sobrenatural, um bálsamo que reconciliasse a humanidade com sua parcela impermeável ao aperfeiçoamento; ou talvez a ajuda na guerra e na conquista como acesso aos recursos se tornasse um jogo de soma zero.

Para muitos, nesse futuro distópico, a fé valeria seu preço, fossem quais fossem os sacrifícios que a religião exigisse em troca.

CAPÍTULO NOVE

O preço do futuro

POR MAIS DE um século, a economia vem sendo encarada como uma ciência sombria, ocupando-se de fatalidades e desespero, com pouca esperança a oferecer. Ela deve essa reputação à obra do reverendo escocês Thomas Robert Malthus, que duzentos anos atrás desferiu um golpe incapacitante no incipiente otimismo de sua era sobre a perspectiva do progresso humano. Em *An Essay on the Principle of Population as It Affects the Future Improvement of Society* (Um ensaio sobre o princípio da população que afeta a melhoria futura da sociedade), publicado em 1798, o economista e demógrafo balançou a autoconfiança do Império Britânico argumentando que a natureza limitada das dádivas da Terra condenaria a humanidade à pobreza. A civilização ficaria num beco sem saída pela inevitável escassez de alimento.

    O processo era irreversível: incapaz de controlar seus anseios reprodutivos, as famílias reagiriam a qualquer aumento em seus rendimentos tendo mais filhos. Para alimentá-los e vesti-los, consumiriam seus ganhos, fazendo desse modo com que permanecessem sempre no limiar da subsistência. O sofrimento humano era o resultado inevitável de uma população que crescia geometricamente — Malthus calculava que dobraria a cada quarto de século —, embora fosse dependente de um suprimento alimentício que crescia muito mais vagarosamente conforme novas terras eram incorporadas à produção e a produtividade agrícola aumentava a passo de lesma.

O preço da comida, é claro, tinha de subir conforme a demanda se expandia muito mais rápido do que a oferta, até que as "classes baixas" não pudessem mais pagar por ela. Ou as pessoas se matavam entre si de alguma outra forma, ou número suficiente morreria de fome para trazer a contagem de volta a uma população que a terra pudesse nutrir.

"Os vícios da humanidade são sequiosos e capazes agentes do despovoamento. São os precursores do grande exército da destruição e, muitas vezes, desempenham o terrível trabalho eles mesmos", escreveu Malthus. "Mas caso falhem nessa guerra de extermínio, períodos de escassez, epidemias, pestilência e praga avançam em temível combinação para varrer milhares e dezenas de milhares. E se o sucesso ainda não for completo, a fome gigantesca e inevitável espreita às costas e, com um único poderoso golpe, nivela pelo alimento a população mundial."

Escrever esse tipo de coisa conferiu a Malthus uma triste reputação. O historiador vitoriano Thomas Carlyle caracterizou a controvérsia sobre a dinâmica populacional despertada pela obra de Malthus como "lúgubre, insensível, sem esperança para este mundo ou o seguinte". Mas os prognósticos de Malthus eram inteiramente razoáveis. Seu estigma de catástrofe visitara outros cantos do mundo. A clássica civilização maia entrou em colapso perto do nono século da era cristã, dilacerando-se em uma miríade de guerras por recursos naturais nas terras baixas do que é hoje Guatemala, Honduras, Belize e sudeste do México.

Os Rapa Nui da ilha de Páscoa, famosos escultores das imensas cabeças monolíticas chamadas Moai, também entraram em colapso após exaurir suas limitações geográficas. A população que atingira um pico de 10 mil no início do século quinto minguara para cerca de 2 mil quando o capitão James Cook visitou a ilha em 1774. A civilização remanescente não fazia ideia de como as monumentais cabeças de pedra haviam chegado lá.

O mundo em que Malthus viveu parecia ter ficado preso por anos em um charco malthusiano. Ao longo dos dois anos e meio precedentes, a renda per capita média do mundo se arrastara adiante a um ritmo de cerca de 0,1% ao ano. Entre 1500 e 1750, a população mundial aumentou em apenas dois terços — para 720 milhões de pessoas. A humanidade não estava vicejando.

A Inglaterra de Malthus era mais próspera do que a maior parte do mundo na época. Mesmo assim, a expectativa para um bebê inglês nascido em 1750 era morrer com 30 e poucos anos. A população da Inglaterra em 1750 permanecia grosso modo a mesma do ano 1300, contida por guerras, doenças e suprimento de comida. Era praticamente impossível avançar. Os londrinos em 1800 obtinham praticamente os mesmos salários, em termos concretos, de seus antepassados de quatro séculos antes.

Entretanto, Malthus errou sobre o futuro. Ele fez suas predições exatamente quando a Inglaterra e o restante da Europa embarcavam num período prolongado de crescimento econômico sem precedentes, que iria se espalhar pelo globo e melhorar drasticamente o bem-estar da humanidade pelos dois séculos seguintes.

A REVOLUÇÃO DE produtividade na indústria algodoeira de Lancashire começou no início da década de 1730, com uma série de novas invenções para tecer o fio, como o *"flying shuttle"* (lançadeira volante) de John Kay, e continuou durante a década de 1770 com invenções como a *"spinning mule"* (mula fiadora) de Samuel Crompton. A revolução da fiação foi seguida pelo avanço da tecelagem. No fim da década de 1700, a Grã-Bretanha começava a se transformar de uma nação eminentemente rural em uma potência industrial, exportando artigos têxteis e metais. Então a disseminação da máquina a vapor no século XIX levou a Revolução Industrial ao seu apogeu. A mortalidade infantil declinou acentuadamente à medida que o padrão de vida geral subiu. Mas o crescimento populacional não era páreo para o ritmo do aperfeiçoamento material. Entre 1801 e 1901, a população inglesa mais do que triplicou, chegando a cerca de 30 milhões. Porém os salários reais dos londrinos mais do que dobraram nesse período.

É difícil exagerar a importância dessa transição econômica. Com exceção das colônias recém-fundadas, nunca antes um país fora capaz de atingir o duplo feito de uma população crescente e uma elevação do padrão de vida. Contudo, a prosperidade dos ingleses se espalhou no século XIX, conforme os navios carregados de aço britânico levavam a Europa até mais perto dos abundantes recursos naturais e da terra esparsamente povoada do Novo Mundo. De 1820 ao ano de 2000, a atividade econômica sustentada pelo planeta se multiplicou quase sessenta vezes: a população mundial sextuplicou, para algo em torno de 6 bilhões. A renda per capita ficou quase dez vezes maior. A tese malthusiana do futuro sombrio da humanidade foi sepultada sob uma avalanche de progresso.

A superação do pesadelo malthusiano mais de duzentos anos atrás deu um impulso à marcha da civilização. O feito enfatizou o poder da engenhosidade humana em superar os limites do ambiente. E contudo, apesar de nosso sucesso no passado, a lúgubre realidade predita por Malthus há mais de duzentos anos parece outra vez nos espreitar logo ali na esquina. A despeito dos enormes avanços na produtividade, a civilização parece estar atingindo os limites físicos de nosso ambiente natural, forçando a capacidade de sustentação do planeta. Isso talvez prenuncie um futuro horrível. Bem no momento em que China, Índia e outros países em desenvolvimento parecem estabilizados por uma onda de crescimento econômico que tiraria bilhões de pessoas da pobreza, os preços cada vez mais altos do petróleo, alimentos e outros artigos sugere que os recursos da Terra talvez não suportem toda essa prosperidade. Em nenhum lugar isso é mais evidente do que em nosso debate sobre o que fazer para prevenir a mudança climática — provocada por nosso voraz consumo de energia e nossas emissões maciças de carbono.

Os Estados Unidos produzem cerca de vinte toneladas de CO_2 anualmente para cada americano. Por sua vez, a China emite cinco toneladas per capita; a Índia, apenas uma. Conforme essas nações se tornam mais industrializadas, é de se esperar, razoavelmente, um consumo maior de energia e maior emissão de carbono. Mas se cada um do 1,33 bilhão de chineses e 1,17 bilhão de indianos jogasse na atmosfera a mesma quantidade de CO_2 dos americanos, isso seria uma sobrecarga no ambiente equivalente a sete economias americanas extras, mais do que dobrando as emissões de carbono no ar.

O momento neomalthusiano que atravessamos nos confronta com uma questão difícil. Até onde pode crescer a economia global sem gerar um dano climático inaceitável no futuro? Torna-se mais difícil responder a isso ao se refletir sobre a pergunta: até que ponto devemos abrir mão do crescimento econômico para evitar esse futuro prejuízo aos ecossistemas do mundo? Enfim, a questão se resume ao seguinte: que preço estamos dispostos a pagar hoje para proteger as futuras gerações?

O PREÇO EQUIVOCADO DA NATUREZA

O economista Jeffrey Sachs caracteriza a mudança climática como "um acidente de química". Como poderíamos ter imaginado que o carbono liberado na atmosfera cada vez que pisamos no acelerador ou ligamos o aquecimento central permaneceria ali por anos, capturando calor e lentamente aumentando a temperatura do planeta a um ponto capaz de ameaçar o precário equilíbrio da natureza? Mas isso também é uma falha do sistema de mercado. O aquecimento global, assim como a extinção de espécies, o esgotamento do solo e todos os demais sinais de que o planeta anda com problemas para sustentar a humanidade que vive sobre ele, salienta a incapacidade de a economia global estabelecer um preço apropriado para as dádivas da natureza.

Em um sistema de mercado, os preços devem alocar recursos de forma eficiente. Quando a demanda supera a oferta, é de se esperar que os preços subam e reajustem suavemente o equilíbrio — atraindo mais produtores ao mercado e afastando alguns consumidores ciosos de preços. Entretanto, isso não ocorre quando se trata dos prêmios da natureza. Muitas vezes nós os obtemos "de graça", independentemente de quanto consumimos. Como no caso das demais coisas gratuitas, a falta de um sinal de preço para modular nosso consumo nos levará a consumir em demasia, até esgotarmos o recurso disponível.

Essa deformação de preço explica os aterros sanitários abarrotados de lixo, os rios contaminados com mercúrio, o derretimento da calota polar, a escassez de bacalhau no Atlântico. Do ponto de vista de um pescador, o bacalhau é gratuito — a única despesa é chegar aonde quer que o peixe esteja, encontrá-lo e pegá-lo. Isso quer dizer que ele vai pescar o máximo que conseguir. Assim como qualquer outro pescador nas proximidades. A pesca excessiva — capturando-os com mais rapidez do que eles conseguem se reproduzir — é a consequência inevitável.

Temos feito a mesma coisa com a maioria dos recursos "gratuitos" da natureza — do ar puro à água limpa. A água, na maior parte uma utilidade pública no mundo todo, custa muito pouco; seu preço não sobe para refletir sua escassez crescente e nos encorajar a consumir de forma prudente. O custo de lidar com o vazamento de nitrogênio nos rios em geral não está incorporado no preço de nossas colheitas. Na falta de preços para racionar seu uso, a água limpa gratuita e o ar puro gratuito conheceram o destino das coisas gratuitas de qualquer lugar: começaram a faltar. Estamos lutando para lidar com as consequências. Em nenhum lugar essa dinâmica impõe uma ameaça maior para o futuro da humanidade do que no contexto da mudança climática.

A ENERGIA É provavelmente o bem com preço mais flagrantemente mal calculado. O custo da gasolina na bomba incorpora o custo de se encontrar o petróleo, pagar o direito de exploração ao país onde se encontra a jazida, refinar o produto bruto para transformá-lo em gasolina e transportá-la até os postos de abastecimento. Mas na maioria dos países nenhuma parcela do preço contabiliza o efeito que o dióxido de carbono liberado com a queima do combustível tem na atmosfera.

Isso é uma coisa diabolicamente difícil de mensurar, dependendo de inúmeras pressuposições sobre o valor do dano causado pela mudança climática no ambiente natural. Contudo, uma revisão dos estudos feitos pela Environmental Protection Agency (Agência de Proteção Ambiental, ou EPA, na sigla em inglês) concluiu que o "custo social" das emissões de CO_2 — uma medida do peso que a liberação de uma tonelada de CO_2 no ar terá sobre o meio ambiente no próximo século — vai de 40 a 68 dólares hoje e subirá para algo entre 105 e 179 dólares em 2040 conforme o ar se tornar mais saturado com o poluente. Uma vez que a queima de um galão de gasolina produz cerca de nove quilos de CO_2, a contabilização do custo ambiental de andar de carro exigiria uma taxação atualmente de cerca de 62 centavos por galão.

Os americanos emitem anualmente cerca de vinte toneladas per capita de CO_2. Pelos cálculos da EPA, os Estados Unidos estão impondo um fardo anual sobre o ambiente de mais de 1.224 dólares por americano. E isso pode ser uma estimativa modesta. Outros cálculos revistos pela agência põem o custo social atual de uma tonelada de CO_2 em 159 dólares. Se nos trouxessem a conta, talvez como taxa de uso de energia, muito provavelmente seríamos mais parcimoniosos em seu uso.

Europeus se comportam melhor, na maior parte graças a elevados impostos que fazem subir o preço da energia. Em 2009, as famílias alemãs gastavam quase 0,23 euro por quilowatt-hora de eletricidade, grosso modo, três vezes mais do que os norte-americanos. Eles também pagam cerca de três vezes mais por sua gasolina. E também são mais econômicos quanto ao uso da energia. A Alemanha consome energia em uma proporção um pouco superior a quatro toneladas de petróleo per capita anualmente, mais ou menos a metade do consumo nos Estados Unidos. As emissões de CO_2 dos alemães — cerca de dez toneladas per capita — também totalizam mais ou menos a metade do que os americanos expelem na atmosfera.

Os americanos também poderiam ser levados a emitir menos carbono. Mas para isso teriam de ser obrigados a pagar por suas emissões. Os Estados Unidos são uma nação de motoristas. Em 2000, nove em cada dez americanos iam de carro para o trabalho, mais de dois terços em 1960. Há 820 veículos motorizados percorrendo as ruas e rodovias para cada mil americanos, comparado com 623 veículos por mil pessoas na Alemanha, 557 no Canadá e 76 na Indonésia. O setor do transporte norte-americano consome cerca de duas vezes mais gasolina per capita que a Austrália, quase quatro vezes mais do que a Inglaterra e trinta vezes mais do que a China.

Mas embora amemos nossos carros, podemos ser persuadidos a dirigir outros mais eficientes. Um estudo sobre as vendas de carros de 1999 a 2008 concluiu que um aumento de um dólar nos preços da gasolina impulsionava em 24% o mercado de carros compactos como o Toyota Corolla e reduzia a parcela de picapes como a Ford F-150 em cerca de 11%. Isso não vai transformar os Estados Unidos na Inglaterra. Lá, a gasolina custa três vezes mais e o automóvel mais vendido em 2009 foi o minúsculo Ford Fiesta, que emite apenas 158 gramas de CO_2 por milha dirigida, comparado aos 660 gramas por milha emitidos pela adorada Ford F-150 dos americanos. Mas triplicar o preço da gasolina talvez convença os americanos a levar vidas um pouco mais frugais, do ponto de vista energético.

PRECISAMENTE PORQUE A energia não é suficientemente taxada, a humanidade a consome com despreocupação, gastando cerca de 39 bilhões de toneladas de CO_2 em energia utilizada, 60% mais do que em 1980. Outra dinâmica, como o desflorestamento, acrescenta outros 20 bilhões de toneladas. Por causa disso, a concentração de CO_2 na atmosfera subiu mais do que 50% desde a aurora da Revolução Industrial. E as temperaturas globais subiram cerca de meio grau Celsius desde então.

Um bocado de calor ainda vem por aí. De acordo com o Painel Intergovernamental sobre Mudança Climática, grupo de cientistas que estuda o aquecimento no mundo, com as atuais tendências as emissões de gás de efeito estufa vão crescer entre 25 e 90% de 2000 a 2030. Desse jeito, o planeta aqueceria no mínimo 1,8ºC e talvez mais de 6,4ºC no curso do presente século.

Comparando, estamos apenas 5ºC mais quentes do que durante a última Era do Gelo.

Não é preciso muito aquecimento para provocar um desastre ambiental. Mesmo que as temperaturas subam menos do que 2ºC, o aquecimento perturbaria padrões de precipitação pluviométrica, provocando tanto inundações como secas na Índia, China e América do Sul. Partes da floresta amazônica poderiam se tornar uma savana. De 15 a 40% das espécies vegetais e animais correriam o risco de extinção.

Se permitirmos que as temperaturas subam ainda mais, os danos podem se tornar catastróficos. Com o derretimento do gelo da Groenlândia, a elevação do nível do mar poderia submergir os Países Baixos, as planícies aluviais de Bangladesh e cerca de um terço da Flórida e da Louisiana. Independentemente do valor que seja dado pessoalmente aos ecossistemas da natureza, isso seria um problema. Em 2050, espera-se que o mundo tenha 2,5 bilhões de pessoas a mais. Na atual tendência, essa população teria de utilizar 10% menos de água fresca.

Até recentemente, o clamor público contra o aquecimento global se expressou em termos de espécies perdidas e derretimento da calota polar. Mas há alguns anos uma equipe liderada por sir Nicholas Stern, antigo economista-chefe do Banco Mundial, mudou os termos do debate com um relatório do Tesouro britânico detalhando o custo da mudança climática em termos estritamente econômicos.

Se continuarmos jogando gás carbônico no ar no atual ritmo, concluiu Stern, os danos infligidos no planeta ainda neste século e no seguinte seriam assustadores, "numa escala similar à que é associada às grandes guerras e à depressão econômica da primeira metade do século XX".

O balanço do *The Stern Review on the Economics of Climate Change* (Relatório Stern sobre os efeitos das alterações climáticas na economia), publicado em 2006, estimou que o custo futuro de nossa insensatez resultaria numa perda de pelo menos 5% da produção econômica total do mundo e talvez mais de 20% "hoje e para sempre". Um quinto do PIB mundial significa cerca de 12 trilhões. Perder isso equivaleria a, digamos, perder quatro quintos da economia americana. Ou perder as economias inteiras da China, do Japão e da Índia.

A ÉTICA DO AMANHÃ

Será que não deveríamos estar mais preocupados?

Encontrei a primeira referência ao conceito de mudança climática no *New York Times* de setembro de 1955, numa matéria sobre um cérebro eletrônico capaz de buscar em um dicionário pela palavra correta. Em outubro de 1958, George H. T. Kimble, diretor do departamento de geografia da Universidade de Indiana, escreveu um artigo na *Times Magazine* intitulado "Why the Weird Weather" ("Por que o clima está esquisito"), em que mencionava o CO_2 e as manchas solares como potenciais vilões pelos estranhos padrões climáticos, que incluíam neve em maio em Portugal, uma onda de calor na Tchecoslováquia e o mês de março mais úmido da história da Flórida. Em 14 de fevereiro de 1979, o editor de ciências da *Times*, Walter Sullivan, estava escrevendo que "existe uma possibilidade real de que algumas pessoas hoje em sua infância viverão para ver um tempo em que o gelo no Polo Norte terá derretido".

Trinta anos depois, companhias de navegação, de mineração e de petróleo estão esfregando as mãos enquanto esperam que as barreiras de gelo sobre o Polo Norte derretam — revelando depósitos petrolíferos e minerais, além de novas rotas marítimas no topo do mundo. Contudo, a despeito do aquecimento cada vez maior, a população mundial e seus líderes têm se provado incapazes de concordar com um curso de ação decisivo para reduzir drasticamente as emissões de carbono. Em dezembro de 2009, os líderes mundiais deixaram a conferência sobre mudança climática em Copenhague quase da mesma maneira como entraram, sem nenhum acordo firme, para cortar as emissões de dióxido de carbono. O governo Obama foi incapaz de persuadir o Senado norte-americano a votar um comércio de emissões para limitar a quantidade de carbono despejada na atmosfera em 2010.

Atormentados pelos problemas econômicos, os americanos aparentemente perderam o interesse nos perigos do clima. No início de 2010, apenas 32% dos americanos afirmavam que o aquecimento global oferecia uma ameaça séria, 16% achavam que os danos não se materializariam em seu tempo de vida e 19% achavam que nunca aconteceriam.

A ideia de que devemos refrear nossas emissões de carbono conta com muitos inimigos naturais. Só a ExxonMobil despejou 306 milhões de toneladas de gases do efeito estufa em 2007. A American Electric Power Company emitiu mais de 150 milhões. Uma taxação de quarenta dólares por cada tonelada de CO_2 significaria quase metade da receita dessa companhia de energia e seis vezes seus lucros.

Mas a oposição é mais ampla do que isso. A maior parte dos republicanos se opõe à legislação para cortar as emissões de carbono, devido ao seu rabo preso com a indústria de energia. Mas o ceticismo deles quanto à mudança climática também tem uma justificativa geográfica. Os republicanos na House Energy and Commerce Committee (Comitê de Energia e Comércio dos Estados Unidos) no 110º Congresso representavam distritos com emissões per capita de carbono que eram 21% mais elevadas, em média, do que as dos distritos representados pelo comitê democrata. Cinquenta e nove por cento das emissões de carbono de Oklahoma oriundas da geração de eletricidade vêm de usinas a carvão. De modo que não surpreende que o senador James Inhofe, um republicano de Oklahoma, tenha chamado o aquecimento global de "a maior impostura jamais perpetrada contra o povo americano".

Os pobres tampouco se mostram muito entusiasmados com a perspectiva de um imposto sobre a energia. Os americanos entre a décima parte mais alta da distribuição de renda emitem 2,5 vezes mais carbono que as pessoas embaixo. Mas as famílias na décima parte mais inferior da pirâmide da renda gastam mais de um quarto do que ganham com energia — comparado com apenas 3,6% dos que estão no topo.

A OPOSIÇÃO AOS esforços para evitar a mudança climática pode ser encontrada em moldes similares no mundo todo. Países pobres nos trópicos são os que mais sofrem com o aquecimento. No Brasil, o agronegócio responde por um quarto da economia. A agricultura responde por 21% do PIB da Índia, cerca de 17 vezes sua participação na economia norte-americana. Em 2080, acredita-se que o aquecimento global reduzirá a produtividade agrícola em todo o mundo desenvolvido em algo entre 15 a 26%. Por outro lado, fazendeiros trabalhando nas vinhas do vale de Mosel, na Alemanha, talvez recebam a mudança climática de braços abertos: um aumento de 1ºC na temperatura poderia aumentar sua receita anual em 30%, ao impulsionar o amadurecimento de suas uvas. Um aumento de 3ºC mais do que dobraria o valor da terra na região.

O calor também altera a atividade industrial e até a estabilidade política nos países mais pobres. Estudando a relação entre flutuações de temperatura e desempenho econômico desde 1950, os pesquisadores descobriram que um aumento de 1ºC na temperatura reduzia o crescimento econômico nos países pobres em 1,1 ponto percentual, mas não tinha qualquer efeito discernível sobre as nações mais ricas. Mas ainda que as nações em desenvolvimento tenham mais a ganhar com a diminuição do aquecimento do planeta, são as mais relutantes em aceitar quaisquer novos custos para efetuar mudanças. Elas aspiram às mesmas estratégias de crescimento intensivo do setor energético que o mundo desenvolvido usou para enriquecer e têm se valido de uma estratégia ambiental que consiste em lembrar aos países industrializados que a mudança climática até o momento é culpa deles, e que eles têm a obrigação moral de cuidar do problema.

Os países ricos enfrentam o outro lado dessa moeda. Perto do fim do século, mais de 85% da população mundial estará vivendo no mundo em desenvolvimento. Quando veem o tamanho da conta para evitar a mudança climática, os eleitores nos países ricos encaram isso como um plano para salvar pessoas nascidas num futuro distante e do outro lado do mundo. As nações desenvolvidas não são capazes sequer de se mobilizar para auxiliar as pessoas dos países pobres da atualidade. Apesar dos compromissos para elevar seus orçamentos de ajuda no exterior a pelo menos 0,7% de seu PIB, apenas Luxemburgo, Países Baixos, Noruega, Suécia e Dinamarca atingiram a meta. Os Estados Unidos e o Japão, as duas maiores economias mundiais, fornecem 0,2 e 0,18% de seus PIBs em ajuda para o desenvolvimento. A Alemanha contribui com 0,35%. Quais as chances de que venham a concordar em fornecer muito mais ajuda para estrangeiros pobres que ainda nem nasceram e não vão nascer tão cedo assim?

Enquanto o Congresso norte-americano debatia interminavelmente uma legislação para conter as emissões de carbono no verão de 2009, o deputado Joe Barton, principal líder republicano no House Energy Committee, argumentava: "Minha preocupação é que estejamos dando à China uma passagem para o país se tornar o maior clandestino do mundo, usufruindo de todos os benefícios que os países desenvolvidos usufruem sem ter de partilhar nem um pouco do fardo, e desafiando o predomínio econômico americano de um jeito que não foi feito por ninguém desde antes da Segunda Guerra Mundial."

COM TODOS OS interesses conflitantes, creio que o principal motivo para nossa abordagem arrogante da mudança climática é nossa incapacidade de conceber o sofrimento no futuro. A redução das emissões de carbono exige que hoje façamos duras escolhas. Os custos projetados da mudança climática, por outro lado, são na maior parte baseados em um futuro distante. A ausência de uma ameaça iminente tem levado as pessoas a agir como se o aquecimento fosse um problema alheio.

Porém não é inteiramente absurdo que as pessoas resistam à proposição de que combater a mudança climática deve ser nossa prioridade número um. É difícil estimar os danos ambientais, sociais e econômicos do aquecimento. E cortar as emissões de carbono poderia ser custoso, retardando o crescimento econômico e sugando dinheiro de coisas como o ensino e o investimento em fábricas. Como saber se essa é a melhor forma de lidar com o problema? Ajudar os países pobres a se industrializar e reduzir a dependência da agricultura talvez constitua para seus cidadãos um futuro melhor do que tentar prevenir futuros cataclismos climáticos que poderiam devastar suas colheitas.

O cálculo exigido de nossa geração não diz respeito ao valor do verde comparado a possuir mais coisas. Ele opõe nossas necessidades de bens, serviços e um ambiente funcional contra o valor que damos às necessidades de outras pessoas daqui a cem anos.

Na década de 1970, o economista ambiental Talbot Page usava um truque literário para nos alertar sobre o dilema ético suscitado pelo abuso do meio ambiente. Ele sugeria que nos puséssemos na pele de um homem jovem crescendo em um mundo prestes a chegar ao fim devido aos apetites imoderados das gerações precedentes. "Você poderia talvez invocar os espíritos da primeira geração, perguntando com que direito tomaram sua decisão", aconselhava. "Dificilmente seria satisfatório ouvir a resposta de que 'Fizemos uma votação entre todos os presentes e decidimos seguir as prioridades de nossa própria época'."

As prioridades de nossa época não são muito boas para o futuro. Em um influente estudo na década de 1990, norte-americanos responderam como atribuíam valor às pessoas do futuro, em comparação com os que viviam atualmente. Quase quatro em cada dez disseram que prefeririam investir em um programa que poupasse uma centena de vidas da poluição no presente a um plano alternativo que poupasse 4 mil vidas 25 anos mais à frente. Quase metade achava que poupar uma pessoa no presente valia mais do que poupar setenta daqui a cem anos. Outros estudos concluíram que nossa preferência pelo presente não é assim tão rigorosa. Em um levantamento mais recente, apenas 28% dos pesquisados disseram que uma morte daqui a cem anos não era tão ruim quanto uma morte no ano seguinte. Mesmo assim, está claro que as pessoas sentem maior afinidade com seus contemporâneos do que com as pessoas do futuro, que estão mais para abstrações.

Agimos segundo essas crenças todo dia, ignorando as necessidades de nossos descendentes. Os mais velhos, que votam em grande número, regularmente conseguem um negócio melhor com o sistema político do que os jovens, que não votam. Os gastos do governo pendem pesadamente em favor dos mais velhos. Gastos sociais com os mais velhos somaram 19.700 per capita em 2000, segundo um estudo; crianças ficaram com 6.380. E os que não esperam viver muito mais para ver o futuro se importam menos com o que o aquecimento global vai provocar.

Apenas um quarto dos americanos acima dos 65 anos acredita que o aquecimento global é um problema muito grave, segundo pesquisa do Pew Research Center. Entre os que têm de 18 a 29 anos, quase a metade o julga gravíssimo. Uma pesquisa feita na Europa também revelou que apenas um terço dos que têm mais de 65 anos estavam preocupados, comparado a 40% dos que vão de 25 a 44, o período em que mais se têm filhos. Mais de um quinto dos jovens estava disposto a pagar um imposto de combustível a fim de refrear as emissões de carbono, enquanto apenas um décimo dos mais velhos se dispunha a fazê-lo.

ISSO NÃO É meramente um conflito opondo altruísmo contra amor-próprio. Mesmo se projetássemos nossas escolhas para servir melhor aos outros, ainda assim enfrentaríamos um dilema ético. Partha Dasgupta, um bangladeshiano professor de economia da Universidade de Cambridge, concebeu sua própria história moral para ilustrar o dilema democrático imposto pela mudança climática. Suponhamos, sugeriu ele, que um eleitor estivesse genuinamente preocupado com as implicações de longo prazo da mudança climática, devido às crescentes emissões de carbono. Ele não é egoísta — ele sabe que as emissões de carbono têm custos sociais enormes. Compreende que não pode se apoiar em seu interesse particular para assumir uma posição nessa questão. Deve levar em consideração o efeito de suas escolhas sobre os outros. Mas como levar em consideração o futuro alheio?

Para aqueles profundamente envolvidos com o movimento ambiental, a resposta a essa dúvida é óbvia. Eles expressam seus argumentos para salvar o meio ambiente em termos que apelam ao apreço pelas focas bebês que acreditam existir dentro de cada um de nós. O meio ambiente, sugerem, é tão inerentemente valioso quanto a humanidade. A natureza não está aí para ser conservada com base em uma estimativa de seu valor instrumental para a humanidade. Devemos zelar por seu valor intrínseco, porque ela é a única natureza que existe. Se matarmos o último urso, não haverá mais ursos. A Earth First! (Terra primeiro!) põe nesses termos: "Nenhuma Concessão em Defesa da Mãe Terra." Mas é difícil pensar desse modo quando o debate gira em torno da alocação de recursos entre empenhos virtuosos rivais.

Talvez devamos nos adequar a uma regra que diga que temos de deixar a Terra exatamente como a recebemos, de modo que a próxima leva possa apreciar suas riquezas assim como nós. Nenhuma geração, é claro, se comportou desse modo. Começando pelo primeiro sapiens que perambulou pelas planícies africanas, os humanos alteraram continuamente seu ambiente físico. Por essa regra, se apresentássemos a opção de gastar 1 bilhão de dólares para salvar o meio ambiente ou para desenvolver uma vacina que beneficiaria todas as futuras gerações, teríamos de escolher a primeira.

Se, ao contrário, ajustamos a ordem e exigimos herdar no mínimo tanto "capital social" quanto recebemos — misturando ativos ambientais com outras coisas boas como hospitais, estradas e pessoas instruídas —, estamos de volta à estaca zero. Como medir o valor da estrada em função dos danos causados pela poluição dos carros e caminhões que a percorrem? Algumas coisas, como a extinção do pássaro dodô, são muito difíceis de se avaliar.

Pode acontecer de sermos levados a proteger o futuro por puro altruísmo. Mas se esse é o caso, será que o anseio de ajudar pessoas ainda por nascer daqui a duzentos anos terá precedência sobre as inclinações filantrópicas que sentimos de ajudar os desafortunados da presente geração? Há inúmeras prioridades dentre as quais escolher, incluindo 33 milhões de pessoas convivendo com o HIV. Na África subsaariana, nove mães morrem para cada mil nascimentos e 157 de cada mil crianças morrem antes de chegar aos 5 anos. Na Ásia meridional, 46% das crianças com menos de 5 anos estão abaixo do peso e quase um terço da população trabalhando ganha menos do que um dólar por dia.

John Rawls, talvez o mais influente filósofo político e moral americano desde a Segunda Guerra Mundial, afirmava que as sociedades deveriam lutar para maximizar o bem-estar dos menos afortunados que nela existem. Nunca ouvi falar de nenhuma sociedade que tenha atingido essa meta. Mas a maioria dos governos democráticos atuais redistribui a renda de algum modo, por meio de impostos e programas de gastos, dos ricos para os pobres.

As recomendações para combater a mudança climática no *Stern Review* alinham-se desconfortavelmente com esse princípio de justiça social. Se a renda per capita crescesse 1% ao ano durante os próximos dois séculos, menos da metade do ritmo de crescimento do século anterior, as pessoas no ano 2200 seriam 6,3% mais ricas do que são hoje. Por que deveriam os pobres do presente economizar e guardar a fim de proteger o meio ambiente para seus descendentes mais ricos, que poderiam bancar mais investimentos ambientais do que nós?

O PREÇO DO FUTURO

Mesmo se decidíssemos que deveríamos investir os presentes recursos para salvar as pessoas futuras dos perigos de um planeta mais quente, outra questão crucial permanece: quanto?

A conta poderia ser razoavelmente alta. O *Stern Review*, publicado em 2006, pôs a etiqueta de preço no esforço mundial de combater a mudança climática em cerca de 1% de toda a produção econômica global. Isso equivale a cerca de 600 bilhões de dólares por ano.

Com esse investimento, sugeriu Stern, poderíamos estabilizar a concentração de gases do efeito estufa na atmosfera em algum ponto no extremo superior da escala de 450 e 550 partes por milhão, em comparação com as 430 ppm atuais, conservando energia e passando a combustíveis não fósseis mais caros.

Ele disse que isso deve impedir as temperaturas globais de subir mais do que 2,5ºC. Isso não impediria todos os danos ambientais, é claro. Stern estimou que a liberação de 550 ppm de gases do efeito estufa na atmosfera causaria perdas próximas de 1,1% do Produto Econômico Bruto mundial. Isso equivale a perder a Indonésia ou a Turquia.

E existe uma chance razoável de que a conta para evitar o aquecimento catastrófico seja ainda maior. Países vulneráveis como as Maldivas, um pequeno arquipélago de ilhas que se erguem pouquíssimos metros acima do nível do mar, sugerem até mesmo um teto mais baixo para as concentrações de carbono na atmosfera. Alguns anos depois de seu relatório inicial, Stern sugeriu que as concentrações de gases do efeito estufa deveriam idealmente ser mantidas em 500 ppm, um esforço que custaria 2% do Produto Interno Bruto mundial.

Isso é muito dinheiro. A conclusão de Stern de que o investimento vale a pena baseia-se numa proposição que é óbvia ou radicalmente controversa sobre o valor da vida humana. Stern presume que o bem-estar de uma pessoa distante centenas de anos adiante vale o mesmo que o bem-estar de uma pessoa viva hoje. Nem todo mundo concorda.

Stern admite dois modestos ajustes para essa igualdade. Ele reconhece que o valor do dinheiro para as pessoas é inversamente proporcional a quanto dinheiro elas têm. Um dólar extra vale menos para um banqueiro nova-iorquino do que para um lavrador pobre de Michoacán. Além do mais, existe uma minúscula chance de que um meteorito cause uma explosão devastadora na Terra em algum momento no futuro e mate todo mundo. Nesse caso, o bem-estar dos seres humanos além desse ponto no tempo cairia para zero. Não teríamos nenhuma justificativa para gastar o que quer que fosse para aumentar o bem-estar porque nesse caso a humanidade estaria extinta. Esses ajustes à parte, o conceito fundamental do igual valor do bem-estar humano ao longo do tempo leva Stern a uma regra prática direta: devotar certa parcela dos rendimentos da presente geração para evitar o aquecimento global é justificado se isso produzir um benefício que resulte no mínimo na mesma parcela do rendimento dessa futura geração, independentemente de quantas centenas de anos ela esteja adiante.

Essa abordagem soa razoável quando tomada por seu valor nominal. Mas apresenta um problema: ela dá muito pouco valor às pessoas do presente tornando o futuro extremamente caro. Isso porque não existe apenas uma futura geração a ser salva à custa da presente geração, mas várias. Digamos que fosse justificado proteger as pessoas no futuro dos danos do aquecimento contanto que os benefícios, como uma parcela de seus futuros rendimentos, fosse maior do que nossos investimentos, como uma parcela de nossos atuais rendimentos. A conta por salvar um grande número de futuras gerações justificaria uma despesa absurda hoje.

Esse tipo de contabilidade permite ao *Stern Review* estimar que os custos futuros da mudança climática são o equivalente a um quinto da renda mundial "agora e sempre". Ele chega a esse valor somando custos muito pequenos no futuro próximo com despesas cada vez maiores nos séculos distantes.

SE APLICÁSSEMOS AS técnicas econômicas mais comuns para atribuir um valor ao futuro, não aceitaríamos essa conclusão. Fora o debate sobre a mudança climática, o dinheiro hoje vale mais do que uma mesma quantia amanhã. Mas isso não tem a ver com a inflação: um empresário fará um investimento apenas se isso lhe trouxer um retorno maior do que pôr o dinheiro no banco para receber juros.

O retorno dos investimentos corporativos nos Estados Unidos, sem impostos, tem ficado na média de 6,6% ao ano durante as últimas quatro décadas. As agências do governo são orientadas a usar uma "taxa de desconto" de 7% para comparar o benefício futuro esperado de alguns programas com o custo direto deles. Essa opção parte do pressuposto de que, excluindo os efeitos da inflação, um dólar hoje — se aplicado produtivamente — valerá 1,07 no ano que vem, 1,145 no ano seguinte a esse e 752.932 dólares daqui a dois séculos. Isso significa que para poupar prejuízos de 752.932 dólares daqui a duzentos anos, não devemos gastar mais do que um dólar hoje.

É possível transpor essa argumentação para as questões ambientais. Uma floresta em que cem árvores produzirão sete novas árvores no ano seguinte tem uma taxa de desconto de 7%. Poupar cem árvores dos lenhadores neste ano tem o mesmo valor de poupar 107 árvores no próximo ano.

Pensando nesses termos, a abordagem de Stern consiste em usar uma taxa de desconto extremamente baixa. A ideia de que evitar o equivalente a um dólar de prejuízo no futuro equivale a gastar um dólar hoje consistiria em escolher uma taxa de desconto zero. Stern escolhe uma ligeiramente maior, apenas uma ninharia acima da taxa em que a renda das pessoas está em crescimento.

William Nordhaus, da Universidade de Yale, um dos mais proeminentes economistas americanos trabalhando com modelos de mudança climática, discorda radicalmente de Stern. Como este, ele defende que devemos reduzir as emissões de gases do efeito estufa para tentar obter algum controle da mudança climática. Mas ele fixa um limite muito mais elevado em como devemos estar dispostos a investir na empreitada. Ele observa que a expectativa é de que mais da metade dos danos previstos pelo *Stern Review* ocorra após o ano 2800. Por que, pergunta ele, devemos sacrificar uma parcela substancial de nosso atual bem-estar para evitar custos que estão tão distantes no futuro?

Nordhaus argumenta que, ao estimar futuros danos, devemos usar uma taxa que reflita a produtividade de investimentos a longo prazo. Ele argumenta que seria uma estupidez usar dinheiro da atualidade para empreender um investimento a fim de lidar com o aquecimento se isso resultasse em um retorno mais baixo. Isso porque poderíamos alcançar um lucro mais elevado investindo em alguma outra coisa. Poderíamos usar os retornos de nosso investimento para lidar com o aquecimento global no futuro e ainda assim teríamos dinheiro sobrando. "A taxa de desconto é alta para refletir o fato de que os investimentos em reduzir prejuízos climáticos futuros com milho, árvores e outras áreas deve competir com investimentos em sementes melhores, aperfeiçoamento da rotação de culturas e muitos outros investimentos altamente produtivos", escreve Nordhaus em seu livro *A Question of Balance* (Uma questão de equilíbrio), sobre as opções de se combater a mudança climática.

As futuras gerações também vão tirar vantagem da fecundidade desses investimentos. Milhões de agricultores pobres das vastas planícies aluviais de Bangladesh sem dúvida acolheriam de bom grado investimentos para impedir o nível do mar de se elevar e engolir suas colheitas. Mas os bangladeshianos do futuro, como os do presente, talvez extraíssem maior proveito se o dinheiro fosse destinado, em vez disso, ao desenvolvimento de sua economia, de modo que obtivessem, um pouco mais acima na colina, trabalhos melhores do que a agricultura.

Usar a taxa de desconto de Nordhaus, que ele estima em 4% ao ano, leva a uma visão radicalmente diferente da de Stern sobre os méritos das intervenções dispendiosas para salvar o futuro da Terra. Digamos que precisemos decidir quanto gastar para evitar um choque climático que geraria danos da ordem de 13,8% do Produto Interno Bruto mundial no ano de 2200 — que acontece de ser a estimativa para esse ano no cenário ruim do *Stern Review*. Se o crescimento econômico ao longo dos próximos 190 anos reproduz o salto de 75 vezes dos últimos 190 anos, os danos chegariam a cerca de 640 trilhões de dólares em moeda atual. Usando uma taxa de desconto de apenas um pouco mais do que 1%, como sugere Stern, seria justificado gastar quase 80 trilhões de dólares para salvar 190 anos mais adiante no futuro. Mas a uma taxa de desconto de 4%, como utiliza Nordhaus, só faria sentido investir nesse esforço se pudéssemos fazê-lo por cerca de 385 bilhões de dólares. Se não pudéssemos fazê-lo com essa quantia, estaríamos empregando melhor o dinheiro em algum outro objetivo mais produtivo.

DIVIDIDO ENTRE DOIS PREÇOS

Se está dando ouvidos aos economistas, o eleitor hipotético de Dasgupta a essa altura provavelmente ficou desnorteado. O presidente Harry Truman certa vez afirmou que gostaria de achar um economista de um braço só, para contornar a tendência da profissão a dizer *"on the other hand"* (literalmente, "na outra mão", isto é, "por outro lado"). Nordhaus e Stern se encaixam nessa preferência — oferecendo cada um uma opção clara. Mas os dois juntos constituem duas mãos. A análise de Stern pede um grande investimento imediato para combater a mudança climática. Ele sugere que comecemos estabelecendo um preço de cerca de 75 dólares por tonelada em emissões de dióxido de carbono — 68 centavos por galão de gasolina. Ele espera que as pessoas e empresas corram para conservar energia, desenvolvam tecnologias energéticas eficazes e passem a combustíveis não fósseis alternativos. À medida que essas tecnologias ficam mais baratas, a taxação nas emissões poderia cair para cerca de 25 dólares por tonelada de CO_2 no ano de 2050.

Usando um quadro similar de fatos climáticos, Nordhaus nos aconselha a abordar o problema mais gradualmente. Ele propõe que a taxação sobre o CO_2 hoje deva começar em torno de dez dólares por tonelada e vá subindo à medida que aumentar o impacto das concentrações de carbono na atmosfera, até mais ou menos 200 dólares no fim deste século. Para o americano médio, que consome 20 toneladas de CO_2 anualmente, a conta começaria em cerca de 200 dólares anuais.

Nordhaus seria mais tolerante à mudança climática do que Stern. Ele permitiria que 17 trilhões em danos relacionados ao clima acontecessem simplesmente porque estima que precisaríamos gastar mais do que isso para eliminá-los. Em 2100, as temperaturas estariam cerca de 2,6°C mais altas do que no período pré-industrial. Mas embora venhamos a sofrer mais prejuízos, obteríamos uma melhor relação custo-benefício para nossos investimentos: evitar 5 trilhões de dólares em danos a um custo de 2 trilhões de dólares. Na análise de Nordhaus, que não contempla o rápido progresso tecnológico pressuposto por Stern, o custo da estratégia de Stern para refrear o aquecimento em 1,5°C incharia para quase 30 trilhões de dólares em valores atuais, evitando apenas

12,5 trilhões em danos para a Terra. E ainda ficaríamos com o equivalente a 9 trilhões de dólares de danos relativos ao clima.

O European Climate Exchange, um mercado para empresas comprarem e venderem autorizações para emitir CO_2, que foi lançado em 2005 como parte dos esforços da Europa para reduzir as emissões de carbono, sugere que os investidores acreditam que os responsáveis pelas políticas no mundo estão mais perto de adotar as opiniões de Nordhaus do que as de Stern. No verão de 2010, o futuro contrato para dezembro fixou o preço de uma tonelada de CO_2 em cerca de 15 euros — mais ou menos 18,75 dólares.

Nosso eleitor deveria instruir seu representante no Congresso a fazer o quê? Dasgupta não sabe muito bem. E ele é bem versado na economia da mudança climática. Talvez, ele sugere, considerações de custo-benefício devam ser evitadas em favor do que é conhecido como princípio precautório, que apoia gastos em larga escala para refrear as emissões de carbono com base no fato de que existe uma chance, por mais incerta que seja, de ocorrer uma catástrofe em estilo Armagedon, caso não o façamos.

Ele sustenta que talvez seja politicamente exequível pensarmos em mobilizar recursos para salvar futuras gerações. Se os eleitores em países ricos vissem a si mesmos como diretamente responsáveis pelo sofrimento das futuras gerações, poderíamos superar nossa hostilidade em relação à ajuda externa, que deriva de nossa crença de que a pobreza do mundo em desenvolvimento é, até certo ponto, culpa do mundo desenvolvido.

Nosso eleitor poderia almejar o terreno ético elevado ajustando os parâmetros — talvez aparando os quatro pontos percentuais de Nordhaus em um ou dois pontos. Afinal de contas, mesmo que provavelmente esteja correto descontar o valor do dinheiro, bens ambientais tendem a se tornar mais valiosos à medida que se tornam mais escassos. Assim a taxa de desconto monetário deve ser ajustada para levar em consideração o valor crescente dos "bens" ambientais. Salvar aquela floresta com 107 árvores no ano que vem valerá mais do que salvar a floresta de cem árvores hoje porque, embora tenhamos mais dinheiro no próximo ano, haverá menos florestas por aí. Assim cada árvore sobrevivente será mais valiosa para nós.

Talvez nosso eleitor hipotético deva apenas seguir seus instintos. Em última instância, defende Dasgupta, "é nossa 'reação intuitiva' sobre as coisas horríveis que podem ocorrer se a temperatura média global subir mais 5°C que vai nos deixar muito assustados". E não existem parâmetros para dizer precisamente como fixar um preço para esse medo.

A SALVAÇÃO A PREÇO DE BANANA

Ou talvez ele pudesse cruzar os dedos e torcer para que inventássemos alguma tecnologia inteligente a fim de que parássemos de bater de frente com os limites do planeta. Alguns cientistas brincam com a ideia de que a geoengenharia possa talvez salvar o dia em relação à mudança climática: pondo espelhos em órbita para refletir parte da energia solar para longe da Terra, ou bombeando dióxido de enxofre para a estratosfera. Isso reproduziria os efeitos da erupção de 1991 no monte Pinatubo, nas Filipinas — que expeliu tanta coisa no ar que bloqueou a luz do sol e reduziu as temperaturas na superfície terrestre em 1ºC pelos dois anos seguintes.

Infelizmente, alguns estudos sugerem que essa estratégia poderia causar uma seca catastrófica em partes do planeta. Mesmo assim, apresenta a vantagem de que, se funcionasse, funcionaria rápido. Além do mais, é barato: alguns bilhões, no máximo. Essa abordagem consertaria o que já fizemos, pelo menos desde a época de Malthus. Toda vez que nos defrontamos com limitações físicas, empregamos tecnologia para espremer ainda mais coisas dos recursos finitos do planeta.

Há apenas quarenta anos, quando a preocupação com o crescimento populacional e com a degradação do meio ambiente caminhava para se constituir em um movimento ambiental, o economista Julian Simon decidiu duvidar da preocupação geral com o estado do planeta e desafiou para uma aposta o ecologista de Stanford Paul R. Ehrlich, um notório profeta da destruição.

Ehrlich construíra sua reputação retomando as expectativas malthusianas sobre o colapso ambiental iminente. "Na década de 1970, o mundo vai passar fome — centenas de milhões de pessoas vão morrer de inanição", escreveu ele em *The Population Bomb* (A bomba populacional), de 1968. Em *The End of Affluence* (O fim da afluência), publicado em 1974, ele previu "uma genuína era de escassez" em 1985. Simon não concordou com nada disso. Em 1980, desafiou Ehrlich a escolher qualquer recurso natural que quisesse — carvão, cobre, milho, qualquer coisa. Se esses produtos fossem se tornar escassos com o aumento da população, seu preço subiria naturalmente. Simon apostou que o preço de qualquer coisa escolhida por Ehrlich, na verdade, cairia ao longo da década seguinte.

Ehrlich apostou mil dólares numa "cesta" de cinco metais — cromo, cobre, níquel, estanho e tungstênio. E fez pouco caso, dizendo que explicar a um economista a inevitabilidade de preços de produtos subirem era como "tentar explicar o racionamento da gasolina para um *cranberry*". Mas Simon ganhou. A população mundial aumentou em 800 milhões durante a década. Mas as companhias telefônicas trocaram o fio de cobre pela fibra óptica. O estanho das latas deu lugar ao alumínio. E o preço de cada um dos metais escolhidos por Ehrlich caiu, descontada a inflação. O estanho e o tungstênio desabaram em 71%.

Ehrlich mandou para Simon seus ganhos: um cheque de 576,07 dólares — quantia equivalente à proporção do que caiu na cesta dos metais. Desde então, a aposta se constituiu numa anedota vitoriosa da escola de pensamento de que podemos lidar com o aquecimento global sem enormes sacrifícios. Os oponentes dos esforços em reduzir as emissões de carbono na atmosfera usam a aposta de Simon como uma arma. Após sua morte, em 1998, o Competitive Enterprise Institute, em Washington, que usa grande parte de seu tempo e recursos para negar a mudança climática, criou o Julian L. Simon Memorial Award para premiar seus colegas igualmente céticos.

PARECE ARRISCADO CONFIAR em nossa engenhosidade a essa altura. Por todo o planeta, são visíveis os sinais de estresse para sustentar 7 bilhões de seres humanos.

Foi há pouco mais de dois anos, na primavera/verão de 2008, pouco antes de os bancos do mundo rico começarem a falir com a crise hipotecária, que o preço do milho, trigo e soja subiu numa escala sem precedentes na Chicago Mercantile Exchange (Bolsa Mercantil de Chicago). Houve tumultos por comida no Egito e em Bangladesh. Na comunidade miserável de Cité Soleil, no Haiti, biscoitos de lama — uma mistura de terra, sal e margarina — tornaram-se o alimento básico conforme o preço do arroz subia a um valor inacessível para a maioria dos haitianos. Os preços do ferro e do aço também dispararam. No dia 3 de julho, o petróleo cru Brent, do Mar do Norte, foi às alturas em 143,95 dólares o barril — 94% mais caro do que 12 meses antes.

Fomos momentaneamente salvos dessa catástrofe por uma recessão global que não víamos desde a década de 1930. Mas assim que o mundo começou a crescer novamente, voltamos a bater nas mesmas limitações. Os preços do petróleo, que despencaram para 33,73 dólares o barril após o Natal de 2008, voltavam a subir para 80 dólares em abril de 2010. Em agosto, o índice de preços dos alimentos da Food and Agriculture Organization (Organização das Nações Unidas para a Alimentação e a Agricultura) elevou-se para seu nível mais alto desde setembro de 2008, com o medo de uma escassez mundial.

Até Martin Wolf, o normalmente sereno colunista de economia do *Financial Times*, escreveu que os limites do crescimento econômico poderiam derrubar a civilização. Um mundo que ao longo dos últimos duzentos anos crescera tirando proveito de muitos de seus problemas podia facilmente retroceder para uma realidade de soma zero em que o ganho de um grupo resultaria na perda para outro, em que a única chance de progredir seria roubar, reprimir e saquear. A democracia e a paz funcionam em um mundo de oportunidades crescentes onde as pessoas podem investir e negociar seu caminho para a prosperidade. Se existem limites para o crescimento, advertiu Wolf, "o fundamento político de nossa sociedade se desfaz".

E se existe alguma dúvida de que os recursos no futuro serão mais caros do que foram no passado, não é necessário ir além da cesta de Ehrlich. Entre 1990 e 2008, a cesta praticamente dobrou de preço, computada a inflação. O preço do tungstênio subiu 150%. O preço do cromo aumentou 138%. Simon deu sorte com a década que escolheu. Mas seria uma insensatez de nossa parte acreditar que nossa sorte duraria para sempre.

EPÍLOGO

Quando os preços falham

EXISTE UM SITE chamado Zillow que fornece uma estimativa de preço para qualquer casa no país. Seu algoritmo, baseado no histórico de negócios, nos preços das casas vendidas nas proximidades e em outros dados públicos, é razoavelmente eficiente. Em Nova York e Los Angeles, as estimativas do site apresentam uma média de erro de mais ou menos 12%.

Eu costumava visitar o Zillow para dar uma espiada no condomínio em Los Angeles onde morei com minha esposa antes de nos mudarmos para Nova York, em 2004. É uma linda casa a dez minutos de caminhada da praia, com um deque repleto de cactos na fresca cobertura dando vista para o oceano. Mas não é da casa que eu sentia saudade. Eu me lembrava com carinho do negócio, possivelmente o melhor que já fiz na vida. Compramos o imóvel por 369 mil dólares e o vendemos por 575 mil, menos de três anos depois. Isso significa um retorno de 206 mil dólares, após uma entrada de apenas 70 mil dólares. Como alguém que olha a foto envelhecida de um ente querido, ver o preço de minha antiga casa me deixava mais próximo dessa maré de sorte única. E me deixava com uma sensação não muito louvável de que eu poderia ter lucrado mais com o negócio.

Entretanto, ruminações financeiras dessa ordem podem ser traiçoeiras. Tive uma pontada de inveja quando o imóvel saltou para 800 mil dólares um ano depois que o vendi. Então o preço caiu, ufa!, oscilou, disparou outra vez, passando de 900 mil, desabou de repente, bateu e voltou, encerrando 2009 em torno dos 700 mil dólares. Essa experiência de montanha-russa me ensinou uma coisa: é difícil dizer quanto vale uma casa. A gangorra de preços de minha antiga casa de condomínio em Los Angeles me ofereceu uma grande lição: preços podem falhar. Eles podem se equivocar redondamente, na verdade — orientando nossas decisões em direções pouco proveitosas.

Essas decisões podem custar caro. Preços de residências disparados convenceram muita gente a gastar todo o seu dinheiro em casas que jamais conseguiriam vender com lucro. Bilhões de dólares entraram no mercado imobiliário de Los Angeles diariamente. O destino de milhões de pessoas dependia do preço de suas moradias. Mas sem dúvida ninguém fazia a menor ideia de quanto de fato valiam as casas em Los Angeles. E o mesmo se deu no país todo, conforme os preços dos imóveis entraram numa roda-viva febril e levaram nossa prosperidade junto.

O desastre financeiro desencadeado pelo colapso imobiliário levou ao mais agudo retraimento econômico dos Estados Unidos desde a década de 1930 — empurrando o desemprego para mais de 10% pela primeira vez em mais de um quarto de século. Ricocheteando pelo mundo, a crise custou 3,3 trilhões de dólares à economia mundial em 2009. Quem imaginaria que o preço de casas poderia carregar um poder tão destrutivo?

OS PREÇOS, NA maior parte das vezes, prestam um serviço bastante decente em organizar o mundo. Tanto moldando o comportamento humano como sendo moldado por ele, os preços refinam o conhecimento, as crenças e as preferências das pessoas quanto às escolhas que se põem diante delas. Há um quarto de século, um economista da UCLA publicou um estudo intitulado "Orange Juice and Weather" ("Suco de laranja e clima"), que mostrava como o mercado futuro do suco de laranja concentrado era mais eficaz na previsão do tempo na Flórida do que o National Weather Service. Os preços do suco incorporavam o que os investidores sabiam sobre as perspectivas da colheita de laranja. Se possuíam dados confiáveis de que o clima seria favorável, eles apostavam em preços baixos. Se em vez disso parecia que um período de frio estava prestes a dar o ar de sua graça, eles apostavam que os preços do suco concentrado iriam subir. Refinados por uma ampla gama de decisões dos investidores, os preços amalgamavam o conhecimento coletivo do mundo sobre o clima na Flórida.

Os preços fornecem os sinais mais importantes de uma economia, orientando as decisões humanas sobre onde investir seus recursos para obter o melhor retorno possível. Pessoas que vão às compras procurando o preço mais vantajoso de uma tevê de plasma estão nos fazendo um favor. Elas obtêm um aparelho melhor, poupam mais dinheiro para adquirir outros bens e melhoram as perspectivas de sucesso da empresa que faz bons produtos por menos, auxiliando na eficiência da economia. Empresas de tecnologia bem-sucedidas que lucram com o serviço de trabalhadores altamente qualificados oferecerão salários maiores — um preço maior — para atrair candidatos mais qualificados. Os trabalhadores continuarão a elevar suas qualificações contanto que o retorno financeiro — medido em salários melhores — faça valer a pena o investimento em tempo, dinheiro e esforço.

Esse ciclo virtuoso, contudo, depende de os preços relativos estarem certos. Eles devem realizar um bom trabalho estimando os custos e benefícios relativos de diferentes tipos de tevê. Quando os preços estão errados, essas decisões são distorcidas, em geral com efeito devastador. Isso, infelizmente, acontece com uma frequência deprimente. Entre 2000 e 2006, a moradia sugou uma parcela sem precedentes dos recursos nos Estados Unidos, já que os americanos correram para comprar uma casa na crença de que os preços das casas subiriam para sempre. A injeção de dinheiro impulsionou os preços em cerca de 70%, em média. Os compradores correram para comprar mais. Então a bolha estourou. Os preços dos imóveis caíram quase um terço desde o pico na primavera de 2006 até chegar ao ponto mais baixo no início de 2009.

A enorme bolha que alçou os preços das casas para o céu antes de derrubá-los outra vez não fez grande coisa pelo sonho da casa própria. A parcela de americanos que eram donos de seu próprio imóvel aumentou em 1,5 ponto percentual entre 2000 e 2004, chegando a um pico de 69,4%. No fim de 2009 isso voltara a cair para 67,3%, onde estava na primavera de 2000, antes que a festa começasse. A queda, contudo, foi devastadora. Por alguns apavorantes meses, a economia mundial caminhou perigosamente perto do desastre. As instituições mais sacrossantas do capitalismo norte-americano foram humilhadas. Os preços das ações do Citigroup e do Bank of America caíram mais de 90% em relação ao pico. A General Motors, cujo executivo-chefe afirmara mais de meio século antes que "o que era bom para o país era bom para a General Motors e vice-versa", desabou nos braços do governo — incapaz de conseguir empréstimos ou vender carros.

E isso não foi um drama exclusivamente americano. Entre 2000 e 2007, os preços das casas subiram cerca de 90% na Inglaterra e na Espanha. Perto do fim de 2009, os preços das casas inglesas caíram cerca de 16% em relação ao pico; e os das casas espanholas, cerca de 13%.

QUANDO OS PREÇOS SAEM DOS TRILHOS

A bolha da moradia talvez seja o caso mais doloroso de excesso financeiro na memória recente, mas decerto não é o único. Ao longo dos tempos, praticamente toda nova fronteira potencialmente rentável aberta a investimentos leva a uma bolha especulativa, conforme os investidores lutam para usufruir de sua promessa apenas para fugir em debandada alguns anos depois. Uma década antes da crise imobiliária, nós vivenciamos a bolha das ponto-com. O índice Nasdaq, carregado de ações da tecnologia, quadruplicou entre 1996 e março de 2000. Embriagadas com a promessa da tecnologia da informação, as pessoas despejaram suas economias de aposentadoria em empresas como Pets.com, que ganharam fama, embora nenhum lucro, em função de um anúncio bonitinho feito com uma marionete de meia. Em 2000, a AOL pôde utilizar suas valorizadas ações para assumir o controle da gigante das comunicações Time Warner, que tinha mais do que cinco vezes sua receita. Em outubro de 2002, o Nasdaq estava de volta aonde estivera em 1996. Em 2010, a Time Warner silenciosamente derivou a AOL por uma minúscula fração de seu preço de uma década antes.

A quebra das ponto-com foi precedida pela crise financeira asiática, com pequenas bolhas subsidiárias da Rússia ao Brasil, quando uma enxurrada de dinheiro indo para promissores "mercados emergentes" abruptamente entrou em reversão. Dinâmicas similares levaram os investidores a bater no peso mexicano durante a crise da tequila alguns anos antes. O índice de ações Nikkei 225 do Japão triplicou em termos reais entre janeiro de 1985 e dezembro de 1989, apenas para cair 60% ao longo dos dois anos e meio seguintes.

O próprio conceito de uma bolha financeira está com trezentos anos de idade, tendo entrado para o vernáculo das finanças em 1720, quando investidores franceses, holandeses e britânicos sucumbiram à euforia com o potencial de novas rotas de comércio pelo Atlântico — empurrando para cima os preços das ações antes de elas entrarem em abrupta queda. A Companhia dos Mares do Sul inglesa foi criada para comprar a dívida da Coroa. A fim de fazer dinheiro, ela recebeu uma carta real para explorar rotas comerciais entre África, Europa e as colônias espanholas na América. Com Espanha e Inglaterra em guerra, o valor das rotas era duvidoso. Mas isso não impediu os investidores de correr para a oportunidade alardeada. O preço das ações da Companhia dos Mares do Sul ficou nas alturas. Assim como as ações das seguradoras marítimas que cobriam suas viagens. Em pouco tempo, todo investimento parecia um ótimo negócio. Anúncios em jornais ofereciam uma chance de investir em "uma companhia para efetuar um empreendimento de grande proveito, mas sem que ninguém saiba do que se trata".

Em um gesto ostensivamente implementado para refrear a especulação excessiva, mas visando na verdade proteger da competição as companhias mercantis com suas cartas reais e as seguradoras marítimas, em junho de 1720 o Parlamento britânico votou uma lei proibindo as companhias que não detinham uma licença da Coroa de obter dinheiro no mercado de ações. Ela também proibia as companhias autorizadas de mudar o propósito de sua carta. Oficialmente, a lei se chamava "Lei para Restringir a Prática Extravagante e Injustificável de Obter Dinheiro com Subscrição Voluntária por Empreender Projetos Perigosos ao Comércio e Interesses do Reino Unido". Mas ficou conhecida como Bubble Act, a "Lei da Bolha". E muitos analistas já sugeriram que essa lei em particular precipitou o rompimento da bolha. Em setembro, ela havia estourado, e em dezembro, Jonathan Swift escreveu "The South-Sea Project" (O Projeto dos Mares do Sul), que começava da seguinte forma:

Ó sábios filósofos, explicai
Que mágica faz nosso dinheiro subir,
Quando soçobrado nos mares meridionais;
Ou esses ilusionistas tapeiam nossos olhos?

E encerrava:

Assim a nação tarde demais descobrirá,
Calculando todo seu prejuízo e suas escolhas,
Promessas dos manda-chuvas meramente insuflam,
Mares do Sul, se tanto, uma poderosa bolha.

Uma regularidade que sobressai nesses arroubos de inventividade superentusiástica é o júbilo das instituições que proporcionam financiamentos. Isso pode ser induzido por oportunidades de investimento recém-descobertas — como a internet ou o comércio transatlântico de escravos. Mas também pode ser incitado por mudanças nas regras que governam as instituições financeiras. Durante a expansão habitacional, mecanismos como taxa flutuante e hipotecas de amortização reversa ajudaram a atrair compradores menos solventes ao mercado habitacional americano, criando toda uma nova classe de produto financeiro — o empréstimo subprime. Nos anos de crescimento da bolha, os pagamentos mensais necessários para comprar uma casa de 225 mil dólares com uma hipoteca padrão de trinta anos a uma taxa fixa e entrada de 20% eram de cerca de 1.079 dólares por mês. Com uma hipoteca de taxa ajustável e do tipo *interest-only* (apenas juros), os pagamentos cairiam para 663 dólares. Com uma hipoteca de amortização negativa, os pagamentos mensais iniciais poderiam despencar para 150 dólares.

Bancos hipotecários queriam emprestar, mas não estavam muito interessados se os clientes seriam ou não capazes de pagar. O que eles faziam era fatiar as hipotecas e voltar a colar os pedaços em produtos estruturados chamados "Residential Mortgage-Backed Securities" — RMBS, no jargão —, vendendo-os para outras instituições financeiras, que em geral não faziam ideia do que os produtos continham. Em 2007, o mercado de "ações amparadas na hipoteca residencial" valia 6,9 trilhões de dólares, em comparação com os 3 trilhões de 2000. Essa euforia tinha pouco a ver com análises pragmáticas do valor "real" das casas.

Cerca de oitenta anos atrás, o grande economista britânico John Maynard Keynes forneceu uma explicação sutil sobre como os investidores podem fazer os preços saírem gravemente dos trilhos. Em seu livro *The General Theory of Employment, Interest and Money* (A teoria geral do emprego, juros e dinheiro), Keynes comparou a escolha de ações a um concurso de beleza às avessas, em que os investidores não tivessem de escolher o rosto mais bonito, mas o rosto que fizesse mais sucesso entre os demais investidores. "Não é o caso de escolher os rostos que, na melhor avaliação da pessoa, são de fato os mais bonitos, tampouco aqueles que a opinião geral genuinamente julga mais bonitos", escreveu Keynes. "Chegamos ao terceiro patamar, no qual devotamos nossa inteligência a antecipar o que a opinião geral espera que a opinião geral deverá ser." Não seria inteligente, observou Keynes, simplesmente comprar ações da empresa que o investidor julgou ser um bom investimento. Independentemente dos méritos da empresa, as ações dela não subiriam se outros investidores não compartilhassem de sua crença.

No fim da década de 1990, todo investidor era uma ovelha à procura de um rebanho — pagando uma grana preta por ações de internet duvidosas, na crença de que o próximo investidor pagaria um preço ainda mais alto, independentemente da rentabilidade subjacente das empresas. Fazia pouco sentido para um investidor apostar contra o rebanho. Quando havia tolos suficientes acreditando que a eToys se tornaria a maior loja de brinquedos dos Estados Unidos e deveria valer oitenta dólares por ação, fazia perfeito sentido para o mais pragmático cético das ponto-com comprar as ações por cinquenta dólares, mesmo acreditando que a empresa se encontrava à beira da falência.

Assim aconteceu durante a bolha habitacional. Duvido que a determinada altura do ciclo de euforia não houvesse um banqueiro para desconfiar de que os preços das casas acabariam parando de subir. Mesmo assim, a dinâmica que impulsionava o investimento no setor dependia de os preços subirem para sempre. Para conseguir manter o carnê hipotecário em dia, os proprietários, com sua precária dependência financeira do subprime, precisavam que os preços das casas continuassem a subir. Desse modo poderiam vender e aplicar o lucro em um novo imóvel ou refinanciar a um preço mais elevado e extrair "liquidez" suficiente de sua hipoteca para pagar as contas. Contudo, mesmo os que sabiam que a música ia cessar a qualquer momento não conseguiam largar essa dança das cadeiras financeira.

No verão de 2007, à medida que crescia a inadimplência no pagamento das hipotecas e o mercado do "subprime" hipotecário começava a falhar, o executivo-chefe do Citigroup, Charles Prince, afirmou que "enquanto a música estiver tocando, é preciso ficar de pé e dançar. Nós continuamos dançando". Meses mais tarde, Prince foi dispensado de seu cargo. Mas ele não estava errado. Ele estava se referindo a uma característica reconhecida de longa data no mundo das finanças: mesmo se um investidor estivesse correto em denunciar a bolha, seria dispendioso apostar contra ela. Se os demais investidores continuassem impelidos por seu entusiasmo, a bolha permaneceria cheia por mais tempo que o investidor contrário permaneceria solvente.

DEVEMOS ESTOURÁ-LAS?

As bolhas deixam sofrimentos sem-fim em seu rastro: crises bancárias, recessões e picos de desemprego, além de consequências mais sutis. Um estudo revelou que a mobilidade geográfica de pessoas cujas casas estão abaixo da linha d'água — isto é, valem menos do que o total de suas hipotecas — é cerca de metade da de proprietários em melhores condições financeiras. Alunos de universidade que se formam durante uma recessão ganham menos durante grande parte de suas carreiras. Um estudo entre alunos canadenses nas décadas de 1980 e 1990 revelou que aqueles que ingressavam no mercado de trabalho durante uma recessão sofriam com salários menores por mais de dez anos.

Alguns cientistas sociais predisseram que a atual crise poderia favorecer a política de extrema direita na Europa e nos Estados Unidos em anos futuros, conforme um crescimento baixo levasse à hostilidade contra os governos e seus impostos — movimentos incipientes como o populista Tea Party norte-americano. Um estudo sobre o impacto dos choques econômicos na política entre 1970 e 2002 concluiu que o declínio de um ponto percentual no crescimento econômico leva a um aumento de um ponto percentual na parcela dos eleitores que se inclinam pela ala direita e pelos partidos nacionalistas.

Mesmo assim, é difícil saber o que fazer em relação às bolhas, mesmo sabendo que mais cedo ou mais tarde vão estourar. O ciclo de investimentos, com seus picos e suas paralisias, pode levar à falência inúmeros investidores, mas também pode trazer benefícios ao longo do caminho. Explosões de investimento construídas em cima de avanços tecnológicos como eletricidade, ferrovias ou a internet enfim revolucionaram a economia mundial, alimentando ondas de produtividade capazes — ao menos temporariamente — de justificar o júbilo.

A antiga abordagem americana, compartilhada pelo diretor do Fed, Ben Bernanke, bem como por seu predecessor, Alan Greenspan, tem sido de que as bolhas merecem cuidados apenas depois de ocorridas. O Fed deve ficar a postos para recolher os pedaços depois que elas estouram — injetando dinheiro barato na economia para encorajar empréstimos e ajudar os devedores a evitar a falência quando o valor de seus ativos houver esvaziado. Mas o governo propriamente não deve fazer nada a respeito da bolha. O ponto de vista deles é de que não se pode afirmar quando uma bolha é uma bolha.

Isso, para os críticos, soa tão absurdo quanto uma onda de investimento eufórico em residências familiares. Por que não agir contra uma bolha elevando gradualmente as taxas de juros e cortando o fluxo de dinheiro no novo investimento antes que as coisas escapem do controle? Permitir o crescimento apenas assegura que as consequências de sua implosão serão ainda mais dolorosas. Mas ainda que isso pareça nítido depois que o colapso da bolha imobiliária nos fez adernar para a fronteira de outra Grande Depressão, não é assim tão fácil perceber de antemão o que furar na bolha e quando furá-la.

Os economistas debatem até hoje se Greenspan errou em manter as taxas de juros baixas para incentivar o emprego quando os Estados Unidos saíram da recessão de 2001 a 2003. A elevação das taxas de juros teria esvaziado o ar da bolha habitacional incipiente, mas também teria desacelerado a economia, prolongando a recessão e aumentando o desemprego. Se o crescimento da moradia houvesse estagnado, um sem-número de empregos no setor da construção — que constituíam o modo de vida para muitos trabalhadores — não teria existido. "Sempre que no futuro os Estados Unidos se virem em uma situação como a de 2003, será que deverão tentar manter a economia perto de um nível pleno de emprego mesmo sob risco de desenvolver uma bolha?", perguntou-se o historiador de economia J. Bradford Delong. "Fico genuinamente inseguro quanto a que lado apoio nesse debate."

Além do impacto imediato sobre o emprego agregado, o que aconteceria com a inovação se toda vez que os investidores se lançassem sobre uma nova tecnologia as bolhas emergentes fossem previamente furadas? Grandes saltos nos preços dos bens podem levar a investimentos mal alocados que dissipam os recursos produtivos. As bolhas geram enorme volatilidade econômica ao inflar e estourar. O dano é sempre mais agudo entre os mais vulneráveis, que perderam seus empregos, perderam suas casas e perderam o controle sobre suas vidas. Mas a especulação também pode aumentar o investimento em negócios de risco, que muitas vezes trazem benefícios para a sociedade. Não é nada mau ter internet.

Em 1992, James Edward Meeker, economista da Bolsa de Valores de Nova York, escreveu: "Dentre todos os povos na história, o povo americano é o que menos pode se permitir condenar a especulação com aquelas pancadas amplas e vigorosas tão queridas dos progressistas de carteirinha. A descoberta da América só foi possível com um empréstimo afiançado nas joias da Coroa da rainha Isabel, e a uma taxa de juros ao lado da qual até mesmo os juros para empréstimos de 1919-1920 parecem parcimoniosos e modestos. Financiar um estrangeiro desconhecido para navegar pelas profundezas desconhecidas em três cascas de noz na esperança de descobrir um Zipangu mítico não pode, nem pelo mais enlouquecido exercício de linguagem, ser chamado de 'investimento conservador'." Além do mais, seja lá o que façamos para impedir o tumulto financeiro, devemos ter em mente uma importante limitação: há poucas probabilidades de erradicarmos inteiramente as bolhas e as quebras. Crises financeiras geradas por ondas de investimento, explosões do crédito e bolhas de ativos parecem ser um traço característico da paisagem capitalista. Os economistas Carmen Reinhart e Kenneth Rogoff descobriram que das 66 maiores economias do mundo — incluindo as nações desenvolvidas e os maiores países em desenvolvimento —, apenas Portugal, Áustria, Holanda e Bélgica evitaram uma crise bancária entre 1945 e 2007. Perto do fim de 2008, nenhum país estava a salvo.

Toda vez que os investidores ficam entusiasmados sobre alguma nova proposta de investimento, eles nos asseguram que dessa vez vai ser diferente. Durante a bolha das ponto-com, a onda de produtividade possibilitada pela tecnologia da informação nos permitiu crer que o momento histórico era único. Durante o *boom* habitacional, tínhamos certeza de que a engenharia financeira high-tech nos protegeria de riscos financeiros, espalhando-os entre investidores que sabiam como lidar com eles. Em todas as ocasiões as Polianas estavam enganadas.

QUAL RACIONALIDADE?

É interessante haver economistas — até proeminentes — que não acreditam na existência de bolhas. De fato, ao longo das últimas quatro décadas, a visão prevalecente entre inúmeros deles, quando não a maioria, foi de que os preços nunca se enganam. A percepção de que os preços inseridos em um livre-câmbio entre compradores e vendedores dispostos podem alocar os recursos para o lugar onde eles seriam utilizados com maior rentabilidade de algum modo se transformou numa crença cega na infalibilidade dos mercados. Segundo esse modelo de realidade, processos que levam os preços muito além de seu valor razoável, verdadeiro, enganando as pessoas de modo que elas cometam grandes equívocos, não deveriam existir.

As sementes dessa ideologia foram lançadas na Viena do século XIX, antes de se firmar em meados do século XX, na Universidade de Chicago, talvez a escola de economia mais influente dos últimos trinta anos. Segundo ela, o livre mercado era o único modo legítimo de organizar a sociedade, pois começava com o livre-arbítrio dos indivíduos. Os mercados organizavam o mundo impecavelmente designando valores relativos para bens, serviços e cursos de ação individuais. Os humanos sendo racionais — significando que exibiam uma série consistente de preferências e crenças sobre o modo como suas escolhas melhorariam seu bem-estar —, suas decisões tinham de ser as corretas. A intervenção do governo, impondo a vontade do Estado sobre seus governados, era sob esse ponto de vista necessariamente ineficiente e errada.

Na verdade, o assim chamado modelo do ator racional tem se mostrado enormemente poderoso em compreender as escolhas das pessoas. Sua ideia essencial, e simples, de que nos dispomos a maximizar nosso bem-estar fornece uma explicação imediata convincente sobre o comportamento das pessoas. E coordena nossa compreensão dos processos evolucionários moldando o desenvolvimento das espécies: se cada decisão que tomamos leva a uma série de resultados prováveis com diferentes probabilidades de sobrevivência genética, a seleção natural moldaria preferências de modo a maximizar a adequação biológica. Mas nossa fé nessa teoria foi longe demais. Na década de 1970, o modelo do ator racional foi estendido para a teoria das "expectativas racionais". Isso adaptou a crença na racionalidade humana para o fato de que não podemos predizer o futuro e assim devemos tomar decisões baseados apenas no que esperamos vir a serem as consequências de nossas ações, adequando os resultados prováveis de nossas escolhas ao nosso leque de preferências. Por exemplo, postula que planejemos nossas vidas estimando friamente o rumo provável de nossos rendimentos futuros, ajustando nossas economias de acordo, a fim de distribuir nosso consumo ao longo de todo o nosso período de vida — consumindo menos durante nossos anos de maior ganho de modo a sermos capazes de consumir mais na aposentadoria.

Esse foi um poleiro perfeito para que nele se agarrasse uma teoria dos preços perfeitos. Pressupunha que o preço pelo qual pessoas racionais trocariam um bem, como no mercado futuro do suco de laranja, refletisse a informação disponível que afeta o produto, tal como o clima e seu impacto na colheita de laranja. Se uma série de expectativas incomuns levasse um grupo de investidores a empurrar os preços para longe de seu caminho racional, os outros investidores no mercado ganhariam dinheiro apostando contra eles e trariam os preços de volta à racionalidade. Os economistas chamam isso de hipótese dos "mercados eficientes". Esses pontos de vista atingiram seu apogeu na década de 1980, depois que Ronald Reagan e Margaret Thatcher ascenderam ao poder nos Estados Unidos e na Grã-Bretanha em meio à estagnação econômica e à alta da inflação provocadas pela crise do petróleo da década de 1970. Os dois tinham como missão reduzir o papel do governo na economia. E a escola de Chicago os ajudou fornecendo o corpus teórico.

PARA O GRUPO dos mercados eficientes, os ziguezagues financeiros que em geral parecem crescimentos e crises amalucados são a consequência natural das ações dos investidores racionais que enfrentam um futuro incerto e têm de atualizar constantemente suas expectativas em função da nova informação sobre a rentabilidade potencial dos investimentos. Nesse mundo, a bolha das ponto-com foi uma bolha apenas quando vista em retrospecto. Em 1999, talvez tivesse feito sentido a pessoa investir todo o seu dinheiro na mercearia on-line Webvan. O site faliu dois anos depois. Mas, em 1999, alguém podia até acreditar que eles seriam a nova Microsoft. Com a economia oscilando após o colapso da bolha hipotecária, as sumidades de Chicago levaram as mãos às armas. "Economistas são gente arrogante. E quando eles não conseguem explicar alguma coisa, ela se torna irracional", disse Eugene Fama, um dos principais economistas da escola. "A palavra 'bolha' me deixa louco da vida."

Contudo, na esteira do desastre desencadeado pelo frenesi dos preços de casas, a pretensão de investidores racionais inexoravelmente levando os preços a seu verdadeiro valor parece errada ou irrelevante.

Figura ilustre de Cambridge, frequentador do Círculo de Bloomsbury e representante britânico das conversações de paz em Versalhes, em que defendia que a imposição de duras condições de pagamento à Alemanha após a Primeira Guerra Mundial empobreceria os alemães e os levaria ao extremismo, Keynes era também um esperto investidor que ganhou muito dinheiro no mercado. Sua experiência em finanças lhe dizia que na maior parte do tempo os investidores não sabem o que estão fazendo. Decisões de investimento, achava ele, são o resultado do "espírito animal — de um ímpeto espontâneo à ação mais do que à inação, e não o resultado de uma média bem pesada dos benefícios quantitativos multiplicados pelas probabilidades quantitativas".

Robert Shiller, um economista de Yale, propôs um modelo baseado no insight de Keynes. Nele, a racionalidade não tem lugar: uma nova oportunidade econômica plausível — digamos, a internet, ou novas rotas comerciais pelo Atlântico — leva os primeiros investidores a ganhar um bom dinheiro. Isso gera entusiasmo. Os preços do quente novo produto — ações das ponto-com, participações nas companhias mercantis, seja lá o que for — são catapultados para cima à medida que os investidores correm para partilhar os lucros. Isso leva à euforia. Finalmente, os acontecimentos atropelam a lógica subjacente. Os investidores veem o preço das ações subirem e presumem que isso vai continuar assim. Eles constroem uma explicação sobre como a nova oportunidade econômica muda as regras convencionais do jogo, justificando as estimativas estratosféricas. E fazem empréstimos para dobrar seus investimentos.

Infelizmente, é inevitável que o pessimismo se estabeleça quando se descobre que o mundo não foi de fato transformado pela nova oportunidade de investimento, mas continua a funcionar de modo muito parecido ao que funcionava antes. Então a bolha estoura. Os preços caem, gerando mais pessimismo e posteriores declínios de preço. Os investidores são forçados a liquidar suas carteiras depreciadas para cobrir suas dívidas, de modo que os preços dos ativos caem ainda mais. A coisa termina mal. Observando a cotação de minha antiga casa de condomínio em Los Angeles subir para mais de 900 mil dólares, duas vezes e meia o que paguei por ela, eu não conseguia deixar de pensar que os compradores de casas e os bancos que os financiavam haviam ficado malucos. Mas eles podiam todos justificar suas estratégias ao indicar o que os demais investidores estavam fazendo. E suas justificativas na época faziam algum sentido. Hoje, não fazem o menor.

ECONOMIA PARA UM MUNDO NOVO

O desastre financeiro gerado no mercado imobiliário americano está mudando a economia. Forçados a repensar seus conceitos, muitos economistas de repente reconheceram o que já sabíamos havia muito tempo: que a teoria da razão infalível tem limitações. Sabemos que às vezes as preferências das pessoas não aumentam seu bem-estar. Preferências podem mudar de forma imprevisível em resposta a eventos. E nossa crença a respeito de qual leque de escolhas levará aos nossos resultados de preferência também é um alvo em movimento. Acrescente-se a isso nossa capacidade limitada de processar informação e calculem-se os efeitos prováveis de nossas decisões, e a ideia de que devemos sempre permitir às preferências individuais das pessoas orientarem os preços na sociedade começa a parecer inconsequente. A mudança já pode ser percebida até na Booth School of Business, da Universidade de Chicago, o templo sagrado dos mercados eficientes. A escola recentemente publicou um anúncio no *Financial Times* alardeando que, a despeito de sua reputada crença na racionalidade ilimitada, ela na verdade também contava com psicólogos em sua equipe, examinando o que acontece quando a racionalidade falha.

A crença na racionalidade sem limites não é a única falha da economia. O egoísta *Homo economicus* — ávido em perseguir sem trégua suas preferências individuais — é uma criatura por demais estreita. O modelo deixa de explicar comportamentos que constituem parte fundamental do que somos. Ligada à noção de que os indivíduos só fazem algo se obtiverem outra coisa em troca, a economia não consegue explicar propriamente por que as pessoas ajudam estranhos que elas nunca voltarão a ver. Ela acredita que pessoas que rejeitam dinheiro fácil devem ser malucas. Mas há inúmeros exemplos de pessoas rejeitando pagamento por fazer coisas que acreditam ser intrinsecamente boas para a sociedade. Em um experimento, mulheres suecas que recebiam uma oferta de cinquenta coroas por suas doações de sangue cortaram as doações pela metade. Era como se o pagamento barrasse um incentivo não monetário intrínseco de doar.

O *Homo economicus* deve ser despojado do egoísmo desenfreado e moldado para se ajustar a um mundo onde a distribuição relativa de prosperidade é muitas vezes mais importante do que a satisfação individual. Deve incorporar o modo como as normas sociais construídas ao longo do tempo evolucionário para ampliar a capacidade das sociedades de sobreviver nutrem as preferências das pessoas mesmo que isso talvez não contribua para seu bem-estar imediato. Um modelo de humanidade abrangente deve entender que as pessoas perseguem não o que querem, mas o que acham que querem, e como esses objetivos podem divergir. Deve incluir pessoas que pagam um preço exorbitante por uma placa de carro precisamente porque o preço é exorbitante, como se uma conta de cair o queixo fosse um atributo desejável. Deve incorporar a persistente falta de autocontrole das pessoas, mesmo quando elas sabem que ceder aos seus apetites — seja fumar, comer demais ou se esquecer de poupar para as vacas magras — no fim acarretará um alto preço.

Incluir todas essas dimensões de humanidade tende a transformar a economia em uma disciplina mais confusa, menos elegante matematicamente do que aquela com a qual nos acostumamos a lidar no último meio século, que achava que um único processo simples — um impulso incansável de maximizar nosso bem-estar objetivo — podia explicar tudo no comportamento humano. Ela terá de observar outras considerações e compreender como elas interagem com a autossatisfação. É provável que se mostre mais hesitante. Mas, em troca, a nova economia fornecerá uma compreensão mais abrangente do mundo. Além disso, algo importante é que ela será capaz de lidar com os inúmeros modos em que as decisões que tomamos baseadas nos preços exibidos diante de nós podem nos levar a direções que, individualmente ou enquanto sociedade, deveríamos evitar.

ALÉM DA MUDANÇA na disciplina da economia, a questão mais interessante é como esse cataclismo global vai mudar o próprio capitalismo. Em 2008, com o desastre financeiro se espalhando de Nova York a Londres, Zurique e pelo resto do mundo, muitos anunciaram o fim da era do assim chamado capitalismo anglo-saxão de pequeno governo e mercados irrestritos. "A autorregulamentação terminou, o laissez-faire terminou, a ideia de um mercado todo-poderoso que está sempre certo terminou", disse o presidente da França,

Nicolas Sarkozy. Peer Steinbrück, na época ministro alemão das Finanças, argumentou que "os Estados Unidos vão perder seu status de superpotência do sistema financeiro mundial". Alguns especialistas palpitaram por um modelo chinês de capitalismo, em que o Estado exerce controle direto sobre imensas extensões de atividade econômica, incluindo a alocação de crédito e o preço da moeda nacional, para impulsionar o desenvolvimento voltado à exportação. Conforme muda o equilíbrio econômico global — o clube de nações industrializadas da OCDE estima que não membros vão compor 57% da economia mundial em 2030, em relação aos 49% atuais —, talvez o modelo liberal de democracia e capitalismo de mercado que alimentou a prosperidade no Ocidente perca influência.

Sou um pouco cético quanto à possibilidade de a China fornecer um modelo aos países não acostumados a um governo totalitário. Mas parece inevitável que as regras da ordem econômica mudem ao incorporarmos as lições do desastre financeiro. Desastres como o que vivenciamos recentemente afetam de forma drástica as atitudes das pessoas. Pesquisas de opinião nos Estados Unidos ao longo das últimas décadas sugerem que os americanos que vivenciaram uma profunda recessão entre as idades de 18 e 25 anos tinham maior tendência a crescer acreditando que o sucesso é atingido mais pela sorte do que pelo esforço e tendiam mais a apoiar a redistribuição de renda dos ricos sortudos para os pobres desafortunados. Paradoxalmente, o choque também diminuiu sua confiança nas instituições públicas, como a presidência e o Congresso, de modo que mesmo quando exigiam mais do governo, eles duvidavam da capacidade de este prestar os serviços necessários.

A história tem muitos exemplos de crises causando profundas mudanças na orientação econômica e política. No início do século XX, a França era uma economia capitalista altamente evoluída. A capitalização de mercado das empresas relacionadas na Bolsa de Paris atingiu 78% do PIB francês, mais do que o valor das firmas na Bolsa de Nova York compondo uma parcela da economia americana. Mas a Grande Depressão e a ocupação alemã desferiram um choque na fé dos franceses na Terceira República. E sua fé no laissez-faire capitalista também sofreu um baque permanente.

A história do capitalismo está pontuada de mudanças de direção em reação a crises. Na década de 1930, mesmo quando a maioria das grandes economias estava atolada no que viria a ficar conhecido como a Grande Depressão, a ortodoxia econômica assumia que o governo não tinha nada que se meter no gerenciamento econômico. Após a crise no mercado de ações de 1929, o secretário do Tesouro Andrew Mellon afirmou que o governo deveria ficar de fora.

Segundo as memórias do presidente Herbert Hoover, a fórmula de Mellon era "liquidar a força de trabalho, liquidar as ações, liquidar os agricultores, liquidar a propriedade (...). Isso vai purgar a podridão do sistema". Keynes, que propôs vigorosos gastos públicos para substituir a demanda privada em colapso, passou por poucas e boas para se fazer ouvir. Há um documento no arquivo do Tesouro britânico que mostra a reação do secretário permanente do Tesouro à proposta de o governo gastar para impulsionar a economia inglesa, rabiscada em três palavras: "Extravagância, Inflação, Falência." No fim da década, contudo, o trabalho de Keynes se tornou a base de uma nova ortodoxia econômica que persistiu até os anos 1970, baseada na visão de que os governos têm um papel substancial a desempenhar na conduta da economia. E Keynes foi o herói que salvou o mundo.

A ESTAGFLAÇÃO DA década de 1970 e do início da de 1980 forneceu um choque similar à organização econômica do mundo, mas na direção oposta. Desencadeada por uma combinação de preços do petróleo disparando e má administração econômica feita por governos superconfiantes dispostos a imprimir dinheiro à vontade para sustentar suas necessidades de gastos, uma combinação de inflação elevada e alta taxa de desemprego que o mundo jamais vira antes fatalmente solapou a confiança das pessoas no Estado. Isso lançou as bases para um período de três décadas de ausência do governo. Começando pela eleição de Margaret Thatcher na Inglaterra em 1979 e de Ronald Reagan nos Estados Unidos um ano depois, os governos pelo mundo afora cortaram taxas, privatizaram estatais e desregulamentaram as economias. Até mesmo na França, onde o presidente François Mitterrand nacionalizou o sistema bancário, aumentou o número de empregos no governo e elevou a folha do setor público, logo após sua eleição, em 1981, a nova ortodoxia finalmente prevaleceu. Em 1983, o presidente francês adotou um rumo inteiramente inverso, congelando o orçamento e pondo em prática uma política que chamou de La Rigueur: o rigor.

A crise financeira de 2008-2009 exibiu todos os sinais de um momento divisor de águas muito importante como esse. Mas com que se parece a nova era que se apresenta do outro lado disso? A crise minou diretamente a crença de que os mercados são sempre melhores do que os atores políticos na alocação de recursos, fixando preços livremente por força da oferta e da procura. Poderia isso nos conduzir a uma social-democracia mais agressiva, com um papel mais ativo do governo na alocação de recursos e no direcionamento da economia?

Poderia o capitalismo de mercado sem mecanismos de restrição ter entoado seu último hurra?

O governo Obama parece empenhado em estabelecer tal curso. São patentes os esforços da Federal Communications Commission de estabelecer supervisão para o acesso à internet e na postura cada vez mais ativa dos defensores das leis antitrustes na Federal Trade Commission e no Departamento de Justiça. Fica evidente na batalha finalmente bem-sucedida do presidente em estender o seguro-saúde para todos os americanos. Assim, também, os governos pelo mundo afora têm trabalhado em novas regras para regulamentar e restringir ainda mais as atividades dos bancos — forçando-os a juntar amortecedores preventivos maiores para o dinheiro, limitando os tipos de negócios em que eles podem se envolver e lhes reservando taxas especiais a serem pagas por potências à custa de qualquer futuro desastre financeiro.

Mas seria ingenuidade acreditar que as nações industrializadas irão inevitavelmente se deslocar outra vez para uma era do Grande Governo, cortando as asinhas dos banqueiros, sapateando em cima dos monopólios e, de modo geral, assumindo um papel decisivo em moldar a ordem econômica. As ações dos bancos saltaram um dia depois que o Congresso norte-americano votou uma nova lei para regulamentar a indústria financeira. Elas voltaram a subir outra vez depois que os reguladores globais concordaram com amortecedores do capital novos e mais elevados. As duas altas sugerem que as novas regulamentações pouco farão para cortar os riscos assumidos pelos bancos.

Além do mais, os esforços do presidente Obama em reformar o seguro-saúde e estimular a economia com gastos do governo provocaram uma furiosa revolta populista. Quarenta e oito por cento dos americanos afirmaram ao Gallup que seus impostos estavam altos demais. Enquanto escrevo isto, os descontentes mais ruidosos nas ruas não estão se juntando contra os banqueiros. Eles são membros do Tea Party, que acusa o presidente Obama de ser um "socialista" pronto para solapar os valores da nação. Na Europa, a fé no governo não está fazendo muito melhor. Seguindo-se à quebra das obrigações de países mais fracos como Grécia e Espanha na primavera de 2010, os governos da União Europeia praticamente de ponta a ponta declararam que era hora de começar a cortar seus déficits orçamentários. Isso a despeito do fato de que o emprego continuava em retração e o desemprego permanecia em torno dos 10%, e de que não havia fonte de demanda alternativa plausível para tomar o lugar dos gastos que os governos planejavam subtrair de suas economias. Em outras palavras, eles se arriscavam a um declínio econômico mais profundo simplesmente pelo benefício de afastar o governo da economia.

Esses foram os dias iniciais. Pouco mais de dois anos se passaram desde o fim do Lehman Brothers. Encontrar um novo equilíbrio entre ação do governo e mercados privados sempre vai levar mais tempo que isso. E a desconfiança dos cidadãos em relação aos governos parece tão elevada quanto sua desconfiança dos banqueiros. Mas se aprendemos só uma coisa com o desastre econômico dos últimos dois anos, deve ser o seguinte: nunca mais devemos aceitar sem questionamento a ideia de que os preços estabelecidos pelos mercados sem regulação devem estar inevitavelmente certos. Às vezes estão. Às vezes não.

Considere-se o depoimento perante o Congresso de Alan Greenspan, ex-diretor do Fed, em 23 de outubro de 2008. Ele era conhecido como "o Maestro" por sua condução aparentemente destra da política monetária, evidenciada em uma longa estabilidade no cargo durante a qual os Estados Unidos vivenciaram baixa inflação, longas expansões econômicas e recessões pouco profundas. Foi também um dos principais arquitetos da política econômica conforme a bolha habitacional inchava rumo ao clímax; seguidor da pensadora libertária e antigoverno Ayn Rand, ele foi considerado o sumo sacerdote dos mercados desregulados, propenso a virtuosas profissões de fé em sua capacidade de fixar preços apropriados aos ativos financeiros e alocar recursos de forma eficiente.

Mas quando foi levado perante o comitê de supervisão do governo na Câmara dos Representantes, em 23 de outubro, Alan Greenspan chocou o mundo ao admitir que estivera errado. Henry Waxman, o democrata californiano que chefiou o comitê, instigou-o: "O senhor descobriu que sua visão de mundo, sua ideologia, não estava certa, não estava funcionando." E para surpresa da maioria dos presentes, Greenspan respondeu: "Isso mesmo, precisamente." De fato, até Greenspan descobriu como os preços podem falhar feio e tirar dos trilhos nossas decisões e nossas vidas.

Agradecimentos

FAZ DUAS DÉCADAS que vivo de escrever. Nunca antes a escrita pareceu uma busca tão grande. Como acontece em qualquer grande empreitada, o sucesso deste livro dependeu de um grande grupo de personagens.

Eu não poderia ter começado sem a ajuda — às vezes inadvertida, involuntária, até póstuma — de economistas, psicólogos e até ocasionalmente um biólogo, demógrafo e sociólogo.

Alguns desses estudiosos foram particularmente generosos. Em nenhuma ordem particular, gostaria de agradecer a Monica Das Gupta e Vijayendra Rao, do Banco Mundial, Robert Frank de Cornell, Claudia Goldin e David Laibson de Harvard e Justin Wolfers da Wharton School da Universidade da Pensilvânia, que pacientemente me explicaram parte de seus trabalhos e me ajudaram a compreender conceitos às vezes difíceis.

Mas minha gratidão se estende às centenas de cientistas que ofereceram a obra de suas vidas à compreensão de algumas das maiores questões da humanidade: como escolhemos entre nossas opções? Por que nos comportamos do modo como fazemos? Escrevi este livro baseado em seus insights e suas descobertas.

Sou grato à equipe da Portfolio. Adrian Zackheim enxergou aspectos promissores neste projeto antes que eu soubesse aonde levaria. Ele e Courtney Young forneceram conselhos inteligentes e concisos ao longo do caminho e um hábil toque editorial no fim. Will Weisser e Maureen Cole colaboraram com seu conhecimento de marketing e publicidade. E agradeço a Lance Fitzgerald por sair com este livro batendo de porta em porta pelo mundo afora, de modo que possa ser lido em muitos lugares onde jamais estive. Jason Arthur e Drummond Moir na RH/Heinemann em Londres forneceram apoio maravilhoso.

Serei eternamente grato a Cressida Leyshon, Steve Fishman, Adam Cohen, Nick Kristof e Charlie Duhigg, que leram partes do livro — fornecendo conselhos tão necessários e ajudando minha pena a retomar o curso da coerência quando o texto perdia o sentido e minhas ideias ficavam à deriva. E agradeço a Tim Sullivan, cujo ouvido paciente e aconselhamento sólido me ajudaram a moldar uma mixórdia de pensamentos em uma ideia coerente. Além da ajuda bastante substancial de meus amigos, apoiei-me no trabalho capaz de alguns afiados assistentes de pesquisa: Avi Salzman, Miriam Gottfried, April Rabkin e Alejandra Pérez Grobet. Se este livro contém quaisquer erros, a culpa não é de ninguém senão de mim mesmo. Haveria ainda mais não fosse o olho de águia de três grandes checadores de fatos — Joshua Friedman, Susan Kirby e Jane Cavolina.

Gostaria ainda de agradecer a todos os meus colegas do *New York Times*, da sala de redação e do conselho editorial. É um privilégio trabalhar com eles todos os dias. Devo especiais agradecimentos a meu chefe, Andy Rosenthal, cuja paciência possibilitou a concretização deste livro.

Alguns agradecimentos superespeciais, pela ordem: primeiro para minha mãe, que sempre esteve presente, nos bons e maus momentos, pronta para fornecer todo tipo de amor incondicional e encorajamento de que só as mães são capazes. Este livro só aconteceu graças à persistência de minha velha amiga e agente, Zoë Pagnamenta, que não só acreditou haver um livro dentro de mim como também me ajudou a pensar do que ele se tratava. Ela se revelou uma defensora obstinadamente entusiasmada do livro e uma orientadora indispensável, sempre pronta para mostrar os rumos necessários a fim de navegar nos mares editoriais. Agradeço ainda a Simon Trewin, da United Agents, em Londres.

Mais do que tudo, tenho uma enorme dívida de gratidão para com a minha família, que teve de me aturar enquanto eu reorganizava minha vida e a deles em torno dessa minha empolgante nova aventura. Gisele, minha maravilhosa esposa, não só concordou em servir de amparo, fornecendo conselhos judiciosos e tranquilização durante os estágios iniciais do livro, como também mostrou grande esportiva ao carregar novos fardos sobre os próprios ombros, a fim de que eu pudesse me concentrar em escrever, preenchendo o melhor possível o buraco deixado em nossa família por minha ausência. Mateo, nosso filho, talvez se lembre desse estágio de sua vida como a época em que seu pai não tinha permissão de se divertir. Ele ainda não sabe como foi divertido para mim. Mas talvez saiba o papel crucial que desempenhou neste projeto. Seu amor puro e sua alegria incondicional me forneceram um suprimento infindável de luz e calor. E ele é um grande parceiro para o bate-bola no quintal. Eu não teria conseguido sem ele.

Notas

Nota geral: Exceto quando observado em contrário, preços em dólares americanos são convertidos em dólares de 2009 usando o Índice de Preços ao Consumidor.

9-12 Os preços estão por toda parte: Os dados sobre como as pessoas determinam o valor do lixo estão em: Annegrete Bruvoll e Karine Nyborg, "On the Value of Households' Recycling Efforts", Statistics Norway Research Department Discussion Paper, mar. 2002 (http://papers.ssrn.com/sol3/papers.cfm?abstract_id=310320, acessado em 01/08/2010); Roland K. Roberts, Peggy V. Douglas e William M. Park, "Estimating External Costs of Municipal Landfill Siting Through Contingent Valuation Analysis: A Case Study", *Southern Journal of Agricultural Economics,* vol. 23, n. 2, dez. 1991; Derek Eaton e Thea Hilhorst, "Opportunities for Managing Solid Waste Flows in the Peri-Urban Interface of Bamako and Ouagadougou", *Environment and Urbanization,* vol. 15, n. 1, abr. 2003; e Papiya Sarkar, "Solid Waste Management in Delhi — A Social Vulnerability Study", in Martin J. Bunch, V. Madha Suresh e T. Vasantha Kumaran, orgs., *Proceedings of the Third International Conference on Environment and Health,* Chennai, India, dez. 15-17, 2003 (Chennai, India: Department of Geography, University of Madras and Faculty of Environmental Studies, York University), pp. 451-464. Evidência das diferentes atitudes de suíços e chineses em relação ao meio ambiente são tiradas da onda 2005-2008 do World Values Survey (http://www.worldvaluessurvey.org/, acessado em 01/08/2010). A relação entre emissões de dióxido de enxofre e renda é encontrada em Gene Grossman e Alan Krueger, "Economic Growth and the Environment", *Quarterly Journal of Economics,* vol. 110, n. 2, 1995 (convertido para dólares de 2009 usando o deflator do PIB). Emissões de SO_2 nos Estados Unidos são tiradas da Environmental Protection Agency (http://www.epa.gov/air/sulfurdioxide/, acessado em 01/08/2010). A história do memo de Larry Summers é tirada de Noam Scheiber, "Free Larry Summers: Why the White House Needs to Unleash Him", *New Republic*, 1 abr. 2009; "Let Them Eat Pollution", *Economist*, 8 fev. 1992; e James A. Swaney, "What's Wrong with Dumping on Africa?", *Journal of Economic Issues*, vol. 28, n. 2, jun. 1994, pp. 367-377.

12-15 O preço de cruzar fronteiras: Lacunas de sexo comparativas foram tiradas de: Bijayalaxmi Nanda, "The Ladli Scheme in India: Leading to a Lehenga or a Law Degree?" Presentation, Department of Political Science, Miranda House, Delhi University (http://www.undp-povertycentre.org/pressroom/files/ipc126.pdf, acessado em 13/08/2010). A análise da imigração ilegal para os Estados Unidos vem de: Raúl Hinojosa-Ojeda, "Raising the Floor for American Workers: The Economic Benefits of Comprehensive Immigration Reform", Center for American Progress, jan. 2010 (http://www.immigrationpolicy.org/special-reports/raising-floor-american-workers, acessado em 01/08/2010); banco de dados do Mexican Migration Project (http://mmp.opr.princeton.edu/results/ 001costs-en.aspx, acessado em 30/06/2010); Maria Jimenez, "Humanitarian Crisis: Migrant Deaths at the U.S.-Mexico Border", American Civil Liberties Union, Washington, 2009 (http://www.aclu.org/immigrants-rights/humanitarian-crisis-migrant-deaths-us-mexico-border, acessado em 08/08/2010); Patricia Cortes, "The Effect of Low-Skilled Immigration on U.S. Prices: Evidence from CPI Data", *Journal of Political Economy*, vol. 116, n. 3, jun. 2008; e Department of Homeland Security, Office of Immigration Statistics, "Estimates of the Unauthorized Immigrant Population Residing in the United States: jan. 2009" (http://www.dhs.gov/xlibrary/assets/statistics/publications/ois_ill_pe_2009.pdf, acessado em 27/07/2010).

15-18 Os preços mandam: Os dados sobre preços de cigarro vêm de Campaign for Tobacco Free Kids (http://tobaccofreekids.org/reports/prices/, acessado em 13/08/2010); e do Centers for Disease Control and Prevention (http://www.cdc.gov/tobacco/data_statistics/tables/economics/trends/index.htm, acessado em 13/08/2010). Preços de drogas ilícitas e consumo são de Arthur Fries, Robert W. Anthony, Andrew Cseko, Jr., Carl C. Gaither, e Eric Schulman, "The Price and Purity of Illicit Drugs: 1981-2007", Institute for Defense Analysis for the Office of National Drug Control Policy (http://www.whitehousedrugpolicy.gov/publications/price_purity/price_purity07.pdf, acessado em 08/08/2010). A análise relativa aos preços e à moradia vem de Edward L. Glaeser e Matthew E. Kahn, "Sprawl and Urban Growth", NBER Working Paper, maio 2003;

NOTAS

e Census Bureau, *American Housing Survey of the United States*, ed. 2007 e 1997 (encontrado em http://www.census.gov/hhes/www/ housing/ahs/national-data.html, acessado em 13/08/2010). A comparação de padrões urbanos em Moscou com os de outras cidades vem de Alain Bertaud e Renaud Bertrand, "Cities Without Land Markets, Location and Land Use in the Socialist City", the World Bank, Policy Research Working Paper 477, jun. 1995, in *Journal of Urban Economics*, vol. 41, n. 1, jan. 1997, pp. 137-151.

18-19 Quando os preços saem pela culatra: A anedota sobre incentivos e nascimentos na Austrália vem de Joshua Gans e Andrew Leigh, "Born on the First of July: An (Un)natural Experiment in Birth Timing", *Journal of Public Economics*, vol. 93, 2009. Dados sobre o imposto da janela vêm de Wolverhampton Archives (http://www.wolverhamptonarchives.dial.pipex.com/windowtax.htm, acessado em 13/08/2010). A análise dos efeitos do limite de velocidade de 55 milhas por hora são de Paul Grimes, "Practical Traveler: The 55-m.p.h. Speed Limit", *New York Times*, dez. 26, 1982; e M. C. Jensen and W. H. Meckling, "The Nature of Man", *Journal of Applied Corporate Finance*, vol. 7, n. 2, verão de 1994, pp. 4-19. Os dados sobre salários e preços da gasolina foram tirados do Bureau of Labor Statistics and the Energy Information Administration. Dados sobre milhagem da gasolina foram tirados da Environmental Protection Agency's *1974 Gas Mileage Guide for Car Buyers*.

21-27 O preço das coisas: O experimento sobre efeitos placebo é tirado de Dan Ariely, Baba Shiv, Ziv Carmon e Rebecca Waber, "Commercial Features of Placebo and Therapeutic Efficacy", *Journal of the American Medical Association*, Letters, vol. 299, n. 9, 2008, pp. 1.016-1.017. A relação entre gorjetas de dança erótica e ciclos menstruais foi extraída de Geoffrey Miller, Joshua Tybur, e Brent Jordan, "Ovulatory Cycle Effects on Tip Earnings by Lap Dancers: Economic Evidence for Human Estrus?", *Evolution and Human Behavior*, vol. 28, 2007, pp. 375-381. O impacto dos personagens de *Vila Sésamo* nas preferências das crianças é encontrado em The Sesame Workshop, "If Elmo Eats Broccoli, Will Kids Eat It Too?", Press Release, set. 20, 2005. Evidências sobre a predisposição das pessoas a atravessar a cidade para poupar vinte pratas vêm de "Conversation Between Economists Glenn Lowry and Sendhil Mullainathan", Bloggingheads TV, mar. 22, 2010 (http://bloggingheads.tv/diavlogs/26877, acessado em 13/08/2010). Preferências de vinho são tiradas de Eileen Brooks, "Products and Prejudice: Measuring Country-of-Origin Bias in U.S. Wine Imports", University of California Santa Cruz Center for International Economics

Working Paper, 2003; Hilke Plassmann, John O'Doherty, Baba Shiv e Antonio Rangel, "Marketing Actions Can Modulate Neural Representations of Experienced Pleasantness", *Proceedings of the National Academy of Sciences*, vol. 105, n. 3, jan. 2008, pp. 1.050-1.054; e Robin Goldstein, Johan Almenberg, Anna Dreber, John W. Emerson, Alexis Herschkowitsch e Jacob Katz, "Do More Expensive Wines Taste Better? Evidence from a Large Sample of Blind Tastings", Stockholm School of Economics Working Paper, abr. 2008. A história sobre placas de carro caras em Dubai vem de Margaret Corker, "Read My License Plate: It Cost Me a Fortune — Oil Rich Persian Gulf Drivers Take Vanity Tags to a Whole New Level", *Wall Street Journal*, jul. 1, 2008. A história do marketing dos diamantes é de Edward Epstein, "Have You Ever Tried to Sell a Diamond?", *Atlantic*, fev. 1982; IDEX Online Research, "Bridal Jewelry Business High-Growth & Less Seasonal", abr. 19, 2007; and *IDEX Magazine*, "The Key Facts About Diamond Engagement Rings", n. 240, abr. 29, 2010 (http://www.idexonline.com/portal_FullMazalUbracha.asp?id=33915, acessado em 05/08/2010).

27-29 Uma história dos preços: A discussão do conceito de processo de Aristóteles a Marx foi tirada de Eric Roll, *A History of Economic Thought* (Londres: Faber and Faber, 1992). A afirmação de Marx sobre relações de valor vem de Karl Marx, *Capital: A Critique of Political Economy*, vol. 1 (Chicago: Charles H. Kerr and Company, 1915), p. 83.

29-34 Domando os preços: A análise sobre o valor de se matricular em academias de ginástica vem de: Stefano Della Vigna e Ulrike Malmendier, "Overestimating Self-control: Evidence from the Health Club Industry", NBER Working Paper, set. 2004. Os dados sobre custo de impressão foram tirados de www.hp.com; www.riteaid.com; Jeff Bertolucci, "How Much Ink Is Left in That Dead Cartridge?" *PC World*, nov. 2, 2008 (http://www.pcworld.com/article/152953/how_much_ink_is_left_in_that_dead_cartridge/html, acessado em 13/08/2010); e Stephen Shankland, "HP Sues Firms That Refill Ink Cartridges", CNET, mar. 28, 2005 (http://news.cnet.com/HP%20sues%20firms%20that%20refill%20ink%20cartridges/2100-1041_3-5643687.html?tag=techdirt, acessado em 13/08/2010). Reação das famílias aos preços elevados da gasolina é de Dora Gicheva, Justine Hastings e Sofia Villas-Boas, "Revisiting the Income Effect: Gasoline Prices and Grocery Purchases", NBER Working Paper, nov. 2007. A análise da reação das empresas a mudanças nos preços dos alimentos veio de Anne Kadet, "Who Shrunk the Cereal?", *Smart*

NOTAS

Money, 6 nov. 2008; Stuart Elliot, "Food Brands Compete to Stretch a Dollar", *New York Times*, 10 maio 2009; e *Adweek*, "French's Puts 'Fun,' 'Value' on Menu", 11 maio 2009. Dados sobre preços de telefone foram tirados de Federal Communications Commission, *The Industry Analysis Division's Reference Book of Rates, Price Indices and Expenditures for Telephone Service*, jul. 1998 (http://www.fcc.gov/Bureaus/Common_Carrier/Reports/FCC-State_Link/IAD/ref98.pdf, acessado em 08/13/2010); www.att.com; e http://www.productsandservices.bt.com/consumerProducts/displayTopic.do?topicId=25500. A história de Sandra Kurtzig foi extraída de http://venturehacks.com/articles/pricing, acessado em 13/08/2010. Reação das companhias aéreas à Southwest Airways está em Austan Goolsbee e Chad Svyerson, "How Do Incumbents Respond to the Threat of Entry? Evidence from the Major Airlines", *Quarterly Journal of Economics*, vol. 123, n. 4, nov. 2008, pp. 1.611-1.633. A discussão sobre o efeito do Wal-Mart nos competidores e preços vem de Jerry Hausman e Ephraim Leibtag, "Consumer Benefits from Increased Competition in Shopping Outlets: Measuring the Effect of Wal-Mart", NBER Working Paper, dez. 2005; Vishal P. Singh, Karsten T. Hansen e Robert C. Blattberg, "Market Entry and Consumer Behavior: An Investigation of a Wal-Mart Supercenter", *Marketing Science*, 1 set. 2006; Emek Basker, "Selling a Cheaper Mousetrap: Wal-Mart's Effect on Retail Prices", *Journal of Urban Economics*, vol. 58, n. 2, set. 2005, pp. 203-229; Emek Basker, "The Causes and Consequences of Wal--Mart's Growth", *Journal of Economic Perspectives*, vol. 21, n. 3, verão 2007, pp. 177-198; e Jerry Hausman e Ephraim Leibtag, "CPI Bias from Supercenters: Does the BLS Know That Wal- Mart Exists?", NBER Working Paper, ago. 2004.

35-37 Mantendo a competição a distância: A discussão sobre os planos de desconto dos fabricantes de automóveis vem de Meghan R. Busse, Duncan Simester, e Florian Zetelmeyer, "The Best Price You'll Ever Get: The 2005 Employee Discount Pricing Promotions in the U.S. Automobile Industry", NBER Working Paper, maio 2007. Os dados sobre variação de preço nas lojas de Israel vem de Saul Lach, "Existence and Persistence of Price Dispersion: An Empirical Analysis", NBER Working Paper, jan. 2002. Ofuscação de preço on-line foi tirada de Glenn Ellison e Sara Fisher Ellison, "Search, Obfuscation, and Price Elasticities on the Internet", NBER Working Paper, jun. 2004.

37-41 À procura de tolos: A citação sobre tolos feita por Daniel Kahneman está em Lee Young Han e Ulrike Malmendier, "The Bidder's Curse", NBER Working Paper, dez. 2007. A postura de empresas de private-equity em relação a leilões vem de "Auction Process Roundtable", *Mergers and Acquisitions*, dez. 2006, pp. 31-32. Preços pagos por consumidores estão em Mark Aguiar e Erik Hurst, "Lifecycle Prices and Production", Federal Reserve Bank of Boston Discussion Paper, jul. 2005. O preço de bebidas aperitivas em restaurantes românticos é discutido em I. P. L. Png e Wang Hao, "Buyer Uncertainty and Two-Part Pricing of Felicitous vis-à-vis Distress Goods: Theory with Evidence from New York Restaurants", Working Paper, abr. 2008. Preço de passagens aéreas é discutido em Severin Borenstein e Nancy L. Rose, "How Airline Markets Work… Or Do They? Regulatory Reform in the Airline Industry", NBER Working Paper, set. 2007; e Steven Puller, Anirban Sengupta e Steven Wiggins, "Testing Theories of Scarcity Pricing in the Airline Industry", NBER Working Paper, dez. 2009. Evidência de discriminação de preço na indústria dos shows de música está em Pascal Courty e Mario Pagliero, "The Impact of Price Discrimination on Revenue: Evidence from the Concert Industry", CEPR Discussion Paper, jan. 2009; e Pascal Courty and Mario Pagliero, "Price Discrimination in the Concert Industry", CEPR Discussion Paper, jan. 2009. Discriminação de preço pela Coca veio de Constance Hays, "Variable-Price Coke Machine Being Tested", *New York Times*, out. 28, 1999. Discriminação de preço pela Amazon em Joseph Turow, Lauren Feldman e Kimberly Meltzer, "Open to Exploitation: American Shoppers Online and Offline", University of Pennsylvania Annenberg Public Policy Center, jun. 2005 (http://www.annenbergpublicpolicycenter.org/Downloads/Information_And_Society/Turow_APPC_Report_WEB_FINAL. pdf, acessado em 01/08/2010). Dados sobre queda dos preços das passagens e problemas financeiros das companhias aéreas estão em Air Transport Association, Annual Passenger Yield (http://www.airlines.org/Economics/DataAnalysis/Pages/AnnualPassengerYield-USAirlines.aspx, acessado em 13/08/2010); e Bureau of Transportation Statistics (http://www.TranStats.bts.gov/Data_Elements.aspx?Data=6, acessado em 13/08/2010).

41-43 Proteja-nos do que compramos: O valor duvidoso do presente é encontrado em Joel Waldfogel, "Does Consumer Irrationality Trump Consumer Sovereignty?", *Review of Economics and Statistics*, vol. 87, n. 4, 2005, pp. 691-696. O preço que torcedores pagam por ingressos para o basquete vem de Ziv Carmon e Dan Ariely, "Focusing on the Forgone: How Value Can Appear So Different to Buyers and Sellers", *Journal of Consumer Research*, vol. 27, dez. 2000, pp. 360-370; e Drazen Prelec e Duncan Simester, "Always Leave Home Without It: A Further Investigation of the Credit Card Effect on Willingness to Pay", *Marketing Letters*, vol. 12, 2001, pp. 5-12. A história sobre a invenção das lojas de 99 centavos está em Tim Arango, "Bet Your Bottom Dollar on 99 Cents", *New York Times*, 8 fev. 2009. A opinião de Kahneman sobre intervenções paternalistas é encontrada em Daniel Kahneman, "New Challenges to the Rationality Assumption", *Journal of Institutional and Theoretical Economics*, vol. 150, n. 1, 1994, pp. 18-36.

44-45 O preço da vida: Os ensinamentos judaicos são mencionados em Peter Singer, "Why We Must Ration Health Care", *New York Times Magazine*, 19 jul. 2009. Os vários preços atribuídos à vida humana vêm de Chris Dockins, Kelly Maguire, Nathalie Simon e Melonie Sullivan, "Value of Statistical Life Analysis and Environmental Policy", White Paper for Presentation to Science Advisory Board — Environmental Economics Advisory Committee, U.S. Environmental Protection Agency, National Center for Environmental Economics, 21 abr. 2004; United Kingdom Department for Environmental, Food and Rural Affairs, "An Economic Analysis to Inform the Air Quality Strategy", Updated Third Report of the Interdepartmental Group on Costs and Benefits, jul. 2007; Ramanan Laxminarayan, Eili Klein, Christopher Dye, Katherine Floyd, Sarah Darley e Olusoji Adeyi, "Economic Benefit of Tuberculosis Control", World Bank Policy Research Working Paper, 2007.

45-47 Pagando pelos mortos: A experiência de Kenneth Feinberg no comando do Fundo de Compensação das Vítimas do 11 de Setembro vem de Kenneth Feinberg, "What Is Life Worth?", *Public Affairs*, 2005; Frances Romero, "Kenneth Feinberg: Compensation Czar", *Time*, 10 jun. 2009; Kenneth Feinberg, Camille Biros, Jordana Harris Feldman, Deborah E. Greenspan e Jacqueline Zins, "Final Report of the Special Master for the set. 11th Victim Compensation Fund of 2001", vol. 1, p. 98 (http://www.columbia.edu/cu/lweb/indiv/usgd/wtc.html#exec, acessado em 08/08/2010); e Benjamin Weiser, "Value of Suing Over 9/11 Deaths Is Still Unsettled", *New York Times*, 13 mar. 2009.

48-51 Avaliando a segurança dos cidadãos: A análise sobre o custo-benefício de colchões antifogo é encontrada em Consumer Product Safety Commission, "Final Rule: Standard for the Flammability (Open Flame) of Mattress Sets", *Federal Register*, vol. 71, n. 50, 15 mar. 2006, Rules and Regulations. A análise de custos e benefícios de cintos de segurança em ônibus escolares está em William L. Hall, "Seat Belts on School Buses: A Review of Issues and Research", estudo para a North Carolina School Bus Safety Conference,

29 fev. 1996. Abordagens à análise de custo-benefício feita pela Environmental Protection Agency e a Food and Drug Administration são discutidas em Fred Kuchler e Elise Golan, "Assigning Values to Life. Comparing Methods for Valuing Health Risks", USDA Agricultural Economic Report n. 784, nov. 1999. Custos e benefícios de gastos com a Segurança Interna são discutidos em Mark G. Stewart e John Mueller, "Assessing the Costs and Benefits of United States Homeland Security Spending", University of Newcastle Center for Infrastructure Performance and Reliability Research Report, 2009; e Mark G. Stewart e John Mueller, "A Risk and Cost-Benefit Assessment of Australian Aviation Security", *Security Challenges*, vol. 4, n. 3, primavera 2008, pp. 45-61. O custo elevado de algumas regulamentações do governo nos Estados Unidos é discutido em John F. Morrall III, "Saving Lives: A Review of the Record", AEI-Brookings Joint Center for Regulatory Studies Working Paper, 2003; Government Accountability Office, "Superfund: Funding and Reported Costs of Enforcement and Administration Activities", 18 jul. 2008; e W. Kip Viscusi e James Hamilton, "Cleaning Up Superfund", *Public Interest*, verão 1996. Os custos e benefícios da estratégia da OMS para combater a tuberculoses estão discriminados em Ramanan Laxminarayan, Eili Klein, Christopher Dye, Katherine Floyd, Sarah Darley e Olusoji Adeyi, "Economic Benefit of Tuberculosis Control", World Bank Policy Research Working Paper, 2007. Os dados sobre morte por tuberculose vêm dos United Nations Millennium Development Indicators.

51-54 Ponha um preço em sua vida: O valor da vida e o risco de morrer em uma batida de carro são discutidos em "New Crash Tests Demonstrate the Influence of Vehicle Size and Weight on Safety in Crashes; Results Are Relevant to Fuel Economy Policies", Insurance Institute for Highway Safety News Release, 14 abr. 2009; e Orley Ashenfelter e Michael Greenstone, "Using Mandated Speed Limits to Measure the Value of a Statistical Life", NBER Working Paper, ago. 2002. A proposta de Thomas Schelling de avaliação da vida está em Thomas Schelling, "The Life You Save May Be Your Own", in S. B. Chase, org., *Problems in Public Expenditure and Analysis* (Washington, D.C.: Brookings Institution, 1968), pp. 127-162. Capacetes de bicicleta, riscos de câncer e o valor da vida são discutidos em W. Kip Viscusi e Joseph Aldy, "The Value of a Statistical Life: A Critical Review of Market Estimates Throughout the World", *Journal of Risk and Uncertainty*, vol. 27, n. 1, 2003, pp. 5-76. A avaliação do Departamento de Agricultura dos Estados Unidos sobre o custo da salmonela está em http://www.ers.usda.gov/data/foodborneillness/, acessado em 13/08/2010). O valor das advertências de saúde nos maços de cigarro da Austrália está em "Cost-Benefit Analysis of Proposed New Health Warnings on Tobacco Products", Report Prepared for the Commonwealth Department of Health and Ageing, dez. 2003 (http://www.treasury.gov.au/contentitem. asp?ContentID=794&NavID, acessado em 08/08/2010).

54-56 Sabemos quanto valemos?: O valor da vida de um velho contra a de um jovem é debatido em Cass Sunstein, "Lives, Life-Years and Willingness to Pay", University of Chicago John M. Olin Law and Economics Program Working Paper, jun. 2003; Joseph Aldy e W. Kip Viscusi, "Age Differences in the Value of Statistical Life Revealed Preference Evidence", Resources for the Future Discussion Paper, abr. 2007; e John Graham, "Benefit-Cost Methods and Lifesaving Rules", Memorandum from the White House's Office of Information and Regulatory Affairs to the President's Management Council, maio 2003. A comparação do valor de uma vida salva do terrorismo com uma vida salva de um furacão está em W. Kip Viscusi, "Valuing Risks of Death from Terrorism and Natural Disasters", Vanderbilt University Law School, Law and Economics Working Paper, 13 mar. 2009. O estabelecimento do valor da vida para o rico e para o pobre, o branco e o negro está em Thomas Schelling, op. cit.; W. Kip Viscusi, "Racial Differences in Labor Market Values of a Statistical Life", Harvard Law School Center for Law, Economics, and Business Discussion Paper (abr. 2003); James Hammitt e María Eugenia Ibarrarán, "The Economic Value of Reducing Fatal and Non-Fatal Occupational Risks in Mexico City Using Actuarial- and Perceived-Risk Estimates", *Health Economics*, vol. 15, n. 12, 2006, pp. 1.329-1.335; James Hammitt e Ying Zhou, "The Economic Value of Air-Pollution-Related Health Risks in China: A Contingent Valuation Study", *Environmental and Resource Economics*, vol. 33, n. 3, 2006, pp. 399-423; Cass Sunstein, "Are Poor People Worth Less Than Rich People? Disaggregating the Value of Statistical Lives", University of Chicago, Olin Law and Economics Program Research Paper, fev. 2004. Dados sobre as mortes no *Titanic* são de http://www.ithaca.edu/staff/jhenderson/titanic.html.

56-60 O preço da saúde: Dados sobre câncer cervical no México são encontrados em Cristina Gutiérrez-Delgado, Camilo Báez-Mendoza, Eduardo González-Pier, Alejandra Prieto de la Rosa e Renee Witlen, "Relación costo-efectividad de las intervenciones preventivas contra el cáncer cervical en mujeres mexicanas", *Salud Pública Méx*, vol. 50, n. 2, 2008, pp. 107-118; Olga Georgina Martinez M., "Introducing New Health Commodities into

National Programs: Mexico's Experience with the HPV Vaccine", Presentation at the Microbicide Access Forum, Cidade do México, ago. 3, 2008; Liliana Alcántara e Thelma Gomez, "Papiloma, Vacuna de la Discordia", *El Universal*, 5 mar. 2009. A política neozelandesa sobre vacinas contra a doença pneumocócica está em Richard Milne, "Economic Evaluation of New Vaccines", apresentação para a New Zealand Immunization Advisory Centre Conference, Te Papa, 15 set. 2007. Diretrizes da Organização Mundial de Saúde sobre a disponibilidade de tratamento médico são de http://www.who.int/choice/costs/en/. A discussão sobre o tratamento do câncer renal na Inglaterra está em NICE Technology Appraisal Guidance 169, "Sunitinib for the First-Line Treatment of Advanced and/or Metastatic Renal Cell Carcinoma", mar. 2009; Kate Devlin, "Kidney Cancer Patients Should Get Sutent on the NHS, says NICE", *Daily Telegraph*, 4 fev. 2009; Joseph J. Doyle Jr., "Health Insurance, Treatments and Outcomes: Using Auto Accidents as Health Shocks", *Review of Economics and Statistics*, vol. 87, n. 2, maio 2005, pp. 256-270; Gardiner Harris, "British Balance Benefit vs. Cost of Latest Drugs", *New York Times*, 3 dez. 2008. Gastos com assistência médica e resultados de assistência médica nos Estados Unidos são discutidos em Douglas Elmendorf, "Options for Controlling the Cost and Increasing the Efficiency of Health Care", Congressional Budget Office Testimony Before the Subcommittee on Health, Committee on Energy and Commerce, U.S. House of Representatives, mar. 2009; Organisation for Economic Cooperation and Development, "Society at a Glance — OECD Social Indicators 2009" (www.oecd.org/els/social/indicators/SAG, acessado em 08/08/2010); Ryan D. Edwards e Shripad Tuljapurkar, "Inequality in Life Spans and a New Perspective on Mortality Convergence Across Industrialized Countries", *Population and Development Review*, vol. 34, n. 4, dez. 2006; *OECD Factbook 2009*; Congressional Budget Office, "Research on the Comparative Effectiveness of Medical Treatments: Issues and Options for an Expanded Federal Role", dez. 2007.

61-65 O preço da felicidade: O impacto de *Los Ricos También Lloran* é discutido em Sam Quiñones, "A Real-Life Soap Opera for Mexican TV Star: Network Dumps Queen of 'Telenovelas,' Latin America's Best-Known Actress", *San Francisco Examiner*, 27 set. 1999; Sam Quiñones, *True Tales from Another Mexico* (Albuquerque: University of New Mexico Press, 2001); e Helen Womack, "Mexican Soap Washes Away Russian Woes", *Independent*, 8 set. 1992. A afirmação de Schopenhauer pode ser vista em Arthur Schopenhauer, "Psychological Observations", in *The Essays of Arthur Schopenhauer*

NOTAS

(General Books LLC, 2010), p. 78. O discurso de Bobby Kennedy pode ser visto na John F. Kennedy Presidential Library (em http://www.jfklibrary.org/Historical+Resources/Archives/Reference+Desk/Speeches/RFK/RFKSpeech-68Mar18UKansas.htm, acessado em 16/08/2010). O "Report by the Commission on the Measurement of Economic Performance and Social Progress", de Joseph Stiglitz, Amartya Sen e Jean-Paul Fitoussi para o governo francês, pode ser encontrado em www.stiglitz-sen-fitoussi.fr. O relato do índice de felicidade nacional bruta do Butão vem de Seth Mydans, "Recalculating Happiness in a Himalayan Kingdom", *New York Times*, 7 maio 2009; Center for Bhutan Studies (grossnationalhappiness.com/gnhIndex/intruductionGNH.aspx, acessado em 12/08/2010); Swaminathan S. Anklesaria Aiyar, "Bhutan's Happiness Is Large Dam, Fast GDP", *Times of India*, 1 nov. 2009; e Ben Saul, "Cultural Nationalism, Self-Determination and Human Rights in Bhutan", *International Journal of Refugee Law*, vol. 12, n. 3, jul. 2000, pp. 321-353. Dados sobre o PIB per capita de Butão e Índia foram tirados de estatísticas do Fundo Monetário Internacional (www.imf.org/external/datamapper/index.php). Estatísticas sobre o impacto da renda na felicidade vêm de Andrew Oswald e Nattavudh Powdthavee, "Does Happiness Adapt? A Longitudinal Study of Disability with Implications for Economists and Judges", IZA Discussion Paper, jul. 2006; Paul Frijters, David W. Johnston e Michael A. Shields, "Happiness Dynamics with Quarterly Life Event Data", IZA Discussion Paper, jul. 2008; Gallup Organization, "About One in Six Americans Report History of Depression", 22 out. 2009 (www.gallup.com/poll/123821/One- Six-Americans-Report-History-Depression.aspx, acessado em 16/08/2010); Ronald Inglehart, Roberto Foa, Christopher Peterson e Christian Welzel, "Development, Freedom and Rising Happiness, A Global Perspective (1981-2007)", *Perspectives on Psychological Science*, vol. 3, n. 4, 2008, pp. 264-285; e Angus Deaton, "Income, Aging, Health and Wellbeing Around the World: Evidence from the Gallup World Poll", *Journal of Economic Perspectives*, vol. 22, n. 2, primavera 2008.

65-67 O que é felicidade?: Exemplos da ligação entre felicidade e outras formas de medir o bem-estar estão em: David Blanchflower e Andrew Oswald, "Hypertension and Happiness Across Nations", *Journal of Health Economics*, Elsevier, vol. 27, n. 2, mar. 2008, pp. 218-233; Daniel Kahneman e Alan B. Krueger, "Developments in the Measurement of Subjective Well-Being", *Journal of Economic Perspectives*, vol. 20, n. 1, inverno 2006, pp. 3-24. Exemplos da dificuldade de definir felicidade estão em Daniel Gilbert, *Stumbling on*

Happiness (Nova York: Vintage Books, 2005); Norbert Schwarz e Fritz Strack, "Evaluating One's Life: A Judgment Model of Subjective Well-Being", in Fritz Strack, Michael Argyle e Norbert Schwarz, orgs., *Subjective Well-Being, An Interdisciplinary Perspective* (Nova York: Pergamon Press, 1991), p. 36. A citação de Sigmund Freud está em Sigmund Freud, *Civilization and Its Discontents* (Nova York: W. W. Norton, 2005), p. 52. As escolhas inconsistentes de americanos acima do peso são encontradas em Jeffrey M. Jones, "In U.S., More Would Like to Lose Weight Than Are Trying To", Gallup, 20 nov. 2009 (www.gallup.com/poll/124448/in-u.s.-more-lose-weight-than-trying-to.aspx, acessado em 08/08/2010). A história de Abraham Lincoln está em Ben Bernanke, "The Economics of Happiness", Speech at the University of South Carolina Commencement Ceremony, 8 maio 2010 (encontrado em www.federalreserve.gov/newsevents/speech/bernanke20100508a.pdf, acessado em 16/08/2010).

68-70 A felicidade é um piso de concreto: A ligação entre sexo e felicidade é descrita em David Blanchflower e Andrew Oswald, "Money, Sex and Happiness: An Empirical Study", *Scandinavian Journal of Economics*, vol. 106, n. 3, 2004, pp. 393-415. Os dados sobre republicanos felizes vêm de Paul Taylor, "Republicans: Still Happy Campers", Pew Research Center, 2008; e Jaime Napier e John Jost, "Why Are Conservatives Happier Than Liberals?", *Psychological Science*, vol. 19, n. 6, jun. 2008, pp. 565-572. Os dados sobre felicidade na Alemanha Oriental são encontrados em Paul Frijters, John Haisken-DeNew e Michael Shields, "Money Does Matter! Evidence from Increasing Real Incomes and Life Satisfaction in East Germany Following Reunification", *American Economic Review*, vol. 94, n. 3, jun. 2004, pp. 730-740. Os dados sobre felicidade na Rússia vêm de Richard Easterlin, "Lost in Transition: Life Satisfaction on the Road to Capitalism", SOEP Papers, DIW Berlin, the German Socio-Economic Panel (SOEP), abr. 2008; e Elizabeth Brainerd, "Economic Reform and Mortality in the Former Soviet Union: A Study of the Suicide Epidemic in the 1990s", IZA Discussion Paper, jan. 2001. A história sobre o impacto de um piso de cimento na felicidade no estado de Coahuila no México está em Matias Cattaneo, Sebastian Galiani, Paul Gertler, Sebastián Martínez e Rocio Titiunik, "Housing Health and Happiness", World Bank Policy Research Paper, abr. 2007. Os dados sobre felicidade entre ricos e pobres vêm de Rafael Di Tella e Robert MacCulloch, "Gross National Happiness as an Answer to the Easterlin Paradox?", *Journal of Development Economics*, vol. 86, n. 2, abr. 2008, pp. 22-42. A declaração de Robert Frank está em Robert Frank, "Does Absolute Income Matter?" in P. L. Porta e L. Bruni, orgs., *Economics and*

NOTAS

Happiness (Nova York: Oxford University Press, 2005), p. 67. Os dados sobre renda e felicidade no Brooklyn e San Jose, Califórnia, estão em Census Bureau, American Community Survey 2006-2008 estimates (factfinder.census.gov/servlet/DatasetMainPageServlet?_program=ACS&_submenuId=&_lang=en&_ts=, acessado em 08/08/2010) e Gallup-Healthways Well-Being Index (www.ahiphiwire.org/wellbeing/, acessado em 16/08/2010).

71-73 A esteira rolante da felicidade: Como a felicidade se adapta a choques positivos e negativos é discutido em Andrew Oswald e Nattavudh Powdthavee, "Does Happiness Adapt? A Longitudinal Study of Disability with Implications for Economists and Judges", Warwick University Working Paper, jul. 2006; Andrew E. Clark, Ed Diener, Yannis Georgellis e Richard E. Lucas, "Lags and Leads in Life Satisfaction: A Test of the Baseline Hypothesis", *Economic Journal*, vol. 118, jun. 2008, pp. F222-F243. A descoberta de Richard Easterlin sobre a felicidade inalterada dos americanos está em Richard Easterlin, "Does Economic Growth Improve the Human Lot? Some Empirical Evidence", in Paul A. David and Melvin Reder, orgs., *Nations and Households in Economic Growth: Essays in Honor of Moses Abramowitz* (Nova York: Academic Press, 1974), p. 89. Os dados sobre o impacto da felicidade na riqueza do próximo estão em Erzo Luttmer, "Neighbors as Negatives: Relative Earnings and Well-Being", *Quarterly Journal of Economics*, vol. 120, n. 3, ago. 2005, pp. 963-1.002; e Mary Daly e Dan Wilson, "Keeping Up with the Joneses and Staying Ahead of the Smiths: Evidence from Suicide Data", Federal Reserve Bank of San Francisco Working Paper, abr. 2006. A tese sobre como a felicidade inalterada pode conferir vantagens evolucionárias está em Luis Rayo e Gary Becker, "Evolutionary Efficiency and Happiness", *Journal of Political Economy*, vol. 115, n. 2, 2007. A citação de Adam Smith sobre felicidade como ilusão está em Adam Smith, *The Theory of Moral Sentiments*, 11. ed. (Edimburgo: impr. por Cadell and Davies et al., 1812), p. 317. As opiniões de Easterlin sobre a irracionalidade do crescimento estão em Richard Easterlin, "Feeding the Illusion of Growth and Happiness: A Reply to Hagerty and Venhoven", *Social Indicators Research*, vol. 74, n. 3, 2005, pp. 429-443.

73-77 A barganha americana: Dados sobre a estagnação da felicidade dos americanos são encontrados em Bruno Frey e Alois Stutzer, "What Can Economists Learn from Happiness Research?", *Journal of Economic Literature*, vol. 40, n. 2, jun. 2002, pp. 402-435; e em Organisation for Economic Co-operation and Development, "Society at a Glance", ed. de 2009, p. 121. Evidência de como a felicidade cresce à medida que a renda aumenta no mundo todo está em Ronald Inglehart, Roberto Foa, Christopher Peterson e Christian Welzel, "Development, Freedom, and Rising Happiness, A Global Perspective (1981-2007)", *Perspectives on Psychological Science*, vol. 3, n. 4, 2008, pp. 264-285; Ronald Inglehart, Roberto Foa e Christian Welzel, "Social Change, Freedom and Rising Happiness", *Journal of Personality and Social Psychology*, apêndice da internet (www.worldvaluessurvey.org/wvs/articles/folder_published/article_base_106/files/trends.doc, acessado em 16/08/2010); Betsey Stevenson e Justin Wolfers, "Economic Growth and Subjective Well-Being: Reassessing the Easterlin Paradox", *Brookings Papers on Economic Activity*, Spring 2008; e Daniel Kahneman e Angus Deaton, "High Income Improves Evaluation of Life but Not Emotional Well-Being", *Proceedings of the National Academy of Sciences*, advance online publication, 7 set. 2010 (www.pnas.org/cgi/doi/10.1073/pnas.1011492107, acessado em 07/09/2010). Dados sobre riqueza e felicidade nos Estados Unidos e na Europa são encontrados em *World Economic Outlook*, do Fundo Monetário Internacional, out. 2009 (www.imf.org/external/pubs/ft/weo/2009/02/weodata/ index.aspx, acessado em 16/08/2010); "L'Opinion publique dans l'Union Européenne — Automne 2009", Eurobarométre, fev. 2010 (ec.europa.eu/public_opinion/archives/eb/eb72/eb72_en.htm, acessado em 16/08/2010); e General Social Survey (www.norc.org/GSS+Website/Browse+GSS+Variables/Collections/, acessado em 16/08/2010). Dados sobre desigualdade e felicidade nos Estados Unidos vêm de Claudia Goldin e Lawrence Katz, "Long-Run Changes in the Wage Structure: Narrowing, Widening, Polarizing", *Brookings Papers on Economic Activity*, primavera 2007); Betsey Stevenson e Justin Wolfers, op. cit.; e OECD, op. cit. O estudo sobre mulheres texanas está em Daniel Kahneman e Alan Krueger, "Developments in the Measurement of Subjective Well-Being", *Journal of Economic Perspectives*, vol. 20, n. 1, inverno 2006, pp. 3-24. A relação entre horas de lazer e felicidade nas nações ricas vem de "Measuring Leisure in OECD Countries", em Organisation for Economic Co-operation and Development, *Society at a Glance — OECD Social Indicators 2009* (www.oecd.org/els/social/indicators/SAG, acessado em 08/08/2010), pp. 19-41; Rafael Di Tella e Robert MacCulloch, "Gross National Happiness as an Answer to the Easterlin Paradox?", *Journal of Development Economics*, vol. 86, n. 1, pp. 22-42, abr. 2008. Dados sobre felicidade durante o ciclo de vida são encontrados em David Blanchflower e Andrew Oswald, "Is Well-being U-shaped over the Life-Cycle?", *Social Science and Medicine*, vol. 66, 2008, pp. 1.733-1.749. Dados sobre como trabalhamos demais, dormimos pouco e gastamos pouco tempo com as refeições estão em

NOTAS

Mathias Basner, Kenneth M. Fomberstein, Farid M. Razavi, Siobhan Banks, Jeffrey H. William, Roger R. Rosa e David F. Dinges, "American Time Use Survey: Sleep Time and Its Relationship to Waking Activities", *Sleep*, vol. 30, n. 9, 2007; Stephen S. Roach, "Working Better or Just Harder?", *New York Times*, 14 fev. 2000; e Dan Hammermesh, "Time to Eat: Household Production Under Increasing Income Inequality", *American Journal of Agricultural Economics*, vol. 89, n. 4, nov. 2007, pp. 852-863.

77-78 *La joie de vivre*: O impacto da elevação de impostos e sindicatos mais fortes nas horas trabalhadas na Europa é discutido em Edward Prescott, "Why Do Americans Work So Much More Than Europeans?", *Federal Reserve Bank of Minneapolis Quarterly Review*, vol. 28, n. 1, jul. 2004, pp. 2-13; Alberto Alesina, Edward Glaeser e Bruce Sacerdote, "Work and Leisure in the U.S. and Europe: Why So Different?" NBER Working Paper, abr. 2005; e Olivier Blanchard, "The Many Dimensions of Work, Leisure, and Employment: Thoughts at the End of the Conference", notas sobre artigos apresentados na conferência de Rodolfo DeBenedetti sobre "Are Europeans Lazy, or Are Americans Crazy?", Portovenere, Itália, jun. 2006. Dados sobre o impacto do uso do tempo na felicidade vêm de Ronald Inglehart, Roberto Foa e Christian Welzel, "Social Change, Freedom and Rising Happiness", *Journal of Personality and Social Psychology*, Internet Appendix (em www.worldvaluessurvey.org/wvs/articles/folder_published/article_base_106/ files/trends.doc, acessado em 16/08/2010); "Measuring Leisure in OECD Countries", in Organisation for Economic Co-operation and Development, op. cit.; e Alan Krueger, Daniel Kahneman, David Schkade, Norbert Schwarz e Arthur Stone, "National Time Accounting: The Currency of Life", Princeton University Department of Economics Working Paper, mar. 2008.

79-85 O preço das mulheres: Dados sobre a popularidade da poligamia ao longo da história são encontrados em Walter Scheidel, "Monogamy and Polygamy in Greece, Rome e World History", Princeton/Stanford Working Papers in Classics, jun. 2008; Theodore Bergstrom, "Economics in a Family Way", *Journal of Economic Literature*, vol. 34, 1996, pp. 1.903-1.934; e Gary Becker, *A Treatise on the Family*, edição ampliada (Cambridge, Mass.: Harvard University Press, 1993), p. 81. A insistência do rei Salomão em se casar apenas com mulheres hebreias está em 1 Reis 11,1-2. Apoio para a base genética da poligamia encontrado em M. F. Hammer, F. L. Mendez, M. P. Cox, A. E. Woerner e J. D. Wall, "Sex-Biased Evolutionary Forces Shape Genomic Patterns of Human Diversity", *PLoS Genetics*, vol. 4, n. 9, 2008 (www.plosgenetics.org/article/info%3Adoi%2F10.1371%2Fjournal.pgen.1000202, acessado em 08/08/2010). As opiniões de David Hume e do aiatolá Ruhollah Khomeini sobre poligamia estão em David Hume, *Essays Moral, Political and Literary*, Parte I, Ensaio XIX, in *The Philosophical Works of David Hume*, vol. 3, editado por Adam Black, William Tait e Charles Tait, 1826; e Oriana Fallaci, "An Interview with Khomeini", *New York Times Magazine*, 7 out. 1979. Estratégias de acasalamento dos bonobos e dos pássaros podem ser encontradas em Matt Ridley, *The Red Queen* (Londres: Penguin Books, 1993), pp. 203-235. Percepções sobre escolhas adúlteras de homens e mulheres podem ser vistas em Lena Edlund, "Marriage: Past, Present, Future?" *CESifo Economic Studies*, vol. 52, n. 4, 2006, pp. 621-639. Informação sobre o propósito e a predominância de dotes para noiva pode ser encontrada em Steven Gaulin e James Boster, "Dowry as Female Competition", *American Anthropologist*, vol. 92, 1992, pp. 994-1.005; Monique Borgerhoff Mulder, "Women's Strategies in Polygamous Marriage", *Human Nature*, vol. 3, n. 1, 1992, pp. 45-70; Monique Borgerhoff Mulder, "Kipsigis Bridewealth Payments", in Laura Betzig, Monique Borgerhoff Mulder e Paul Turke, orgs., *Human Reproductive Behavior* (Cambridge, Inglaterra: Cambridge University Press, 1988), pp. 65-82; Monique Borgerhoff Mulder, "Bridewealth and Its Correlates: Quantifying Changes over Time", *Current Anthropology*, vol. 36, n. 4, ago.-out. 1995, pp. 573-603. Benefícios da proibição da poligamia estão em Michele Tertilt, "Polygyny, Fertility e Savings", *Journal of Political Economy*, vol. 113, dez. 2005. Os sentimentos de Laura Betzig em ser a terceira esposa de John Kennedy em Matt Ridley, op. cit., p. 178. A percepção de que as mulheres são mais valorizadas em sociedades poligâmicas vem de Theodore C. Bergstrom, "On the Economics of Polygamy", University of California at Santa Barbara Working Paper, 1994; e Steven Gaulin e James Boster, "Dowry as Female Competition", *American Anthropologist*, vol. 92, 1992, pp. 994-1.005. A discussão sobre o motivo para o desaparecimento da poligamia é de Eric D. Gould, Omer Moav e Avi Simhon, "The Mystery of Monogamy", *American Economic Review*, vol. 98, n. 1, 2008; Walter Scheidel, op. cit.; e Erik Eckholm, "Boys Cast Out by Polygamists Find Help", *New York Times*, 9 set. 2007.

85-91 O valor do trabalho feminino: Dados sobre o preço do divórcio na antiga Suméria podem ser encontrados em James Baker, *Women's Rights in Old Testament Times* (Salt Lake City: Signature Books, 1992). O código de Hamurábi pode ser encontrado em www.wsu.edu/~dee/MESO/CODE.HTM. A discussão do adultério nas ilhas Trobriand está em Bronislaw Malinowski e

NOTAS

Havelock Ellis, *The Sexual Life of Savages in North Central Melanesia*, Kessinger Publishing, 1929, p. 143. A citação de Arthur Lewis é de Arthur Lewis, *The Theory of Economic Growth* (Londres: Allen and Unwin, 1963), p. 422. A descrição sobre o padrão de como as mulheres integram a força de trabalho à medida que os países se desenvolvem é tirada de Claudia Goldin, "The U-Shaped Female Labor Force Function in Economic Development and Economic History", NBER Working Paper, abr. 1994; Francine Blau, Marianne Ferber e Anne Winkler, *The Economics of Men, Women and Work*, 5. ed. (Upper Saddle River, N.J.: Pearson Prentice Hall, 2006), p. 21; e Sudhin K. Mukhopadhyay, "Adapting Household Behavior to Agricultural Technology in West Bengal, India: Wage Labor, Fertility, and Child Schooling Determinants", *Economic Development and Cultural Change*, vol. 43, n. 1, out. 1994, pp. 91-115. A narrativa da marcha das mulheres para o lugar de trabalho nos Estados Unidos vem de Betsey Stevenson, "Divorce Law and Women's Labor Supply", NBER Working Paper, set. 2008; Claudia Goldin, "The Quiet Revolution That Transformed Women's Employment, Education and Family", Ely Lecture, American Economic Association Annual Meeting, jan. 2006; Paul Douglas e Erika Schoenberg, "Studies in the Supply Curve of Labor: The Relation in 1929 Between Average Earnings in American Cities and the Proportions Seeking Employment", *Journal of Political Economy*, vol. 45, n. 1, fev. 1937, pp. 45-79; Jacob Mincer, "Labor Force Participation of Married Women: A Study of Labor Supply", in H. Gregg Lewis, org., *Aspects of Labor Economics* (Princeton: Princeton University Press, 1962), pp. 63-97. A descrição da procura de emprego de Sandra Day O'Connor está em Kamil Dada, "Supreme Court Justice Pushes Public Service", *Stanford Daily*, abr. 22, 2008. O impacto das mudanças no corpo feminino na força de trabalho foi tirado de Nigel Barber, "The Slender Ideal and Eating Disorders: An Interdisciplinary 'Telescope' Model", *International Journal of Eating Disorders*, vol. 23, 1998, pp. 295-307; Brett Silverstein, Lauren Perdue, Barbara Peterson, Linda Vogel e Deborah A. Fantini, "Possible Causes of the Thin Standard of Bodily Attractiveness for Women", *International Journal of Eating Disorders*, vol. 5, n. 5, 1986, pp. 907- 916; Judith L. Anderson, Charles B. Crawford e Tracy Lindberg, "Was the Duchess of Windsor Right? A Cross-Cultural Review of the Socioecology of Ideals of Female Body Shape", *Ethology and Sociobiology*, vol. 13, 1992, pp. 197-227. As mudanças drásticas nas expectativas e realizações das americanas ao longo do último século estão delineadas em Claudia Goldin, Lawrence Katz e Ilyana Kuziemko, "The Homecoming of American College Women: The Reversal of the College Gender GAP", Working Paper, set. 2005; Francine

Blau e Lawrence Kahn, "Changes in the Labor Supply Behavior of Married Women 1980-2000", NBER Working Paper, mar. 2005. Dados sobre as conquistas educacionas das mulheres são tirados de T. D. Snyder e S. A. Dillow, *Digest of Education Statistics 2009* (Washington, D.C.: National Center for Education Statistics, abr. 2010) (nces.ed.gov/Programs/digest/, acessado em 08/08/2010). Dados sobre rendimentos de homens e mulheres são do Census Bureau (www.census.gov/hhes/www/income/data/historical/people/index.html, table p. 5, acessado em 17/08/2010). Análises da desigualdade entre os sexos na participação no mercado de trabalho são encontradas em Bureau of Labor Statistics, "Labor Force Statistics from the Current Population Survey" (www.bls.gov/cps, acessado em 08/08/2010). A discussão da desigualdade salarial entre os sexos vem do Bureau of Labor Statistics, "Women's to Men's Earnings Ratio by Age, 2009" (www.bls.gov/opub/ted/2010/ted_20100708_data. htm, acessado em 08/08/2010). A discussão sobre a desigualdade entre os sexos na formação educacional vem de Marianne Bertrand, Claudia Goldin e Lawrence F. Katz, "Dynamics of the Gender Gap for Young Professionals in the Financial and Corporate Sectors", *American Economic Journal: Applied Economics,* vol. 2, n. 3, jul. 2010, pp. 228-255.

91-95 Renegociando o contrato do casamento: A descrição das mudanças nas atitudes das mulheres em relação à carreira e aos cuidados domésticos vem de Valerie Ramey, "Time Spent in Home Production in the 20th Century: New Estimates from Old Data", *Journal of Economic History*, vol. 69, n. 1, mar. 2009, pp. 1-47; Samuel Preston e Caroline Sten Hartnett, "The Future of American Fertility", NBER Working Paper, nov. 2008. Dados sobre mudanças nos padrões de fertilidade vêm de Centers for Disease Control and Prevention, *National Vital Statistics Report*, vol. 57, n. 12, mar. 18, 2009; Samuel H. Preston e Caroline Sten Hartnett, op. cit.; American Time Use Survey, 2009 (www.bls.gov/tus/tables/a1_2009.pdf, acessado em 18/07/2010); e U.S. Census Bureau, "The Fertility of American Women: 2006", Washington, ago. 2008 (tabelas suplementares 1 e 2). Estatísticas sobre vistos para noivas e esposas são tiradas do Department of Homeland Security, Office of Immigration Statistics, "2008 Yearbook of Immigration Statistics", Washington, ago. 2009. A inclinação à esquerda das preferências políticas das americanas vem de Lena Edlund, Laila Haider e Rohini Pande, "Unmarried Parenthood and Redistributive Politics", *Journal of the European Economic Association*, vol. 3, n. 1, mar. 2005, pp. 95-119. A diferença entre os sexos nos votos para a eleição do Barack Obama em 2008 está detalhada em "Women's Vote Clinches Election Victory: 8 Million

More Women Than Men Voted for Obama", Institute for Women's Policy Research Press Release, 6 nov. 2008 (em www.iwpr.org/pdf/08ElectionRelease.pdf, acessado em 18/08/2010). Dados sobre a força de trabalho feminino no mundo vêm de Organisation for Economic Co-operation and Development's Factbook (www.oecd-ilibrary.org/content/book/factbook-2010-en, acessado em 18/07/2010). Dados sobre fertilidade nos países industrializados são tirados de Population Reference Bureau (www.prb.org/Datafi nder/Topic/Bar.aspx?so rt=v&order=d&variable=117, acessado em 18/07/2010).

95-98 O novo mercado matrimonial: A história sobre *The Quiverfull* veio a público em National Public Radio na *Morning Edition* de 25 mar. 2009 (www.npr.org/templates/story/story.php?storyId=102005062&ft=1&f=1001, acessado em 18/07/2010). Dados sobre valores das aposentadorias e seu impacto na fertilidade vêm de Olivia S. Mitchell e John W. R. Phillips, "Social Security Replacement Rates for Alternative Earnings Benchmarks", University of Michigan Retirement Research Center Working Paper, maio 2006; e Francesco C. Billari e Vincenzo Galasso, "What Explains Fertility? Evidence from Italian Pension Reforms", CEPR Discussion Paper, out. 2008. Argumentos sobre o impacto do trabalho na fertilidade na Europa são tirados de Bruce Sacerdote e James Feyrer, "Will the Stork Return to Europe and Japan? Understanding Fertility Within Developed Nations", NBER Working Paper, jun. 2008; e Samuel Preston e Caroline Sten Hartnett, op. cit. Evidências dos benefícios financeiros do casamenteo estão em Martin Browning, Pierre-André Chiappori e Arthur Lewbel, "Estimating Consumption Economies of Scale, Adult Equivalence Scales and Household Bargaining Power", Economics Series Working Paper, Oxford University Department of Economics, ago. 2006; Graziella Bertocchi e Marianna Brunetti, "Marriage and Other Risky Assets: A Portfolio Approach", CEPR Discussion Paper, fev. 2009; Libertad González e Berkay Özcan, "The Risk of Divorce and Household Saving Behavior", IZA Working Paper, set. 2008. Dados sobre os ganhos relativos de maridos e esposas são de Census Bureau, Current Population Survey, "Annual Social and Economic Supplements, Table F-22: Married-Couple Families with Wives' Earnings Greater Than Husbands' Earnings: 1988 to 2008" (www.census.gov/hhes/www/income/data/historical/families/index.html, acessado em 18/07/2010). Dados sobre aumento de casamentos entre estudantes de graduação são de Justin Wolfers e Betsey Stevenson, "Marriage and Divorce, Changes and Their Driving Forces", *Journal of Economic Perspectives*, vol. 21, n. 2, primavera 2007, pp. 27-52; e Adam Isen e Betsey Stevenson, "Women's Education and

Family Behavior: Trends in Marriage, Divorce and Fertility", NBER Working Paper, fev. 2010. Evidência de mudança recente das mães nas atitudes em relação ao trabalho está em Pew Research Center, "Fewer Mothers Prefer Full-time Work", jul. 2007; e Sharon R. Cohany e Emy Sok, "Trends in Labor Force Participation of Married Mothers of Infants", *Bureau of Labor Statistics Monthly Labor Review*, fev. 2007 (www.bls.gov/opub/mlr/2007/02/art2abs.htm, acessado em 08/08/2010). Os dados sobre fertilidade americana são dos Centers for Disease Control and Prevention (www.cdc.gov/nchs/births.htm, acessado em 18/07/2010). Dados sobre número crescente de mães aos 40 anos foram tirados de Claudia Goldin, comunicação pessoal.

98-100 As mulheres mais baratas: A preferência dos homens indianos por mulheres de mesma casta é discutida em Abhijit Banerjee, Esther Duflo, Maitreesh Ghatak e Jeanne Lafortune, "Marry for What? Caste and Mate Selection in Modern India", NBER Working Paper, maio 2009. A análise de pagamentos de dote na Índia e em Bangladesh foi tirada de Francis Bloch e Vijayendra Rao, "Terror as a Bargaining Instrument: A Case-Study of Dowry Violence in Rural India", *American Economic Review*, vol. 92, n. 4, set. 2002, pp. 1.029-1.043; Siwan Anderson, "The Economics of Dowry and Brideprice", *Journal of Economic Perspectives*, vol. 21, n. 4, outono 2007, pp. 151-174; Vijayendra Rao, "The Rising Price of Husbands: A Hedonic Analysis of Dowry Increases in Rural India", *Journal of Political Economy*, vol. 101, n. 4, 1993, pp. 666-671; Vijayendra Rao, "The Economics of Dowries in India", in Kaushik Basu, org., *Oxford Companion to Economics in India* (Nova Déli: Oxford University Press, 2007); e Luciana Suran e Sajeda Amin, "Does Dowry Make Life Better for Brides? A Test of the Bequest Theory of Dowry in Rural Bangladesh", Policy Research Division Working Paper, Population Council, Nova York, 2004.

101-102 Matando meninas: O declínio no aborto de fetos femininos na Coreia do Sul e o impacto da tecnologia de ultrassom em tais abortos na Índia estão discutidos em Woojin Chung e Monica Das Gupta, "The Decline of Son Preference in South Korea: The Roles of Development and Public Policy", *Population and Development Review*, vol. 33, n. 4, dez. 2007, pp. 757-783. Dados sobre desequilíbrios entre os sexos na Coreia do Sul e na China tirados de Monica Das Gupta, Jiang Zhenghua, Li Bohua, Xie Zhenming, Woojin Chung e Bae Hwa-Ok, "Why Is Son Preference So Persistent in East and South Asia? A Cross-Country Study of China, India and the Republic of Korea", *Journal of Development Studies*, vol. 40, n. 2, dez. 2003, pp. 153-187;

NOTAS

e "China Faces Growing Sex Imbalance", BBC News, 11/01/2010 (em news. bbc.co.uk/2/hi/asia-pacifi c/8451289.stm, acessado em 18/07/2010). Dados sobre desequilíbrios entre os sexos nas famílias indianas, chinesas e coreanas nos Estados Unidos são encontrados em Douglas Almond e Lena Edlund, "Son-biased Sex Ratios in the 2000 United States Census", *Proceedings of the National Academy of Sciences*, vol. 105, n. 15, 15 abr. 2008, pp. 5.681-5.682.

102-105 Noivas em fuga: A discussão sobre as consequências do desequilíbrio entre os sexos na China vem de Avraham Ebenstein e Ethan Jennings, "The Consequences of the Missing Girls of China", *World Bank Economic Review*, vol. 23, n. 3, nov. 2009, pp. 399-425; "China Faces Growing Sex Imbalance", BBC News, 11/01/2010 (em news.bbc.co.uk/2/hi/asia-pacifi c/8451289.stm, acessado em 18/07/2010); Shang-Jin Wei e Xiaobo Zhang, "The Competitive Saving Motive: Evidence from Rising Sex Ratios and Savings Rates in China", NBER Working Paper, jun. 2009. A análise sobre a influência positiva das mulheres no desenvolvimento da China e de Taiwan vem de "Women and Men in China, Facts and Figures, 2004", Department of Population, Social Science e Technology, National Bureau of Statistics, China, abr. 2004; Zhang Ye, "Hope for China's Migrant Women Workers", *China Business Review*, abr. 2002; Nancy Qian, "Missing Women and the Price of Tea in China: The Effect of Sex-Specifi c Earnings on Sex Imbalance", CEPR Discussion Paper, dez. 2006; e Andrew M. Frances, "Sex Ratios and the Red Dragon: Using the Chinese Communist Revolution to Explore the Effect of the Sex Ratio on Women and Children in Taiwan", Emory University Working Paper, nov. 2008.

106-109 O preço do trabalho: Dados sobre a coerção ao trabalho são tirados da Organização Internacional do Trabalho, "The Cost of Coercion", relatório do diretor geral, International Labour Conference, 2009. Dados sobre a parcela de mão de obra na renda nacional tirados de Bureau of Economic Analysis, National Income and Product Accounts, Table 1.12: National Income by Type of Income. A análise da evolução da escravidão ao longo da história tirada de Jonathan Conning, "On the Causes of Slavery or Serfdom and the Roads to Agrarian Capitalism: Domar's Hypothesis Revisited", Hunter College Department of Economics Working Paper, City University of New York, nov. 2004; Nils-Petter Lagerlöf, "Slavery and Other Property Rights", *Review of Economic Studies*, vol. 76, n. 1, jan. 2009, pp. 319-342; Evsey Domar, "The Causes of Slavery or Serfdom: A Hypothesis", *Economic History Review*, vol. 30, n. 1, mar. 1970, pp. 18-32; Kevin O'Rourke e Ronald Findlay, *Power and*

Plenty: Trade, War and the World Economy in the Second Millennium (Princeton: Princeton University Press, 2007), p. 130; e Daron Acemoglu e Alexander Wolitzky, "The Economics of Labor Coercion", NBER Working Paper, dez. 2009. Dados sobre o impacto da escravidão na produtividade e no crescimento econômico tirados de Nathan Nunn, "Slavery, Inequality e Economic Development in the Americas: An Examination of the Engerman-Sokoloff Hypothesis", MPRA Paper, University Library of Munich, Germany, out. 2007; Peter Mancall, Joshua Rosenbloom e Thomas Weiss, "South Carolina Slave Prices, 1722-1809", NBER Historical Paper, mar. 2000; Peter Mancall, Joshua Rosenbloom e Thomas Weiss, "Agricultural Labor Productivity in the Lower South, 1720-1800", *Explorations in Economic History*, vol. 39, n. 4, out. 2002, pp. 390-424. O impacto da imigração ilegal nos investimentos de capital na agricultura americana é discutido em Eduardo Porter, "In Florida Groves, Cheap Labor Means Machines", *New York Times*, 22 mar. 2004. Dados sobre salários no Vietnã vêm de Vu Trong Khanh e Leigh Murray, "Inflation Fears After Vietnam Boosts Wages", *Wall Street Journal*, 26 mar. 2010.

110-113 O que é um preço justo?: Dados sobre o custo de bens medidos em termos do salário do trabalhador médio vêm de United States Bureau of Labor Statistics, "100 Years of U.S. Consumer Spending: Data for the Nation, New York City e Boston", maio 2006; J. Bradford Delong, "Cornucopia: Increasing Wealth in the Twentieth Century", NBER Working Paper, mar. 2000. O valor de falar inglês na Índia é encontrado em Mehtabul Azam, Aimee Chin e Nishith Prakash, "The Returns to English-Language Skills in India", IZA Discussion Paper, 2010. A discussão sobre os maiores salários dos altos e bonitos vem de Anne Case e Christina Paxson, "Stature and Status: Height, Ability e Labor Market Outcomes", *Journal of Political Economy*, vol. 116, n. 3, 2008, pp. 499-532; Daniel Hammermesh e Jeff Biddle, "Beauty and the Labor Market", *American Economic Review*, vol. 84, 1994, pp. 1174-1194; e Peter Lundborg, Paul Nystedt e Dan-Olof Rooth, "The Height Premium in Earnings: The Role of Physical Capacity and Cognitive and Non-Cognitive Skills", IZA Working Paper, jun. 2009. As histórias sobre George Eastman e as políticas de trabalho de Henry Ford estão em Sanford M. Jacobi, *Modern Manors: Welfare Capitalism Since the New Deal* (Princeton: Princeton University Press, 1997); "Eastman Charted Path for Industry", *New York Times*, 15 mar. 1932; Daniel Raff e Lawrence Summers, "Did Henry Ford Pay Efficiency Wages?" *Journal of Labor Economics*, vol. 5, out. 1987, pp. S57-86. A análise do número de empregos americanos que podem ser realizados offshore está em Alan Blinder e Alan Krueger, "Alternative Measures of Offshorability: A Survey Approach", NBER Working Paper, ago. 2009. Dados da economia chinesa extraídos do FMI (www.imf.org/external/pubs/ft/weo/2010/01/weodata/index.aspx, acessado em 09/08/2010) e dos United Nations Millennium Indicators (mdgs.un.org/unsd/mdg/Default.aspx, acessado em 09/08/2010). Dados sobre crescimento sindical nos Estados Unidos vieram do Bureau of Labor Statistics (www.bls.gov/news.release/union2.nr0.htm, acessado em 18/07/2010); e Barry Hirsch e David Macpherson, *Union Membership and Earnings Data Book* (Arlington, Va.: The Bureau of National Affairs, Inc., 2010).

113-116 Pagando o super-homem: Dados sobre salários na divisão principal do beisebol são tirados do banco de dados do *USA Today* (content.usatoday.com/sports/baseball/salaries/default.aspx, acessado em 18/07/2010). Dados sobre salários das corporações tirados de Thomas Piketty e Emmanuel Saez, "Income Inequality in the United States, 1913-1998", *Quarterly Journal of Economics*, vol. 118, 2003, pp. 1-39, tabelas e números atualizados (elsa.berkeley.edu/~saez/TabFig2010.xls, acessado em 18/07/2010); Carola Frydman e Raven Saks, "Executive Compensation: A New View from a Long-Term Perspective, 1936-2005", NBER Working Paper, jun. 2008, tabela 3; e Xavier Gabaix e Augustin Landier, "Why Has CEO Pay Increased so Much?", NYU Working Paper, 2006. A análise de Sherwin Rosen está em Sherwin Rosen, "The Economics of Superstars", *American Economic Review*, vol. 71, n. 5, dez. 1981, pp. 845-858. A análise do rápido crescimento dos ganhos no topo da música pop, em Hollywood e no futebol vem de Alan Krueger, "The Economics of Real Superstars: The Market for Rock Concerts in the Material World", *Journal of Labor Economics*, vol. 23, jan. 2005, pp. 1-30; o banco de dados IMDB (em www.imdb.com/name/nm0000129/bio e http://www.imdb.com/title/tt0120755/, acessado em 18/07/2010); Edward Jay Epstein, "Tom Cruise Inc.: The Numbers Behind His Celebrity", *Slate*, 27 jun. 2005; Claudia Eller, "Tom Cruise Sees Box Office Share Scaled Back", *Los Angeles Times*, 17 fev. 2010; Matthew Saltmarsh, "European Soccer Revenue Climbs, but So Do Salaries", *New York Times*, 8 jun. 2010; Garry Jenkins, *The Beautiful Team* (Nova York: Simon & Schuster, 2006); Futebolfinance.com; Christina Settimi, "Soccer's Highest Earners", Forbes.com, 21 abr. 2010; e Fédération Internationale de Football Association (www.fifa.com/aboutfifa/marketing/factsfi gures/tvdata.html). Dados sobre os rendimentos das famílias mais ricas vêm de Piketty e Saez, op. cit.

116-119 Fazendeiros e financistas: Dados sobre bônus para banqueiros vêm do escritório do Comptroller of New York State (www.osc.state.ny.us/press/releases/feb10/bonus_chart_2009.pdf, acessado em 18/07/2010.) Dados sobre os lucros bancários tirados do Bureau of Economic Analysis (www.bea.gov). Os comentários de Faylene Whitacker sobre trabalhadores imigrantes são de Eduardo Porter, "Who Will Work the Farms?" *New York Times*, 23 mar. 2006. Dados sobre migração internacional tirados de Migration Policy Institute (www.migrationinformation.org/datahub/charts/6.1.shtml, acessado em 18/07/2010). Dados sobre crescente desigualdade na China estão em Anthony B. Atkinson, Thomas Piketty e Emmanuel Saez, "Top Incomes in the Long Run of History", NBER Working Paper, out. 2009. Análises do impacto da desigualdade no crescimento econômico tiradas de Dan Andrews, Christopher Jencks e Andrew Leigh, "Do Rising Top Incomes Lift All Boats?", Harvard University John F. Kennedy School of Management Working Paper, 2009. Dados sobre crescimento econômico per capita nos Estados Unidos tirados do FMI (http://www.imf.org/external/pubs/ft/weo/2010/01/weodata/weorept.aspx?pr.x=37&pr.y=12&sy=1980&ey=2015&scsm=1&ssd=1&sort=country&ds=.&br=1&c=111&s=NG DPRPC%2CNGDPPC&grp=0&a=, acessado em 09/08/2010). Comparações internacionais sobre desigualdade encontradas em Organisation for Economic Co-operation and Development, *Growing Unequal? Income Distribution and Poverty in OECD Countries* (OECD Publishing, out. 2008), pp. 77-92. Dados sobre o impacto da desigualdade de renda na saúde e segregação são de Richard Wilkinson e Kate Pickett, *The Spirit Level: Why More Equal Societies Almost Always Do Better* (Nova York: Bloomsbury Press, 2010); e Joseph Gyourko, Christopher Mayer e Todd Sinai, "Superstar Cities", NBER Working Paper, jul. 2006.

119-121 O meio em desaparecimento: A discussão do impacto da escolaridade no crescimento da renda está em Claudia Goldin e Lawrence Katz, *The Race Between Education and Technology* (Cambridge, Mass.: Belknap Press of Harvard University Press, 2008); David Autor e David Dorn, "Inequality and Specialization: The Growth of Low-Skill Service Jobs in the United States", NBER working paper, nov. 2008; Congressional Budget Office, "Changes in the Distribution of Workers' Annual Earnings Between 1979 and 2007", out. 2009; Francine Blau, Marianne Ferber e Anne Winkler, *The Economics of Women, Men and Work*, 5. ed. (Upper Saddle River, N.J.: Pearson Prentice Hall, 2006); Bureau of Labor Statistics (www.bls.gov/news.release/wkyeng.t05.htm, acessado em 08/08/2010); Census Bureau, "Income, Poverty e Health Insurance Coverage in the United States", 2008 (www.census.gov/prod/2009pubs/p60-236.pdf, acessado em 09/08/2010); Bureau of Labor Statistics, "100 Years of U.S. Consumer Spending: Data for the Nation, New York City e Boston", maio 2006 (www.bls.gov/opub/uscs/home.htm, acessado em 09/08/2010); e Bureau of Labor Statistics (www.bls.gov/bls/wages.htm, acessado em 08/08/2010).

121-123 O paraíso de um banqueiro: A narrativa sobre a desregulamentação financeira e o crescimento da remuneração dos banqueiros está em Thomas Philippon e Ariell Reshef, "Wages and Human Capital in the U.S. Financial Industry: 1909-2006", NBER Working Paper, jan. 2009. Os dados sobre parcela dos bancos nos lucros corporativos vêm do Bureau of Economic Analysis, NIPA Tabes nº 6.16A-D (www.bea.gov/national/nipaweb/Index.asp, acessado em 09/08/2010). Os dados sobre formados em universidades arrumando emprego no mundo financeiro vêm de Claudia Goldin e Lawrence F. Katz, "Transitions: Career and Family Lifecycles of the Educational Elite", *American Economic Association Papers and Proceedings*, maio 2008, pp. 363-366; e Princeton University, Office of Career Services, Class of 2008 Career Survey Report.

124-126 O preço do grátis: A discussão sobre o sucesso do álbum *In Rainbows* do Radiohead encontra-se em *Billboard* (www.billboard.com/#/); e Daniel Kreps, "Radiohead Publishers Reveal 'In Rainbows' Numbers", *Rolling Stone*, 15 out. 2008. Análises sobre o valor da atenção dos espectadores nas transmissões de tevê são de Eduardo Porter, "Television Is Not Free and Does Not Want to Be", *New York Times*, 8 mar. 2010; e Ernest Miller, "Top Ten New Copyright Crimes", *Lawmeme*, 2 maio 2002 (lawmeme.research.yale.edu/modules.php?na me=News&fi le=article&sid=198, acessado em 18/07/2010).

127-130 O fascínio do gratuito: A origem da expressão "não existe almoço grátis" é tirada de William Safire, "On Language: Words Out in the Cold", *New York Times*, 14 fev. 1993. O impacto psicológico de ganhar alguma coisa de graça vem de David Adam Friedman, "Free Offers: A New Look", *New Mexico Law Review*, vol. 38, inverno 2008, pp. 49-94; Kristina Shampanier, Nina Mazar e Dan Ariely, "Zero as a Special Price: The True Value of Free Products", *Marketing Science*, vol. 26, n. 6, nov.-dez. 2007, pp. 742-757. Adrian Johns argumenta sobre a importância da informação para a economia do século XX em *Piracy: The Intellectual Property Wars from Gutenberg to Gates* (Chicago: University of Chicago Press, 2009). Comentários sobre rituais de presentear entre culturas marginais de Marcel Mauss, *The Gift: The Form and Reason for Exchange in Archaic Societies* (Nova York: W. W. Norton, 1990), p. 30. Dados sobre volume e custo de spam tirados de Messagelabs (www.messagelabs.com/resources/press/45666, acessado em 18/07/2010); Chris Kanich, Christian Kreibich, Kirill Levchenko, Brandon Enright, Geoffrey Voelker, Vern Paxson e Stefan Savage, "Spamalytics: An Empirical Analysis of Spam Marketing Conversion", *Communications of the Association for Computing Machinery*, vol. 52, n. 9, set. 2009, pp. 99-107; Marco Caliendo, Michel Clement, Dominik Papies e Sabine Scheel-Kopeinig, "The Cost Impact of Spam Filters: Measuring the Effect of Information System Technologies in Organizations", IZA Working Paper, out. 2008. Salários alemães em Eurostat (epp.eurostat.ec.europa.eu/portal/page/portal/eurostat/home/, acessado em 18/07/2010). A reação coreana ao spam está em Robert Kraut, Shyam Sunder, Rahul Telang e James Morris, "Pricing Electronic Mail to Solve the Problem of Spam", Yale ICF Working Paper, jul. 2005.

130-134 Napsterização do mundo: Os preços em queda de computadores são encontrados em Bureau of Economic Analysis, NIPA, tabela 1.5.4, Índice de Preços para PIB, detalhes expandidos (www.bea.gov/national/nipaweb/TableView.asp?SelectedTable=34&ViewSeries=NO&Java=no&Request3Place=N&3Place=N&FromView=YES&Freq=Year&FirstYear=1980&LastYear=2009&3Place=N&Update=Update&JavaBox=no#Mid, acessado em 16/08/2010). A explosão dos downloads de música gratuitos está detalhada em Amanda Lenhart e Susannah Fox, "Downloading Free Music", Pew Internet and American Life Project, 28 set. 2000. Citação de Stewart Brand em Jack Fuller, *What Is Happening to News: The Information Explosion and the Crisis in Journalism* (Chicago: University of Chicago Press, 2010), p. 104. As reflexões de Chris Anderson podem ser vistas em *Free: The Future of a Radical Price* (Nova York: Hyperion, 2009). Dados sobre as vendas em declínio de gravações musicais vêm da Recording Industry Association of America (awww.riaa.org) e International Federation of the Phonographic Industry (www.ifpi.org). Os relatos sobre a indústria da música perdendo a guerra contra a música gratuita são de Eric Pfanner, "Court Says File-Sharing Site Violated Copyright", *New York Times*, 18 abr. 2009; John Schwartz, "Tilting at Internet Barrier, a Stalwart Is Upended", *New York Times*, 11 ago. 2009; Joseph Plambeck, "Idea Man of LimeWire at a Crossroads", *New York Times*, 23 maio 2010; "The State of Online Music: Ten Years After Napster", Pew Internet and American Life Project, 15 jun. 2009; Hilmar Schmundt, "Darth Vader and the Vikings: The

NOTAS

Rise of Sweden's Pirate Party", *Der Spiegel* on-line, 19 jun. 2009; IFPI Digital Music Report 2009 (www.ifpi.org/content/section_resources/dmr2009.html, acessado em 18/07/2010); Tim Arango, "Despite iTunes Accord, Music Labels Still Fret", *New York Times*, 1 fev. 2009. Dados sobre como downloads gratuitos estão invadindo Hollywood foram tirados de "The Cost of Movie Piracy", Motion Picture Association of America, 2005; IFPI Digital Music Report 2009; e Brian Stelter e Brad Stone, "Digital Pirates Winning Battle with Studios", *New York Times*, 4 fev. 2009. A discussão sobre fontes de notícias acerca da morte de Michael Jackson é de "Protect, Point, Pay: An Associated Press Plan for Reclaiming News Content Online", memorando interno da Associated Press, inédito, jul. 2009. Dados sobre jornais e declínio da receita com publicidade vêm de Newspaper Association of America (em www.naa.org). Dados financeiros do Google foram fornecidos pela empresa.

134-136 Lucrando com ideias: O relato sobre a patente de Brunelleschi e *Il Badalone* está em Paul Robert Walker, *The Feud That Sparked the Renaissance: How Brunelleschi and Ghiberti Changed the Art World* (Nova York: William Morrow, 2002), pp. 117-118. Dados sobre os investimentos na indústria farmacêutica estão em Joseph DiMasi, Ronald Hansen e Henry Grabowski, "The Price of Innovation: New Estimates of Drug Development Costs", *Journal of Health Economics*, vol. 22, 2003, pp. 151-185. Detalhes do licenciamento compulsórioo brasileiro de medicamentos antirretrovirais são encontrados em "Timeline on Brazil's Compulsory Licensing", Program on Information Justice and Intellectual Property, American University, Washington College of Law, abr. 2008 (www.ggp.up.ac.za/human_rights_access_to_medicines/syllabus/2009/day2/2PIJIPBrazilTimeline.pdf, acessado em 08/08/2010). Mudanças na lei de patentes indiana são descritas em Donald McNeil Jr., "India Alters Law on Drug Patents", *New York Times*, 24 mar. 2005. O impacto da expiração de patente nos preços e parcela do mercado de remédios de marca é discutido em Laura Magazzini, Fabio Pammolli e Massimo Riccaboni, "Dynamic Competition in Pharmaceuticals: Patent Expiry, Generic Penetration e Industry Structure", *European Journal of Health Economics*, vol. 5, jun. 2004, pp. 175-182; Frank R. Lichtenberg and Gautier Duflos, "Time Release: The Effect of Patent Expiration on U.S. Drug Prices, Marketing e Utilization by the Public", Manhattan Institute Center for Policy Research, Medical Progress Report n. 11, out. 2009 (www.manhattan-institute.org/pdf/mpr_11.pdf, acessado em 08/08/2010). O impacto de patentes na criação e difusão de inovações é discutido em William Baumol, "Intellectual Property: How the Right to

Keep It to Yourself Promotes Dissemination", *Review of Economic Research on Copyright Issues*, vol. 2, n. 2, pp. 17-23; Steve Lohr, "Now, an Invention Inventors Will Like", *New York Times*, 21 set. 2009.

137-140 A defesa dos bookaneiros: A citação de Paul McCartney é tirada de David Bennahum, *The Beatles: After the Break-up: In Their Own Words* (Londres: Omnibus Press, 1991), p. 19. A história sobre as origens do direito autoral na Inglaterra e sua controversa aplicação nos Estados Unidos vem de Hal Varian, "Copying and Copyright", *Journal of Economic Perspectives*, vol. 19, n. 2, primavera 2005, pp. 121-138; Robert Spoo, "Ezra Pound's Copyright Statute: Perpetual Rights and the Problem of Heirs", *UCLA Law Review*, vol. 56, 2009; Charles C. Mann, "The Heavenly Jukebox", *Atlantic Monthly*, set. 2000; Ezra Pound, "Copyright and Tariff", *New Age*, vol. 23, 13 out. 1918, p. 363. A opção de Paulo Coelho em compartilhar seus livros on-line é discutida em Torrent Freak, "Best-Selling Author Turns Piracy into Profit", 12 maio 2008 (torrentfreak.com/best-selling-authorturns-piracy-into-profit-080512/, acessado em 18/07/2010). Análises do impacto de compartilhamento de arquivos no mercado da música em Rafael Rob e Joel Waldfogel, "Piracy on the High C's: Music Downloading, Sales Displacement, and Social Welfare in a Sample of College Students", *Journal of Law and Economics*, vol. 49, n. 1, abr. 2006, pp. 29-62; Alejandro Zentner, "Measuring the Effect of File Sharing on Music Purchases", *Journal of Law and Economics*, vol. 49, n. 1, abr. 2006; Martin Peitz e Patrick Waelbroeck, "The Effect of Internet Piracy on Music Sales: Cross-Section Evidence", *Review of Economic Research on Copyright Issues*, 2004, vol. 1, n. 2, 2004, pp. 71-79; Sudip Bhattacharjee, Ram Gopal, Kaveepan Lertwachara, James Marsden e Rahul Telang, "The Effect of Digital Sharing Technologies on Music Markets", *Management Science*, vol. 53, n. 9, set. 2007, pp. 1.359-1.374. A análise do impacto de downloads de música nas bandas que ainda não fizeram sucesso é de Alan Krueger, "The Economics of Real Superstars: The Market for Rock Concerts in the Material World", *Journal of Labor Economics*, vol. 23, jan. 2005, pp. 1-30; Marie Connolly e Alan Krueger, "Rockonomics: The Economics of Popular Music", NBER Working Paper, abr. 2005; "The State of Online Music: Ten Years After Napster", Pew Internet and American Life Project, 15 jun. 2009, pp. 13-14; Greg Sandoval, "Trent Reznor: Why Won't People Pay $5?", *CNET News*, 10 jan. 2008 (news.cnet.com/8301-10784_3-9847788-7.html, acessado em 18/07/2010).

NOTAS

140-143 Roubando tênis: A análise de Stan Liebowitz sobre a economia do copyright é encontrada em seu site na University of Texas at Dallas (www.utdallas.edu/~liebowit/, acessado em 18/07/2010); Stan Liebowitz, "Testing File-Sharing's Impact by Examining Record Sales in Cities", University of Texas at Dallas School of Management, Department of Finance and Managerial Economics Working Paper, abr. 2006; Stan Liebowitz, "Economists' Topsy-Turvy View of Piracy", *Review of Economic Research on Copyright Issues*, vol. 2, n. 1, 2005, pp. 5-17. As reações dos artistas ao pedido do Google para fornecer arte de graça está em Andrew Adam Newman, "Use Their Work Free? Some Artists Say No to Google", *New York Times*, 15 jun. 2009. A história sobre advogados não remunerados está em Elie Mystal, "It's Come to This: Unpaid Internships for Lawyers with One-Three Years Experience", *Above the Law*, 30 set. 2009 (abovethelaw.com/2009/09/itscome-to-this-unpaid-internships-for-lawyers-with-one-three-years-experience/, acessado em 18/07/2010). A sugestão de Hal Varian sobre como os jornais podem ganhar dinheiro está em Hal R. Varian, "Versioning Information Goods", University of California Berkeley Working Paper, 13 mar. 1997. A estratégia de preços on-line do *Newport Daily News* em Rhode Island é descrita em Joseph Tartakoff, "Taking the Plunge: How Newspaper Sites That Charge Are Faring", Paid Content. org, 2 set. 2009 (paidcontent.org/article/419-taking-the-plunge-hownewspaper-sites-that-charge-are-faring/, acessado em 16/08/2010).

143-145 Onde a informação vai morrer: Dados sobre vendas de música na França estão em IFPI, "Digital Music Report", 2009. A confiança dos especialistas na derrocada inevitável do copyright é tirada de "The Future of the Internet III", Pew Internet and American Life Project, 14 dez. 2008. Histórias sobre a batalha contra a pirataria da música de partitura no século XIX são encontradas em Adrian Johns, *Piracy: The Intellectual Property Wars from Gutenberg to Gates* (Chicago: University of Chicago Press, 2009), p. 329.

146-152 O preço da cultura: Os dados sobre a disseminação da democracia são de Freedom House, "Democracy's Century: A Survey of Global Political Change in the 20th Century", 1999 (http://www.freedomhouse.org/template.cfm?page=70&release=75, acessado em 09/08/2010). Os dados sobre compra de votos na Tailândia e em São Tomé e Príncipe vêm de Frederic Charles Schaffer, "Vote Buying in East Asia", Transparency International Corruption Report, 2004; Pedro Vicente, "Is Vote Buying Effective? Evidence from a Field Experiment in West Africa", Oxford University Working

Paper, 2007; e Pedro Vicente, "Does Oil Corrupt? Evidence from a Natural Experiment in West Africa", Oxford University Working Paper, 2006. Relatos sobre compra de voto na Inglaterra e nos Estados Unidos no século XIX vêm de E. Anthony Smith, "Bribery and Disfranchisement: Wallingford Elections, 1820-1832", *English Historical Review*, vol. 75, n. 297, out. 1960, pp. 618-630; Gary Cox e J. Morgan Kousser, "Turnout and Rural Corruption: New York as a Test Case", *American Journal of Political Science*, vol. 25, n. 4, 1981; e David Kirkpatrick, "Does Corporate Money Lead to Political Corruption?", *New York Times*, 23 jan. 2010. Os dados sobre gastos com campanha na eleição presidencial de 2008 nos Estados Unidos são do Center for Responsive Politics (www.opensecrets.org/pres08/index.php, acessado em 18/07/2010); e Federal Election Commission, 2008 Official Presidential General Election Results (www.fec.gov/pubrec/fe2008/2008presgeresults.pdf, acessado em 18/07/2010). A discussão sobre o retorno limitado dos gastos com campanha contemporâneos está em Steven Levitt, "Using Repeat Challengers to Estimate the Effects of Campaign Spending on Electoral Outcomes in the U.S. House", *Journal of Political Economy*, vol. 102, 1994, pp. 777-798. A comparação entre corrupção e lobby foi tirada de Bard Harstad e Jakob Svensson, "Bribes, Lobbying and Development", CEPR Discussion Paper, 2006; Center for Responsive Politics (www.opensecrets.org/lobby/index.php, acessado em 18/07/2010); Center for Responsive Politics, "Banking on Connections", 3 jun. 2010; Erich Lichtblau e Edward Wyatt, "Financial Overhaul Bill Poses Big Test for Lobbyists", *New York Times*, 22 maio 2010; Henrik Kleven, Martin Knudsen, Claus Kreiner, Søren Pedersen e Emmanuel Saez, "Unwilling or Unable to Cheat? Evidence from a Randomized Tax Audit Experiment in Denmark", NBER Working Paper, fev. 2010; Nauro Campos e Francesco Giovannoni, "Lobbying, Corruption and Other Banes", CEPR Discussion Paper, 2008; "Daimler Agrees to Pay $185m After Admitting Bribery", BBC News, 1 abr. 2010 (news.bbc.co.uk/go/pr/fr/-/2/hi/business/8600241.stm, acessado em 18/07/2010); e Politische Datensbank (www.parteispenden.unklarheiten.de/?seite=datenbank_show_k&db_id=25&kat=3&sortierung=start, acessado em 15/07/2010); e Vanessa Fuhrman and Thomas Catan, "Daimler to Settle with U.S. on Bribes", *Wall Street Journal*, 24 mar. 2010. Tim Groseclose e Jeff Milyo discutem como membros do Congresso atribuem um valor a seus assentos em "Buying the Bums Out: What's the Dollar Value of a Seat in Congress?", Stanford University Graduate School of Business Research Paper, 1999.

NOTAS

152-154 O que a cultura faz: Os hábitos de trabalho entre filhas de imigrantes nos Estados Unidos são encontrados em Raquel Fernandez, "Women, Work and Culture", NBER Working Paper, fev. 2007. O impacto das multas nas creches de Israel é discutido em Uri Gneezy e Aldo Rustichini, "A Fine Is a Price", *Journal of Legal Studies*, vol. 29, n. 1, jan. 2000, pp. 1-17. A estatística sobre os altos preços no Japão vem de Robert Lipsey e Birgitta Swedenborg, "Explaining Product Price Differences Across Countries", NBER Working Paper, jul. 2007.

154-157 De onde vem a cultura: A discussão sobre as implicações econômicas da confiança é de Jeff Butler, Paola Giuliano e Luigi Guiso, "The Right Amount of Trust", CEPR Discussion Paper, set. 2009; e World Values Survey, onda 2005-2008 (www.wvsevsdb.com/wvs/WVSAnalizeSample.jsp, acessado em 18/07/2010). Diferentes opiniões sobre lábios deformados de garotas mursi são de Mursi Online, Oxford University Department of International Development (www.mursi.org); e Luigi Guiso, Paola Sapienza e Luigi Zingales, "Does Culture Affect Economic Outcomes?", *Journal of Economic Perspectives*, vol. 20, primavera 2006, pp. 23-48. Os resultados de experimentos usando o Jogo do Ultimato pelo mundo são descritos em Joseph Heinrich et al., "'Economic Man' in Cross-Cultural Perspective: Behavioral Experiments in 15 Small-Scale Societies", *Behavioral and Brain Sciences*, vol. 28, 2005, pp. 795-855. O uso do mito para lidar com populações de caribu entre os chisasibi é descrito em Fikret Berkes, *Sacred Ecology*, 2.ed. (Nova York: Routledge, 2008), pp. 128-129. Dados sobre proximidade cultural entre sociedades que compartilham de ambientes similares são de Mathias Thoenig, Nicolas Maystre, Jacques Olivier e Thierry Verdier, "Product-Based Cultural Change: Is the Village Global?", CEPR Discussion Paper, ago. 2009. O impacto da escolha de um sistema econômico na visão de mundo de alemães orientais e ocidentais é tirado de Alberto Alesina e Nicola Fuchs-Schündeln, "Good-bye Lenin (or Not?): The Effect of Communism on People's Preferences", NBER Working Paper, out. 2005.

157-162 Quem pode bancar direitos animais?: Dados sobre atitudes em relação ao sexo pré-marital são tirados de Jesús Fernández-Villaverde, Jeremy Greenwood e Nezih Guner, "From Shame to Game in One Hundred Years: An Economic Model of the Rise in Premarital Sex and Its Destigmatization", NBER Working Paper, jan. 2010; e Kaye Wellings, "Poverty or Promiscuity: Sexual Behaviour in Global Context", London School of Hygiene and Tropical

Medicine, artigo apresentado no Training Course in Sexual and Reproductive Health Research, Genebra, Suíça, 23 fev. 2009. Os motivos para a pavorosa cozinha inglesa são discutidos em Paul Krugman, "Supply, Demand and English Food", *Fortune*, jul. 1988. Comparações internacionais da parcela de renda dirigida aos alimentos, elasticidade de preço da demanda por alimento e preferências por tratar humanitariamente as criações de animais são tiradas de Economic Research Service of the United States Department of Agriculture (www.ers.usda.gov/Data/InternationalFood-Demand/Index.asp?view=PEF#IFD, acessado em 18/07/2010); David Dickinson e DeeVon Bailey, "Experimental Evidence on Willingness to Pay for Red Meat Traceability in the United States, Canada, the U.K. and Japan", *Journal of Agricultural and Applied Economics*, vol. 37, n. 3. dez. 2005, pp. 537-548; e World Values Survey, média das quatro primeiras ondas: 1981-2000 (www.wvsevsdb.com/wvs/WVSAnalizeSample.jsp, acessado em 18/07/2010). A análise do relacionamento entre o preço do trabalho e a disponibilidade de serviços está em Robert Lipsey e Birgitta Swedenborg, "High-Price and Low-Price Countries: Causes and Consequences of Product Price Differences Across Countries", University of Pennsylvania Workshop Presentation, 2008; Robert Lipsey and Birgitta Swedenborg, "Explaining Product Price Differences Across Countries", NBER Working Paper, jul. 2007; e Robert Lipsey e Birgitta Swedenborg, "Wage Dispersion and Country Price Levels", NBER Working Paper, 1997. O comentário sobre as diferentes opiniões quanto a justiça e a sorte na Europa e nos Estados Unidos é de Roland Benabou e Jean Tirole, "Belief in a Just World and Redistributive Politics", NBER Working Paper, mar. 2005; e World Values Survey, onda 2005-2008 (http://www.wvsevsdb.com/wvs/WVSAnalizeStudy.jsp, acessado em 09/08/2010). A discussão sobre diversidade racial e apoio às políticas de redistribuição está em William Julius Wilson, *When Work Disappears: The World of the New Urban Poor* (Nova York: Vintage Books, 1997), p. 202. Dados sobre padrões de gorjeta nos Estados Unidos vêm de Daniel Kahneman, Jack Knetsch e Richard Thaler, "Fairness as a Constraint on Profit Seeking: Entitlements in the Market", *American Economic Review*, vol. 76, set. 1986, pp. 728-741; e Michael Lynn, "Tipping in Restaurants and Around the Globe: An Interdisciplinary Review", in Morris Altman, org., *Handbook of Contemporary Behavioral Economics, Foundations and Developments* (Armonk, N.Y.: M .E. Sharpe Publishers, 2006), pp. 626-643.

162-165 O preço da aversão: Discussão sobre diferentes atitudes em relação a comer filé de cavalo é tirada de Alvin Roth, "Repugnance as a Constraint on

NOTAS

Markets", *Journal of Economic Perspectives*, vol. 21, n. 3, verão 2007, pp. 37-58; maville.com, Caen et ça region (em www.caen.maville.com/actu/actudet_-
-Cyril-ouvre-une-boucherie-chevaline-boulevard-Leroy-_loc-822159_actu. htm, acessado em 18/07/2010); e Tara Burghart, "Last US Horse Slaughterhouse to Close", *Huffington Post*, 29 jun. 2007 (www.huffingtonpost. com/huff-wires/20070629/horse-slaughter/#, acessado em 18/07/2010). A discussão sobre atitudes em relação à doação de óvulo é de Ethics Committee of the American Society for Reproductive Medicine, "Financial Compensation of Oocyte Donors", *Fertility and Sterility*, vol. 88, n. 2, ago. 2007, pp. 305-309; David Tuller, "Payment Offers to Egg Donors Prompt Scrutiny", *New York Times*, 10 maio 2010; United Kingdom Human Fertilization and Embryology Authority, "Egg Donation and Egg Sharing" (www.hfea.gov.uk/egg-donation-and-eggsharing. html, acessado em 18/07/2010); e Alvin Roth, op. cit. A discussão sobre a oposição ao arremesso de anões na França vem de Alvin Roth, op. cit. A campanha de Brigitte Bardot contra a apreciação coreana por carne de cachorro é discutida em William Saletan, "Wok the Dog", *Slate*, 16 jan. 2002. Dados sobre transplantes de rim são encontrados em Scientific Registry of Transplant Recipients (www.ustransplant.org/csr/current/nationalViewer. aspx?o=KI, acessado em 18/07/2010). A discussão sobre como as vendas de rim aumentariam a oferta de rins para transplante vem de Gary S. Becker e Julio Jorge Elías, "Introducing Incentives in the Market for Live and Cadaveric Organ Donations", *Journal of Economic Perspectives*, vol. 21, verão 2007, pp. 3-24; Anne Griffin, "Kidneys on Demand", *British Medical Journal*, vol. 334, 10 mar. 2007, pp. 502-505; Ahad J. Ghods e Shekoufeh Savaj, "Iranian Model of Paid and Regulated Living-Unrelated Kidney Donation", *Clinical Journal of the American Society of Nephrology*, vol. 1, 2006, pp. 616-625; e Hassan Ibrahim, Robert Foley, LiPing Tan, Tyson Rogers, Robert Bailey, Hongfei Guo, Cynthia Gross e Arthur Matas, "Long-Term Consequences of Kidney Donation", *New England Journal of Medicine*, vol. 360, n. 5, jan. 2009, pp. 459-469.

165-166 O sistema de preços de Darwin: Os experimentos com a percepção de justiça dos macacos estão descritos em Sarah Brosnan e Frans de Waal, "Monkeys Reject Unequal Pay", *Nature*, vol. 425, 18 set. 2003, pp. 297-299.

167-169 O preço da fé: A Aposta de Pascal é descrita em Blaise Pascal, *Pensées*, tradução para o inglês de W. F. Trotter, 1910, Section IV: On the Means of Belief, paragraph 233 (oregonstate.edu/instruct/phl302/texts/pascal/pensees-
-contents.html, acessado em 18/07/2010).

169-172 Os benefícios da crença: A discussão sobre padrões de assistência mútua em grupos religiosos vem de Eli Berman, "Sect, Subsidy and Sacrifice: An Economist's View of Ultra-Orthodox Jews", *Quarterly Journal of Economics*, vol. 65, n. 3, 2003, pp. 905-953; David Landau, *Piety and Power: The World of Jewish Fundamentalism* (Nova York: Hill and Wang, 1992), p. 263; Buster Smith and Rodney Stark, "Religious Attendance Relates to Generosity Worldwide", Gallup Report, 4 set. 2009 (www.gallup.com/poll/122807/religiousattendance-relates-generosity-worldwide.aspx, acessado em 18/07/2010); Daniel Chen, "Club Goods and Group Identity: Evidence from Islamic Resurgence During the Indonesian Financial Crisis", *Journal of Political Economy*, vol. 118, n. 2, 2010, pp. 300-354. A discussão sobre o impacto da fé religiosa na confiança, no comportamento moral, na felicidade e na mortalidade se baseia em Luigi Guiso, Paola Sapienza e Luigi Zingales, "People's Opium? Religion and Economic Attitudes", *Journal of Monetary Economics*, vol. 50, n. 1, pp. 225-282, 2003; Azim Shariff e Ayan Norenzayan, "God Is Watching You", *Psychological Science*, vol. 18, n. 9, 2007, pp. 803-809; Steve Farkas, Jean Johnson e Tony Foleno, "For Goodness Sake: Why So Many Want Religion to Play a Greater Role in American Life", *Public Agenda*, 2001; Robert Hummer, Richard Rogers, Charles Nam e Christopher Ellison, "Religious Involvement and U.S. Adult Mortality", *Demography*, vol. 36, n. 2, maio 1999, pp. 273-285; Jonathan Gruber, "Religious Market Structure, Religious Participation e Outcomes: Is Religion Good for You?", NBER Working Paper, maio 2005; e Timothy Brown, "A Monetary Valuation of Individual Religious Behavior: The Case of Prayer", University of California Berkeley Working Paper, set. 2009. A relação entre atitudes religiosas e oportunidades das pessoas no mundo secular é tirada de Jonathan Gruber e Daniel Hungerman, "The Church vs. the Mall: What Happens When Religion Faces Increased Secular Competition?", NBER Working Paper, jul. 2006; Jonathan Gruber, "Pay or Pray? The Impact of Charitable Subsidies on Religious Attendance", NBER Working Paper, mar. 2004; e Edward Glaeser e Bruce Sacerdote, "Education and Religion", NBER Working Paper, 2001.

172-175 Qual é o custo disso?: O comentário de Maimônides sobre a circuncisão é encontrado em Moses Maimonides, *The Guide for the Perplexed*, traduzido do original árabe por M. Friedlander, 2. ed. (Charleston, S.C.: Forgottenbooks.com, 2008), pp. 646-647. A descrição da religião mística de Pitágoras está em Bertrand Russell, *A History of Western Philosophy* (Londres: Routledge, 1991), p. 51. As taxas de sobrevivência das comunidades religiosas em relação às seculares no século XIX são encontradas em Richard Sosis e Eric Bressler, "Cooperation and Commune Longevity: A Test of the Costly Signaling Theory of Religion", *Cross-Cultural Research*, vol. 37, n. 2, maio 2003, pp. 211-239.

175-178 Quando a fé é barata: Esforços dos religiosos de se separar de outros grupos são discutidos em Laurence Iannaccone, "Introduction to the Economics of Religion", *Journal of Economic Literature*, vol. 36, set. 1998, pp. 1.465-1.496. A descrição sobre a emergência do judaísmo ultraortodoxo na Europa é de Eli Berman, "Sect Subsidy and Sacrifice: An Economist's View of Ultra--Orthodox Jews", *Quarterly Journal of Economics*, vol. 115, n. 3, ago. 2000, pp. 905-953. Participação na Igreja Católica tirada de Carol Glatz, "Vatican: Priest Numbers Show Steady, Moderate Increase", *Catholic News Service*, 2 mar. 2009. O famoso artigo da revista *Time* sobre Deus é "Toward a Hidden God", *Time*, 8 abr. 1966. A discussão sobre o enfraquecimento da Igreja Católica a partir da década de 1960 é tirado de Association of Religion Data Archives (www.thearda.com/Denoms/D_836.asp, acessado em 18/07/2010); Pew Global Attitudes Project, "The U.S. Stands Alone in Its Embrace of Religion", 19 dez. 2002; e World Values Survey (www.wvsevsdb.com/wvs/WVSAnalizeSample.jsp, acessado em 18/07/2010). A reintrodução das indulgências plenas pelo papa Bento é descrita em Paul Vitello, "For Catholics, Heaven Moves a Step Closer", *New York Times*, 10 fev. 2009.

178-180 O que a Igreja quer?: A Igreja Católica medieval adaptando suas regras, penalidades e seus preços está em Robert Ekelund Jr., Robert Hébert e Robert Tollison, "An Economic Analysis of the Protestant Reformation", *Journal of Political Economy*, vol. 110, n. 3, 2002; e Robert Ekelund, Robert Tollison, Gary Anderson, Robert Hébert e Audrey Davidson, *Sacred Trust: The Medieval Church as an Economic Firm* (Nova York: Oxford University Press, 1996), pp. 96-98.

180-183 O pecado versus o mundo secular: O declínio da crença em Deus no mundo industrializado está documentado em Ronald Inglehart e Pippa Norris, *Sacred and Secular: Religion and Politics Worldwide* (Cambridge, U.K.: Cambridge University Press, 2004). A divergência dessa tendência nos Estados Unidos é discutida em Pew Research Center for the People and the Press, "U.S. Stands Alone in Its Embrace of Religion", Pew Global Attitudes Project, 19 dez. 2002; Roger Finke e Rodney Stark, "The Dynamics of Religious Economies", in Michele Dillon, org., *Handbook of the Sociology of Religion* (Cambridge,

U.K.: Cambridge University Press, 2004); e Association of Religion Data Archives (www.thearda.com/quickstats/qsdir.asp, acessado em 19/08/2010).

183-185 Deus vai se recuperar do baque?: A relação entre pobreza e religião é discutida em Ronald Inglehart e Pippa Norris, op. cit.; e Eli Berman, op. cit. Dados sobre fertilidade, pobreza e fervor religiosos nos Estados Unidos vêm de Census Bureau, Fertility of American Women 2006 (www.census.gov/prod/2008pubs/p20-558.pdf, acessado em 19/08/2010); Census Bureau, State Median Family Income 2007 (www.census.gov/hhes/www/income/statemedfaminc.html, acessado em 19/08/2010); e Frank Newport, "Religious Identity: States Differ Widely", Gallup Report, 7 ago. 2009 (www.gallup.com/poll/122075/religious-identity-states-differ-widely.aspx, acessado em 19/07/2010).

186-189 O preço do futuro: A descrição do reverendo Thomas Malthus é tirada de Robert Heilbroner, *The Worldly Philosophers*, 7. ed. rev. (Nova York: Touchstone, 1999), pp. 75-104. A citação de Malthus está em *An Essay on the Principle of Population: or, A View of Its Past and Present Effects on Human Happiness* (Cambridge, U.K.: Cambridge University Press, 1992), pp. 42-43. A citação de Carlyle está em *Chartism* (Nova York: Wiley and Putnam, 1847), p. 383. A descrição do colapso de antigas civilizações vem de Jared Diamond, "The Last Americans: Environmental Collapse and the End of Civilization", *Harper's*, jun. 2003; e James Brander e M. Scott Taylor, "The Simple Economics of Easter Island: A Ricardo-Malthus Model of Renewable Resource Use", *American Economic Review*, vol. 88, n. 1, mar. 1998, pp. 119-138. A descrição do mundo nos séculos até os tempos de Malthus e a transformação econômica vivida desde então vem de J. Bradford Delong, "Estimating World GDP, One Million B.C.-Present", maio 1998, inédito (www.j-bradford-delong.net/TCEH/1998_Draft/World_GDP/Estimating_World_GDP.html, acessado em 19/07/2010); David Cutler, Angus Deaton e Adriana Lleras-Muney, "The Determinants of Mortality", NBER Working Paper, jan. 2006; Julie Jefferies, "The UK Population: Past, Present and Future", in *Focus on People and Migration*, UK Office for National Statistics, 2005 (www.statistics.gov.uk/downloads/theme_compendia/fom2005/01_FOPM_Population.pdf, acessado em 19/07/2010); Ronald Findlay e Kevin H. O'Rourke, *Power and Plenty: Trade, War and the World Economy in the Second Millennium* (Princeton: Princeton University Press, 2007), pp. 315-323; e Jeffrey Sachs, *The End of Poverty: Economic Possibilities of Our Time* (Londres: Penguin Books, 2006), pp. 27-37. Os dados comparativos sobre emissões de carbono em Estados Unidos, na China e na Índia vêm de United

NOTAS

States Energy Information Administration (www.eia.doe.gov/oiaf/ieo/pdf/ieo-refcase.pdf, acessado em 19/07/2010).

189-193 O preço equivocado da natureza: A citação de Jeffrey Sachs está em Jeffrey Sachs, *Common Wealth: Economics for a Crowded Planet* (Nova York: The Penguin Press, 2008), p. 67. A avaliação da Agência de Proteção Ambiental sobre os custos sociais das emissões de carbono está em Environmental Protection Agency, "Technical Support Document on Benefits of Reducing GHG Emissions", 12 jun. 2008 (www.eenews.net/public/25/10084/features/documents/2009/03/11/document_gw_04.pdf, acessado em 19/07/2010). Dados sobre preços de energia, consumo e emissões de carbono na Alemanha foram extraídos de release para a imprensa da Eurostat, "Household Electricity Prices in the EU27 Fell by 1.5% and Gas Prices by 16.0%", 28 maio 2010 (epp.eurostat.ec.europa.eu/cache/ITY_PUBLIC/8-28052010-AP/EN/8-28052010-ap-en.pdf, acessado em 19/07/2010); United States Energy Information Administration (www.eia.doe.gov/cneaf/electricity/epm/table5_3.html, acessado em 19/07/2010); OECD Factbook (www.oecd-ilibrary.org/content/book/factbook-2010-en, acessado em 18/07/2010); e International Energy Agency, "CO_2 Emissions from Fuel Combustion, Highlights", 2009, p. 89 (http://www.iea.org/co2highlights/, acessado em 09/08/2010). Padrões de uso de automóvel e consumo de gasolina dos americanos em comparação com outros países tirados de Edward Glaeser e Matthew Kahn, "Sprawl and Urban Growth", NBER Working Paper, maio 2003; e World Bank, "World Development Indicators: Transport Sector Gasoline Fuel Consumption Per Capita" (data.worldbank.org/indicator/IS.ROD.SGAS.PC, acessado em 19/07/2010) e "World Development Indicators: Motor Vehicles (per 1,000 people)" (data.worldbank.org/indicator/IS.VEH.NVEH.P3, acessado em 05/08/2010). O impacto dos preços da gasolina nas vendas de carro é estimado em Meghan Busse, Christopher Knittel e Florian Zettelmeyer, "Pain at the Pump: The Differential Effect of Gasoline Prices on New and Used Automobile Markets", NBER Working Paper, dez. 2009. Dados sobre carros mais vendidos em suas emissões de gás carbônico são de "New Car CO_2 Report", Society of Motor Manufacturers and Traders, Londres, mar. 2009 (http://www.smmt.co.uk/downloads/SMMT-Annual-CO2-report.pdf, acessado em 16/08/2010); Autodata (http://www.motorintelligence.com/m_frameset.html, acessado em 15/01/2010); e www.fueleconomy.gov. Dados sobre a trilha das emissões de CO_2 e o aquecimento global tirados de U.S. Energy Information Administration, "International Energy Outlook", maio 2010; Intergovernmental Panel on Climate Change, "Climate Change, 2007 Synthesis Report" (www.ipcc.ch/pdf/assessment-report/ar4/syr/ar4_syr.pdf, acessado em 19/07/2010); *The Stern Review: The Economics of Climate Change*, Executive Summary, Londres, out. 2006 (webarchive.nationalarchives.gov.uk/+/www.hm-treasury.gov.uk/independent_reviews/stern_review_economics_climate_change/sternreview_index.cfm, acessado em 19/07/2010). Estimativas de população e da disponibilidade da água em 2050 são de United Nations Press Conference on Key Issues Relating to Climate Change and Sustainable Development, 6 nov. 2009 (www.un.org/News/briefings/docs/2009/091106_Climate_Change.doc.htm, acessado em 19/07/2010).

193-199 A ética do amanhã: A diminuição da preocupação dos americanos quanto à mudança climática é discutida em Frank Newport, "Americans' Global Warming Concerns Continue to Drop", Gallup Report, 11 mar. 2010 (www.gallup.com/poll/126560/americans-global-warming-concerns-continue-drop.aspx, acessado em 19/07/2010). Dados sobre emissões de carbono por empresas selecionadas e o impacto da taxa de carbono em seus lucros estão em Investor Responsibility Research Center, Institute for Corporate Responsibility, "Carbon Risks and Opportunities in the S&P 500", jun. 2009, e nos arquivos financeiros da American Electric Company. A discussão sobre o ceticismo republicano quanto aos perigos da mudança climática vem de Michael I. Cragg and Matthew E. Kahn, "Carbon Geography: The Political Economy of Congressional Support for Legislation Intended to Mitigate Greenhouse Gas Production", NBER Working Paper, maio 2009. Dados sobre o impacto das taxas de energia sobre os pobres são encontrados em Dallas Burtraw, Rich Sweeney e Margaret Walls, "The Incidence of U.S. Climate Policy: Where You Stand Depends on Where You Sit", Resources for the Future Discussion Paper, set. 2008 (http://www.rff.org/rff/documents/rff-dp-08-28.pdf, acessado em 08/08/2010). O impacto da mudança climática na agricultura está em William Cline, "Climate Change Economics 2008", palestra apresentada na Colgate University, Center for Ethics and World Societies, Hamilton, Nova York, 10 mar. 2008; Orley Ashenfelter e Karl Storchmann, "Measuring the Economic Effect of Global Warming on Viticulture Using Auction, Retail and Wholesale Prices", American Association of Wine Economists Working Paper, maio 2010; e Orley Ashenfelter e Karl Storchmann, "Using a Hedonic Model of Solar Radiation to Assess the Economic Effect of Climate Change: The Case of Mosel Valley Vineyards", NBER Working Paper, jul. 2006. A análise do impacto do aquecimento na produção industrial em países pobres baseia-se em Melissa Dell, Benjamin Jones e Benjamin Olken, "Climate Change and Economic Growth: Evidence from the Last Half Century", NBER Working Paper, jun. 2008. Projeções de população para o fim do século vêm de "World Population in 2300", relatório do United Nations Department of Economic and Social Affairs, Population Division, 2003 (www.un.org/esa/population/publications/longrange2/Long_range_report.pdf, acessado em 08/08/2010). A discussão da provável relutância dos países ricos em fornecer ajuda financeira para que os países pobres lidem com o impacto da mudança climática baseia-se em Organisation for Economic Co-operation and Development, "Development Co-operation Report 2010, Statistical Annex", (http://www.oecd.org/document/9/0,3343,en_2649_34447_1893129_1_1_1_1,00. html, acessado em 18/07/2010); e Joe Barton, "How Congress's Drive to Stop Global Warming Is Fueling China's Drive to Out-Compete the U.S.", *The Hill*, 7 jul. 2009. A discussão sobre a relutância das pessoas em sacrificar os recursos atuais para melhorar a vida de pessoas no futuro baseia-se em Talbot Page, "Conservation and Economic Efficiency: An Approach to Materials Policy" (Baltimore: Johns Hopkins University Press, 1977), p. 169; Maureen Cropper, Sema Aydede e Paul Portney, "Rates of Time Preference for Saving Lives", Economics of the Environment, *American Economic Association Papers and Proceedings*, vol. 82, n. 2, maio 1992, pp. 469-472; e Shane Frederick, "Measuring Intergenerational Time Preference: Are Future Lives Valued Less?", *Journal of Risk and Uncertainty*, vol. 26, n. 1, 2003, pp. 39-53; Susmita Pati, Ron Keren, Evaline Alessandrini e Donald Schwarz, "Generational Differences in U.S. Public Spending, 1980-2000", *Health Affairs*, vol. 23, set.-out. 2004, pp. 131-141; Pew Research Center, "Fewer Americans See Solid Evidence of Global Warming", 22 out. 2009; e W. Kip Viscusi e Joni Hersch, "The Generational Divide in Support for Climate Change Policies: European Evidence", Harvard Law School Working Paper, fev. 2005. O dilema democrático de Partha Dasgupta é discutido em "Discounting Climate Change", *Journal of Risk and Uncertainty*, vol. 37, dez. 2008, pp. 141-169. Evidência de que há outras prioridades em que poderíamos empregar o dinheiro além da prevenção contra a mudança climática está em United Nations Millennium Development Goals Report, 2008 (www.un.org/millenniumgoals/pdf/The%20Millennium%20Development%20Goals%20Report%202008.pdf, acessado em 18/07/2010).

199-203 O preço do futuro: A avaliação de Nicholas Stern sobre os investimentos necessários para evitar a mudança climática catastrófica é tirada de *The Stern Review: The Economics of Climate Change*, capítulo 13, "Towards a Goal for Climate Change Policy", p. 295 (webarchive.nationalarchives.gov.uk/+/www.hm-treasury.gov.uk/independent_reviews/stern_review_economics_climate_change/sternreview_index.cfm, acessado em 19/07/2010); Lauren Morello, "Is 350 the New 450 When It Comes to Capping Carbon Emissions?", *New York Times* ClimateWire, 28 set. 2009; e Juliette Jowit and Patrick Wintour, "Cost of Tackling Global Climate Change Has Doubled, Warns Stern", *Guardian*, 26 jun. 2008. Análises sobre a taxa de desconto baseiam-se em William Nordhaus, *A Question of Balance: Weighing the Options on Global Warming Policies* (New Haven: Yale University Press, 2008), pp. 9-11. A discordância de Nordhaus com Stern aparece em William Nordhaus, "The Challenge of Global Warming: Economic Models and Environmental Policy", Yale University Working Paper, jul. 2007; e William Nordhaus, op. cit., p. 11. Estimativas sobre o crescimento econômico ao longo dos últimos duzentos anos vêm de Angus Maddison, "Historical Statistics for the World Economy: 1-2008 AD" (http://www.ggdc.net/maddison/Historical_Statistics/horizontal-file_02-2010.xls, acessado em 11/08/2010).

203-204 Dividido entre dois preços: Os preceitos conflitantes de Stern e Nordhaus estão em William Cline, "Climate Change Economics 2008", palestra apresentada na Colgate University, Center for Ethics and World Societies, Hamilton, Nova York, 10 mar. 2008; e William Nordhaus, *A Question of Balance: Weighing the Options on Global Warming Policies* (New Haven: Yale University Press, 2008), sobretudo pp. 1-29, 88-93 e 165-191. Dados do European Climate Exchange estão em www.ecx.eu. A dificuldade de Dasgupta chegar a uma conclusão sobre quanto gastar para diminuir o aquecimento global está em Partha Dasgupta, op. cit.

205-207 A salvação a preço de banana: Comentários sobre soluções de geoengenharia para o aquecimento global estão em Catherine Brahic, "Hacking the Planet: The Only Climate Solution Left?", *New Scientist*, n. 2.697, jul. 2009, pp. 8-10. O relato da aposta entre Julian Simon e Paul Ehrlich está em John Tierney, "Betting on the Planet", *New York Times Magazine*, 2 dez. 1990. O preço do petróleo cru Brent é tirado dos bancos de dados da Energy Information Agency (tonto.eia.doe.gov/dnav/pet/hist/LeafHandler.ashx?n=PET&s=RBRTE&f=D, acessado em 19/07/2010). O desespero de Martin Wolf fica evidenciado em Martin Wolf, "The Dangers of Living in a Zero-Sum World Economy", *Financial Times*, dez. 18, 2007. O preço do conteúdo da cesta de Ehrlich pode ser conferido em U.S. Geological Survey, "Historical Statistics for Mineral and Material Commodities in the United States" (minerals.usgs.gov/ds/2005/140/index.html, acessado em 19/07/2010).

NOTAS

208-211 Quando os preços falham: A estimativa sobre o impacto da crise financeira na produção econômica mundial em 2009 vem do Fundo Monetário Internacional, *World Economic Outlook*, abr. 2010 (http://www.imf.org/external/pubs/ft/weo/2010/01/weodata/weorept.aspx?pr.x=64&pr.y=7&sy=2008&ey=2015&scsm=1&ssd=1&sort=country&ds=.&br=1&c=001&s=NGDPD&grp=1&a=1, acessado em 09/08/2010). A relação entre o preço do suco de laranja e o clima vem de Richard Roll, "Orange Juice and Weather", *American Economic Review*, vol. 75, n. 5, 1984. Dados sobre a ascensão e a queda dos preços das casas são de Standard & Poor's Case-Shiller Home Prices Index (www.standardandpoors.com/indices/sp-case-shiller-home-price-indices/en/us/?indexId=spusa-cashpidff—p-us, acessado em 19/07/2010).

211-214 Quando os preços saem dos trilhos: Dados sobre a compra da Time Warner pela AOL são de Saul Hansell, "America Online to Buy Time Warner for $165 Billion", *New York Times*, 11 jan. 2000. A discussão das bolhas financeiras do século XVII e da Bubble Act do Reino Unido estão em Kevin Lansing, "Asset Price Bubbles", Federal Reserve Bank of San Francisco, Economic Letter, Number 2007-32, 26 out. 2007; e Peter M. Garber, *Famous First Bubbles* (Cambridge, Mass.: MIT Press, 2000), pp. 50-64. "The South-Sea Project" está em *The Poems of Jonathan Swift*, vol. 1 (Londres: William Ernst Browning, 1910), pp. 198-207. A descrição das novas hipotecas high--tech e do boom de *mortgage-backed securities* está em Jane Dokko, Brian Doyle, Michael Kiley, Jinill Kim, Shane Sherlund, Jae Sim e Skander Van den Heuvel, "Monetary Policy and the Housing Bubble", Federal Reserve Board, Finance and Economics Discussion Series, 22 dez. 2009. A descrição de Keynes sobre o concurso de beleza às avessas está em John Maynard Keynes, *The General Theory of Employment, Interest and Money* (Nova Déli: Atlantic Publishers, 2006), p. 140. A declaração de Charles Prince sobre a dança das cadeiras está em Michiyo Nakamoto e David Wighton, "Citigroup Chief Stays Bullish on Buy-outs", *Financial Times*, 9 jul. 2007.

214-217 Devemos estourá-las?: A discussão da potencial implosão política, econômica e social da crise financeira de 2008 vem de Fernando Ferreira, Joseph Gyourko e Joseph Tracy, "Housing Busts and Household Mobility", NBER Working Paper, set. 2008; Philip Oreopoulos, Till von Wachter e Andrew Heisz, "The Short- and Long-Term Career Effects of Graduating in a Recession: Hysteresis and Heterogeneity in the Market for College Graduates", NBER Working Paper, abr. 2006; e Markus Brückner e Hans Grüner, "Economic Growth and the Rise of Political Extremism: Theory and Evidence", CEPR Discussion Paper, mar. 2010. O debate quanto à estoura deliberada das bolhas baseia-se em Brad Delong, "Sympathy for Greenspan", Project Syndicate, 29 jun. 2009 (www.project-syndicate.org/commentary/delong91); Kevin J. Lansing, "Speculative Growth, Overreaction and the Welfare Cost of Technology-Driven Bubbles", Federal Reserve Bank of San Francisco Working Paper, ago. 2009 (www.frbsf.org/publications/economics/papers/2008/wp08-08bk.pdf, acessado em 08/08/2010); e James Edward Meeker, *The Work of the Stock Exchange* (Nova York: The Ronald Press Company, 1922), p. 419. O cálculo de países que escaparam da crise bancária é de Carmen Reinhart e Kenneth Rogoff, "Banking Crises: An Equal Opportunity Menace", NBER Working Paper, dez. 2008.

217-220 Qual racionalidade?: A famosa citação de Eugene Fama está em Douglas Clement, "Interview with Eugene Fama", *The Region*, Federal Reserve Bank of Minnesota, dez. 2007. A citação de Keynes é de John Maynard Keynes, *The General Theory of Employment, Interest and Money* (Nova York: Harcourt Brace and World, 1965), p. 161. A teoria de Robert Shiller está descrita em George Akerlof e Robert Shiller, *Animal Spirits: How Human Psychology Drives the Economy and Why It Matters for Global Capitalism* (Princeton: Princeton University Press, 2010).

220-225 Economia para um mundo novo: Limites para a pressuposição de racionalidade humana e preocupação consigo própria são discutidos em Herbert Gintis, "Five Principles for the Unification of the Behavioral Sciences", Working Paper, 13 maio 2008. O impacto de pagamentos com motivações altruístas é discutido em Carl Mellström e Magnus Johannesson, "Crowding Out in Blood Donation: Was Titmuss Right?", *Journal of the European Economic Association*, MIT Press, vol. 6, n. 4, 2008, pp. 845-863; William Upton, "Altruism, Attribution and Intrinsic Motivation in the Recruitment of Blood Donors", tese de doutorado, Cornell University, ago. 1973; e Dan Ariely, Anat Bracha e Stephan Meier, "Doing Good or Doing Well? Image Motivation and Monetary Incentives in Behaving Prosocially", Federal Reserve Bank of Boston Working Paper, ago. 2007 (www.bos.frb.org/economic/wp/wp2007/wp0709.pdf, acessado em 08/08/2010). Dados sobre a influência econômica crescente dos países em desenvolvimento podem ser vistos em OECD Development Center, "Economy: Developing Countries Set to Account for Nearly 60% of World GDP by 2030, According to New Estimates", 16 jun. 2010 (www.

NOTAS

oecd.org/document/12/0,3343,en_2649_33959_45467980_1_1_1_1,00. html, acessado em 19/07/2010). O potencial impacto da recessão no modo de pensar dos americanos é discutido em Paola Giuliano e Antonio Spilimbergo, "Growing Up in a Recession: Beliefs and the Macroeconomy", NBER Working Paper, set. 2009. A resposta do Tesouro britânico às sugestões de Keynes durante a Grande Depressão está em Anatole Kaletsky, *Capitalism 4.0* (Nova York: Public Affairs, 2010), p. 50. E o choque de Alan Greenspan foi registrado em Brian Knowlton e Michael Grynbaum, "Greenspan 'Shocked' That Free Markets Are Flawed", *New York Times*, 23 out. 2008.

Índice

11 de Setembro, ataques terroristas, 45, 47
    Fundo de Compensação às Vítimas, 45, 47, 53, 55, 234

ABC, 126
Abell, O. J., 111
aborto (feticídio), 13, 64, 79, 84, 101, 103, 157, 247
Abu Dhabi, 25
Aché, 156
acidentes de trânsito, 52-53, 59
aço, 11, 112, 188, 206
ações, 211-14, 218-19, 223, 224
adaptação, 71-74
adultério, 81, 86, 243
advogados, 41, 46-47, 120-21, 131, 141, 144, 256
aeroportos, Hare Krishna nos, 127
África do Sul, 115
África, 51, 199, 212
    comércio de escravos na, 108, 147
    poligamia na, 80, 83
    sexo pré-marital na, 158
Agência de Proteção Ambiental (EPA), 45, 48, 50, 54, 191, 264
agências de casamento on-line, 93
agente laranja, 45
Agostinho, santo, 85
agricultura, 10, 32, 117-18, 153, 202

escravidão e, 107, 108
futuro da, 195, 196
imigrantes ilegais e, 15, 108
preços dos alimentos e, 32, 206
produtividade na, 88, 107, 187, 195
água, 190, 193
Aktion T-4, 59
álcool, 25, 27, 42, 171-72
Alemanha nazista, 59
Alemanha, 27, 94, 118, 129, 150, 191, 195-96, 219, 211, 212, 242-43
    felicidade na, 71, 74
algodão, 188
alianças de casamento, 26
"Alimentando a ilusão de crescimento e felicidade" (Easterlin), 73
alimentos, 28, 32, 34, 48-49, 81, 141, 173, 174, 189, 206
    aumentos de preços, 206, 215, 222
    cultura e, 164, 159, 162, 186
    excedentes, 107
    fé e, 193, 200
    preparo de, 77, 180
almoço grátis, uso do termo, 127, 252
alterações climáticas, 193, 189, 190-91, 193-206,
altruísmo, 125, 165, 198
Amazon.com, 40-41, 127, 140, 233
ambiente, 12, 17, 50, 64, 72, 151, 156,

ÍNDICE

189, 191, 197-99, 205
  ver também alterações climáticas; poluição
América colonial, trabalhar na, 87
American Airlines, 39, 45
Amway, 127
anabatistas, 85
Anderson, Chris, 131
anemia, 69
Apple, 27, 39, 114, 130, 132, 134
aquecimento global, 11, 56, 184, 190, 193-95, 197, 200, 202, 206, 264, 267
Aquino, Tomás, 27, 168
Arábia Saudita, 61, 118, 164
Argentina, 58, 135
Ariely, Dan, 23, 230, 233, 252, 269
aristocracia, 151, 180
Aristóteles, 27, 231
Arno, rio, 134
Arquimedes de Siracusa, 19
arremesso de anão, 163
Ásia, 101-02, 161, 176
  crise financeira na, 199
assistência médica, 14, 45, 181, 237
Associação Americana da Indústria Fonográfica (RIAA), 132, 139, 142, 253
Associação Americana de Aposentados, 54
AT&T, 33
Austrália, 18, 49, 53, 58, 64, 88, 192, 230, 236

babás, 15, 121, 159
babilônico, código, 86
Badalone, Il (barcaça), 134, 254
baleeiros, 156

Banco Mundial, 11-12, 17, 45, 50, 69, 101, 193, 226
bancos de investimento, 122, 136
bancos, banqueiros, 46, 101, 116-23, 150, 206, 213, 220
  ganhos de 115, 116, 122-23
  regulamentação dos, 122-23, 224
Bangladesh, 100, 193, 202, 206, 247
Bardot, Brigitte, 163, 260
BarranquillasBest.com, 93
Barton, Joe, 196, 266
basquete, jogos de, 42
Becker, Gary, 72, 85, 164, 240, 242, 260
Beckham, David, 115
Beecher, Thomas K., 147
beisebol, 114, 250
beleza, salários e, 110-11
Bélgica, belgas, 60, 73, 76, 216
benefícios, 106, 111, 113
Benny, Jack, 51
bens públicos, 130
bens, 22-23, 27, 29-30, 217
Bento, papa, 178, 262
Berlioz, Hector, 144
Bernanke, Ben, 215, 239
Betzig, Laura, 83, 243
Bíblia, 79, 95, 172, 181, 183
bicicletas, 110
BigChampagne, 133
Blinder, Alan, 112
bloco soviético, desenvolvimento do, 17
bolha das ponto-com, 76, 211, 217-19
bolhas, 211, 214-17, 268-69
bombeiros, 48
Borgerhoff Mulder, Monique, 82-83, 243
Bourdieu, Pierre, 26
BP, 46

Bracero, programa, 117
Brand, Stewart, 130, 145, 253
Brasil, 13, 58, 88, 135-36, 158, 195, 211
    cultura no, 155
    Pelé no, 115
Brooklyn, 36, 70, 141, 175, 240
Brown, Dan, 132, 261
Brunelleschi, Filippo, 134-35
Buffett, Warren, 37
Burkina Faso, 9
Burundi, felicidade no, de 74
Bush, George W., 50
Butão, 63-65, 158, 238

caça, 156
cadeia de lojas tudo por 99 centavos, 43, 134, 234
Caen, 162, 180
cães, como alimento, 163
café, 21-22
Calcutá, 99
Califórnia, 14-15, 50, 70, 90, 121, 141, 162-63, 183
Califórnia, Universidade de (Berkeley), 32, 33, 35
Câmara dos Representantes, EUA, 148, 225
Canadá, 58, 73, 94, 110, 140, 191
    cultura, 159
    solteiros contra casados no, 96
câncer, 12, 49-50, 52, 56-59, 67, 235, 236-37
Canon, 31
Cantor Fitzgerald, 46
capacetes de bicicleta, 52, 235
capital, 121, 136, 154, 224, 249
    humano, 84, 118, 120, 154
capitalismo, 28, 112, 121, 125, 128, 210, 221-22, 224
caridade, 169, 172, 174
carne de cavalo, 162
carne, 141, 159, 162-63
carros, 35, 73, 111
    eficiência dos combustíveis, 18, 191
    ver também indústria automobilística
casamento, 13, 26, 86, 91-98
    dotes e, 83-85, 88, 89, 97-99
    fé e, 169, 175, 179
    felicidade e, 62, 71
    natureza econômica do, 87-91
    renegociação de, 91-95
Cashat-Cruz, Miguel, 57
Cavaleiro das Trevas, O (filme), 132-33
CEOs, ganhos de, 114
chamadas telefônicas, 28, 132
chão, 69
Chiang Kai-shek, 104
Chicago, Universidade de, 53, 54, 91, 114, 217, 220
China, 32, 34, 56, 61, 102-05, 150, 164, 222
    falta de meninas na, 101, 103-4
    poluição, 10-11
    força de trabalho na, 104, 112
    futuro da, 189, 192, 193
    renda na, 118
    variação genética na, 80
chips de computador, 35-36
Chisasibi Cree, 156
chocolate, 24, 32, 66-67
Chrysler, 35, 113, 150
ciclo menstrual, 24
ciência, 174
cigarros, 16, 18
cintos de segurança, 48, 234
Citigroup, 210, 214

ÍNDICE

Clube do Livro do Mês, 128
CNN, 133
Coca-Cola 40-41
código sumério, 86
coesão social, 84, 174
coisas gratuitas, 124-45, 190
 e a napsterização do mundo, 130-34
 e o lucro com ideias 136-37
 filmes, 126
 música, 124-26, 130-34
 transmissões de tevê e, 126-27
colchões, inflamabilidade, 48
Colômbia, 93
combustível, 17, 19, 22, 32, 191
 ver também gasolina
comércio, 27, 125, 154, 171, 211
 barreiras 176
Comissão de Segurança de Produtos ao Consumidor, 48
Comissão Federal de Comércio (FTC) 128, 224
companhias aéreas, 34, 39-41, 47, 232
companhias de ópera, 144
companhias de seguros, 122
compartilhamento de arquivos, 131, 134, 138-40, 255
compras, 12, 36, 38, 41, 99, 172, 210
computadores, 35, 77, 112, , 125, 130, 144, 253
comScore, 124-25
Concílio Vaticano II, 177, 178
concorrência, 37, 29-34, 109, 110-11, 137
 das companhias aéreas, 34, 39, 40
 dos medicamentos patenteados contra os genéricos, 135-36
 entre os jornais e a Web, 133, 142-43
 para o talento gerencial, 112-13
 restrições sobre, 28, 154

confiança, 154-55, 169, 173, 222
 fé e, 174, 186
Congo, 146, 159
Congresso, EUA, 19, 45, 47, 80, 95, 117, 123, 162, 194, 196, 222
 copyright e o, 137-38
 financiamento de campanha e legislação e o, 151
 lobby do, 150-51
 o depoimento de Greenspan diante do, 225
 regulamentação e o, 224-25
 ver também Câmara dos Deputados, EUA; Senado, EUA
compradores de Denver, 38
consumidores, consumo, 23, 30-32, 34-37, 39-41, 48, 112, 125, 135, 159
 coisas gratuitas e, 125-26, 128-31, 143, 145, 190
Conto de Natal, Um (Dickens), 137
contracepção, 157, 184
contribuições de campanha, 149, 151
Cook, James, 187
Copa do Mundo, 115, 163
Copérnico, Nicolau, 181
copyright, 125, 131-32, 137-40, 142
Coreia do Sul, coreanos, 60, 73, 76, 101-02, 163, 247
corpo, 90, 164
corrupção, 149-50, 153, 168
 política e, 146, 147, 153
coyote, 14
crédito, 42, 163, 170, 222
crescimento econômico, 10, 62, 86, 108, 118, 154, 184, 188, 189, 195, 196, 202, 207, 215, 249, 251, 267
 felicidade e, 62, 63, 66, 67, 71, 72, 87

crianças, 12, 18, 24, 38, 59, 62, 79, 85, 92, 97-98
   capacetes de bicicleta para, 49
   educação de, 81, 82, 84, 104, 175, 197
   fé e, 175, 199
   felicidade e, 62, 64, 69
   meninas, 11, 18, 64, 104
   mulheres na criação das, 87, 94-95, 94, 96-98
crime, 160, 171, 178
crises financeiras, 15, 46, 62, 98, 170, 209, 211, 215, 216, 222, 223
cristianismo evangélico, 20, 177, 180
cristianismo, 169, 182
Crompton, Samuel, 188
Cruise, Tom, 114, 250
Cuba, 17-18
cuidados de saúde, 11, 50-51, 56-60, 64, 158, 181, 183
"Cuidar das Meninas", iniciativa, 104
   cultura, 146-66
   política e, 148-52
   repúdio e, 163-68
   traços acessíveis e, 1160-65
custo marginal, 30, 135

Daily News, Newport, 143, 256
Daimler AG, 150-52, 257
dança erótica, 24
Darwin, Charles, 81, 165-66, 260
darwinismo, 86-87, 115
Das Gupta, Monica, 101, 226, 247
Dasgupta, Partha, 198, 203-04, 266
De Beers, 26
Deaton, Angus, 75, 238, 241, 263
demanda, 30, 91, 101, 129, 150, 182, 190, 223

democracia, 113, 143, 147, 149, 153, 207, 222, 256
Deng Xiaoping, 103
Departamento de Agricultura, EUA, 53, 159, 235
Departamento de Defesa, EUA, 45, 46-47
Departamento de Justiça dos EUA, 151, 224
Departamento de Segurança Intern., EUA, 15
Departamento de Transportes, EUA, 48, 52-53
Descartes, René, 168
desemprego, 68, 77, 93, 209, 214, 216, 223, 224
desigualdade, 46, 82, 118-19, 245
   renda, 68, 82, 100, 118-19, 160, 184
Desperate Housewives (programa de tevê), 126
desregulamentação, 39, 122, 252
Deus, 20, 79, 167-70, 174, 177, 180-81, 183-84, 262, 263
Dickens, Charles, 127
Dinamarca, dinamarqueses, 60, 65, 95, 157, 159, 196
dinheiro, 24, 36-38, 49, 220
   fé e, 171, 173-74, 179, 180
   felicidade e, 61-65, 173
   valor, 35, 200
discriminação de preços, 39-41, 179, 233
doença pneumocócica, 57, 237
dormindo, 66, 76, 241
dotes (femininos), 83, 99-101
dotes, 83, 99-101, 105, 243
drogas, abuso de, 16, 171

Duke, Universidade, 42
Dunkin' Donuts, 21, 22

e-mail, spam e, 141
Easterlin, Richard, 71-75, 239, 240-41
Eastman Kodak Company, 111-12
Eastman, George, 111, 249
economia comportamental, 66
economia para um mundo novo, 220-25
"Economics of Superstars, The" (Rosen), 114, 250
educação, 13, 14, 62, 72, 83-84, 102, 104, 181, 183
    das crianças, 83, 84, 104, 181
    das mulheres, 84, 90, 92, 94, 102, 104
    salários e, 110, 120-21, 123
efeito placebo, 23
Egito, egípcios, 79, 149, 178, 206
Ehrlich, Paul R., 205-07, 267
Eisenhower, Dwight D., 122
elefante-marinho fêmeo, 120-21
eleições, 147, 149
    EUA, 94, 148-50
eletricidade, 191, 194, 215
Elías, Julio Jorge, 164, 260
Emergency Highway Energy Conservation Act (1974), 19
emissões de carbono, 67, 189, 194, 196-98, 204, 206, 263, 264, 265
Empire State Stem Cell Board, 163
empregos, 15, 89, 109, 112, 123, 143, 216, 223, 249
empresas multinacionais, 112, 135, 136
empresas, 120, 130, 133
    salários e, 110-12, 116
enciclopédias, grátis, 128
energia, 127, 153, 172, 183, 189, 190-92
engenheiros, 120, 126

Ensaio sobre o princípio da população, Um (Malthus), 186
Epson, 31
escravos, escravidão, 86, 106-10, 155, 213, 248-49
Espanha, 75, 94, 96, 118, 178, 211-12, 224
esperma, 81, 87, 162
esportes, 64, 78
    Langthab, 63, 64
    salários para, 115
Estados Unidos, 11, 13, 29-30, 41-52, 87, 89-101, 113-29, 204-14, 218, 226-46
    almoço grátis, 133
    assistência médica, 56-58
    carga horária no trabalho, 75, 77
    compensação do 11 de Setembro, 41-44
    comportamento dos imigrantes, 163
    copyright, 137-38
    cultura, 155, 157-63, 170-75
    divórcio, 96, 99, 100
    emissões de carbono, 204-8, 210-11
    escravidão, 113
    expectativa de vida, 51, 58, 73, 184
    felicidade, 64, 69-78, 183-84
    imigração ilegal, 14-15, 113
    indústria farmacêutica, 142-44
    limites de velocidade nas estradas, 11-12
    moradia, 17, 26, 226-29, 231-32, 233, 235, 236, 238, 239, 240
    música, 131, 137-38
    nascimentos fora do casamento, 93-94
    poligamia, 79, 80
    política, 67, 96, 155, 157-62, 214, 234

preços da gasolina, 17, 25, 30
problemas de segurança, 44-47
proporção entre os sexos, 105
religião, 97, 183-85, 190, 196-200
renda e salários, 67, 69-70, 73, 74, 75, 114-25
sexo, 168
trabalho feminino, 49, 89-90, 91, 96
uso de drogas, 8-9
estratégias de acasalamento, 81, 243
estrelas da música pop, 114, 133, 137, 140
estrelas de cinema, 26, 125
estudantes, 39, 133, 139, 246
Etiópia, 51, 155
Ethnographic Atlas (Murdock), 80, 82, 107
eToys, 214
eurobarômetro, levantamentos, 69, 74
Europa Ocidental, 107, 108, 113, 160, 181-82
Europa Oriental, ex-satélites da União Soviética na, 157
Europa, 27, 106-08, 138-39, 176, 204, 212, 215, 224
    carga horária no trabalho, 77
    diminuição da poligamia na, 84
    EUA, em comparação com, 160-62, 197
    falta de expansão na, 16
    felicidade, 77
    Igreja Católica na, 25, 179
    ver também Europa Ocidental
European Climate Exchange, 204, 267
excedentes, 107
Exército de Libertação do Povo, 104
expectativa de vida, 53, 55, 60, 64, 73, 171
ExxonMobil, 194

fabricação, 33, 50, 85
tecelagens, 88
Fallaci, Oriana, 80, 243
famílias, 32, 87, 88, 186
    alterações, 94, 96, 97
    cultura e, 156, 158-61
    renda de, 88, 90, 98-99, 119-20, 191, 195
    tamanho, 102, 184, 195
    vítimas do 11 de Setembro, 45-47
Fanning, Shawn (o Napster), 130
faróis, 130
faxineiros, 46, 121
fé, 97, 167-85
    benefícios da, 173-77
    custo da, 177-79
    ordinária, 180-83
Federação Russa, 68
Federal Communications Commission, 19, 224, 232
Federal Reserve, 104
Feinberg, Kenneth, 45-48, 51, 234
felicidade nacional bruta, índice, 63, 238
felicidade, 59-78
    aversão à perda e, 66
    ciclo de vida da curva de, 76
    comércio nos EUA, 72-77
    dinheiro e, 60, 62-7
    esquerdistas sofrendo da falta de, 67
    fé e, 183-84, 196, 199
    genética e, 72
    problemas com a definição de, 64-66
fertilidade, 83, 89, 96-98, 100
    declínio, 96-97, 108, 199-200
    do sexo feminino, 81, 82, 90, 91
feticídio, 64, 84
filme, 42, 117

ÍNDICE

filmes, 126
Florença, 134
Food and Agriculture Organization, 206
Ford, 35, 113
Ford, Henry, 111-12, 249
fotografia, 115-16
Fourier, Charles, 174
França, 74, 84, 118, 143, 161, 162-63, 172, 221, 222-23
    carga horária no trabalho, 76, 77
    felicidade na, 74-78
Frank, Robert, 70, 226, 239
Free (Anderson), 131
Freedom Communications, 143
freeware, 126
Freud, Sigmund, 66, 239
funcionários contratados, 111, 112, 113, 175
futebol, 114-15, 162, 250
futuro, 201-25, 237, 238
    desvalorização da natureza e, 205-9
    ética do, 209-16
    preço do, 216-22

Gabaix, Xavier, 115
Gabinete Orçamentário do Congresso (CBO), 60
Gallup, pesquisas, 64-65, 67, 70, 79, 169, 224, 238, 239, 240
Gandhi, 65
ganho marginal, 29
garçons, garçonetes, 161
gasolina, 18, 191-92, 206, 264
    preço da, 16-17, 19, 20, 31-32, 190, 192, 203, 230, 231
gêmeos, felicidade de, 72
General Motors (GM), 35, 113, 210
General Social Survey, 66, 68, 70, 74, 241

genética, genes, 72, 80, 218
Gershom ben Judah, 80
Ghosts I-IV (album), 139
Glass-Steagall, lei (1933), 122
GlaxoSmithkline, 56
globalização, 17, 109
Goa, 99
Goldin, Claudia, 87-88, 226, 241, 244-45, 247, 251, 252
Google News, 133
Google, 126, 134, 141-42, 254, 256
Gore, Al, 12, 164
gorjetas, 24, 125, 153, 161, 230
Gorton, Mark, 131
governo, 8, 45-46, 61, 110, 134, 160, 167-68, 172, 175, 183, 218
    alocação de recursos, 46, 48
    hostilidade contra, 234, 238, 242, 243, 245
    intervenção, 39, 45, 118, 237
Grã-Bretanha, 55-58, 123, 124, 144-45, 151, 185, 201, 203-4, 243-44
    bolhas na, 229, 230-31
    preços do gás na, 207, 208
    felicidade na, 62
    política na, 156, 161
Grande Depressão, 122, 215, 222, 270
gravadoras, 125, 131-34, 138-39, 144
gravadores digitais de vídeo, 126
Grécia antiga, 27, 106
Greenspan, Alan, 104, 215, 225, 234, 270
William III, rei da Inglaterra, 18
Guilherme, o Conquistador, 194
habitação, casas, 15, 16, 235, 240
    bolha, 104, 210-12, 214-19, 225
    preços, 19, 51, 103, 116-17
Haiti, 206
Hamurábi, 86, 243

Hanna, Mark, 148
Hare Krishna, 127
Haryana, 13, 101
Healthwav, 70
Heinrich, Armin, 27
hindus, hinduísmo, 80, 169, 173
hipotecas, subprime, 213-14, 268
HIV, 103, 158, 199
Holanda, holandeses, 58, 60, 181, 211, 216
Hoover, Herbert, 223
HP, 31, 33
Hume, David, 80, 243
Hungria, 73, 179

I Am Rich, 27
Iannaccone, Larry, 178
IBM, 98, 136
Idade Média, 27, 178, 193
ideias, 131, 134--36
Igreja Católica, 20, 27, 163, 176-80, 182, 262
Igreja Fundamentalista de Jesus Cristo dos Santos dos Últimos Dias, 84
Igreja Mórmon, mórmons, 80, 172, 175, 182
Ilha de Páscoa, 187
Ilhas Trobriand, 86, 128, 243
Illinois, 16, 162
Illy, 21, 22
ilustradores, 141
iMacs, 130
imigrantes, 109, 117-18, 153, 251
  ilegais, 14-15, 109, 117-20
impostos, 14, 15-16, 53, 112, 119, 160, 172, 191, 244, 245
  energia, 14, 191, 199, 201

fé, 199-200
renda, 18, 161
impressão, na Grã-Bretanha, 137
impressoras ESP, 33
impressoras, 31, 33
In Rainbows (álbum), 124-25, 139-40, 252
Índia, 10-11, 13, 45, 65, 73, 80, 88, 98, 110, 121, 135, 181
  casamento na, 97-103
  futuro da, 32, 189, 192
  proporção entre os sexos na, 99, 100-02
índios americanos, 156
Indonésia, 136, 149, 156, 170, 191, 200
indulgências, 179, 262
indústria automobilística, 112-13
indústria farmacêutica, 135, 254
industrialização, 88, 158
Inevitable Rise and Liberation of Niggy Tardust!, The (album), 140
infanticídio 64, 81, 84
informação, 121-37, 144
  conflito entre os decisores políticos e consumidores de, 127-30
  off-line, 144-45
  on-line grátis, 127, 129-30
Inglaterra, 18, 33, 137, 142, 144, 147, 151, 172, 188, 192, 211-12, 223, 237, 255, 257
ingressos para eventos, 40, 42, 132, 139
Inhofe, James, 194
Instituto Nacional de Saúde e Excelência Clínica (NICE), 58-59, 237
Insurance Institute for Highway Safety, 48
internet, 35, 36, 37, 40, 93, 114, 124-26, 129-30, 132-34, 216, 219

ÍNDICE

downloads gratuitos e, 139, 142
investimento, 98, 113, 172, 218-21, 238, 239
    bolhas e, 229-36
    em capital humano, 126, 165
iPhone, 27, 39
Irã, 79, 80, 164, 178
Irlanda, irlandeses, 73, 96
Isabel, rainha da Espanha, 216
Islândia, 94
Israel, 36, 153, 164, 169, 176, 184, 232
Itália, 94-96, 178, 242
iTunes, 22, 131-32, 134

Jack Benny Show, The (programa de tevê), 51
Jackson, Michael, 133, 254
Japão, japoneses, 80, 94, 153, 163, 178, 181, 193, 196
    cultura no, 153, 156, 163
    despesas com saúde no, 68
Jigme Singye Wangchuck, rei do Butão, 63
João Paulo II, papa, 164
Jobs, Steve, 43, 132
Jogo do Ultimato, 15-56, 258
Jogos Olímpicos (1988), 163
Johns, Adrian, 128, 252, 256
jornais, 133-34, 143, 147, 212, 254, 256
Judeus, judaísmo, 80, 172-73, 175-76, 184
    ortodoxos, 155, 175
    ultraortodoxos, 169, 176, 184
justiça, 27-28, 155, 160, 165
Justiniano, imperador, 85

Kahneman, Daniel, 37, 43, 75, 232, 234, 238, 241, 242, 259
Karnataka, 99-100
Katrina, furacão, 55
Kellner, Jamie, 126
Kennedy, Edward, 45
Kennedy, John F., 46, 83, 243, 251
Kennedy, Robert, 62, 64, 66-67, 73, 238
Keynes, John Maynard, 213, 219, 223, 268, 269
Khomeini, aiatolá Ruhollah, 80, 243
Khouri, Said, 25, 26
Kimble, George H. T., 193
Kipsigis, 82, 101
Kmart, 34
Kodachrome, 113,
Kodak, 33
Krugman, Paul, 158, 259

Lamalera, 156
Langthab, 63-64, 158
Lazcano-Ponce, Eduardo, 57
Leão IX, papa, 180
Lehman Brothers, 123, 225
Lei contra Práticas de Corrupções Estrangeiras, 152
Lei de Prevenção contra Práticas Ilegais e Corruptas (1883), 147
Lei de Proteção da Qualidade dos Alimentos (1996), 49
Lei de Controle e Reforma da Imigração (1986), 109
Lei do Ar Puro (1970), 11, 48
Lei do Céu Limpo, 54
Lei Federal de Alimentos, Medicamentos e Cosméticos, cláusula de Delaney (1958), 48
leilões, 37, 233

Lennon, John, 137
Lewis, W. Arthur, 86, 87, 244
licenças, 136, 140, 212
Liebowitz, Stan, 140-41, 256
limites de velocidade, 18-19, 52
Lincoln, Abraham, 65, 67, 239
livros, 39, 126, 128, 137, 138
lixo, 9-12, 190, 228
lobby, 117, 149-50, 176, 257
Londres 33, 99, 158, 221
Los Angeles, Califórnia, casa em, 208-09, 220
Luís XVI, rei da França, 16
Lutero, Martinho, 180
luxo, 19-22

macacos-prego, 165
macacos, bonobos, 81, 243
Machiguenga, 166-67
Magno, Alberto, 27
maias, 187
Maimônides, Moisés, 174, 261
mais velhos, 38, 40, 54, 55, 197
Maldivas, 200
Malinowski, Bronislaw, 86, 128-29, 243
Malthus, reverendo Robert Thomas, 184, 186-89, 205, 243
Mao Tse-tung, 104
máquinas de venda automática, 36
María la del Barrio (telenovela), 78
Marx, Karl, 28-29, 181, 231
Massachusetts Institute of Technology, 23, 35
Mateus, são, 27
Matilde de Flandres, 180
McCain, John, 68, 94, 148
McCartney, Paul, 137, 255
melanésios, 128

melhoria, 72-74
Mellon, Andrew, 222
mercados eficientes, 238, 240, 246
mercados, 12-17, 30, 211, 217-18, 221, 223, 225, 245
    eficientes, 218, 220, 225
Mercedes-Benz, 150, 151
Merck Sharp & Dohme, 56
Metafuturing Second Life, 144
metais, 188, 205-06
México, 56, 76, 88, 94, 120, 159, 182-83, 187, 229
    felicidade, 68, 73, 77
    Piso Firme, 69
    telenovelas, 61, 76
    trabalhadores migrantes, 117-18
mídia, notícias, 126, 133, 143-44
Milken, Michael, 116
Millennium (álbum), 131
Miller, Randall, 94
Mincer, Jacob, 90, 244
Mindworks Global Media, 121
Ministério da Saúde, Nova Zelândia, 57
Minnesota Twin Registry, 72
Mitterrand, François, 223
monogamia, 79, 80, 83-85
monopólios, 30, 112, 133, 182, 224
    patentes, 30, 31, 134-36, 224, 254
Morrall, John F., III, 50, 235
mortalidade infantil, 64, 101, 157, 188
Motion Picture Association of America, 132, 254
motoristas 19, 31, 52, 191
motoristas de táxi, gorjeta, 153, 161
movimentos de proteção aos animais, 159
muçulmanos, islã, 80, 170, 174
mulheres, 69, 75, 78-109, 163, 240
    corpos, 82, 91-92, 115, 166

direitos de propriedade, 89-90
dotes para noiva, 83, 84, 103, 104, 109
educação, 85, 89, 91, 92, 99-100, 108
estratégia reprodutiva, 81-83
monogamia, 79, 81, 83-86
poligamia, 79-86, 104
sexo antes do casamento, 168-69
ver também casamento
multas, 131, 151, 153
mundo em desenvolvimento, 16, 17, 149, 195, 204
alterações climáticas no, 193
lixões em, 12
sexo no, 157-58
Murdock, George, 80, 82, 107
Musical Copyright Act (1902), 144-45
músicas, 39, 119, 137, 145, 146, 152
do século XVIII e pirataria, 153
download gratuito de, 130-32, 137-39, 146-49

Nações Unidas, 163
Napster, 114, 130-31
Nasdaq, índice, 211
nativos americanos, 128, 135, 167
negócios, 120, 122, 127
nepaleses, 64
New Deal, 120
New Hampshire, 184
New York Sports Club, 30
New York Times, 111, 178, 193
Nine Inch Nails, 139-40
Nixon, Richard, 16
Nordhaus, William, 201-04, 267
Noruega, 159, 196
Nova Déli, 9-10, 13

Nova York, 10, 69-70, 157, 174, 188
Nova York, NY, 16, 26, 33, 38, 124, 226
felicidade, 69-70
indústrias de serviços em, 170-71
restaurantes, 35, 42
Nova Zelândia, 57, 94
Nu au Plateau de Sculpteur (Picasso), 26

O'Connor, Sandra Day, 89
Obama, Barack, 11, 46, 94, 194, 224, 245
assistência médica, 59
gastos de campanha de, 148
oferta, 110, 182, 187, 190, 221, 223
Oneida, comunidade, 175
"Orange, Juice and Weather", 209
Organização Internacional do Trabalho, 106, 248
Organização Mundial de Saúde, 50, 57, 58, 164, 237
Organização Mundial do Comércio, 136
Organização para Cooperação e Desenvolvimento Econômico (OCDE), 74, 75, 94, 118, 222
os negros, as mortes no local de trabalho de, 55
óvulos, 81, 162-63
Owen, Robert, 174-75

Page, Talbot, 197, 266
Painel Intergovernamental sobre Mudança Climática, 56, 192
Papua-Nova Guiné, 86, 128
Paraguai, paraguaios, 156
Paris, 16, 17, 99
Parlamento britânico, 137, 144, 212
partituras, 138, 144-45
Pascal, Blaise, 167-69, 260

passagens: companhia aérea, 34, 39-41, 47, 232
pássaros, 81
patentes, 30, 31, 134-36, 224, 254
patriarcado, 83, 94, 101-02
PC World, 31
Pelé, 115
Pengajian, 170
Pensilvânia, Universidade da, 42, 139
aposentadorias, 95, 102, 181, 211, 218
perda de peso, 67
Peru, 156
pesca, 190
pessoas de meia-idade, 38, 76, 93
Peste Negra, 107-08
petróleo, 18-19, 25, 46, 146, 147, 151, 189, 190-91, 194, 206, 218, 223
Pew Global Attitudes Project, 182, 262
Pew Research Center, 68, 98, 197, 239, 247, 262, 266
Picasso, Pablo, 26
pílulas anticoncepcionais, 23-24, 89
Piso Firme, 69
Pitágoras, 174, 261
Pitt, William, 18
Pitt's Pictures, 18
placas, 25
poligamia, 79-80, 82-85, 242-43
políticos, 62, 146-48, 183, 223
  cultura e, 149-50
poluição do ar, 56, 62, 68
poluição, 10-12, 50, 52, 197, 198
  do ar, 56, 62, 68
população, 11, 14, 100-01, 107-08, 187-88, 193-94, 205-06
  taxa de substituição de, 94
Porto Rico, 73
Portugal, 58, 60, 73, 159, 193, 216

Pound, Ezra, 138, 255
poupança, 83, 96, 103
preço marginal, 41
preços do chá, 104
preços: história, 22-24
  domesticação dos, 25-30
  estado dos, 18-20
  falha nos, 11-12
  resumo dos, 12-13
presentes, 42, 128-29
Prince, Charles, 214, 268
princípio precautório, 204
Prisco, Giulio, 144
problema do clandestino, 130, 196
produtividade, 76-77, 107-11, 189, 195, 202, 215
  agrícola, 88, 107, 189, 190
  escravidão e, 108-10
  salários e, 109-11, 16
Projeto Pew on the Internet and American Life, 132, 144
proporção entre sexos, 12, 62, 84, 99-100
propriedades, 88, 119, 125, 179
  intelectual, 125, 136, 138
Prospect Theory, 67
protestantes, 172, 182, 183
Provedores de Internet (ISPs), 142
publicação 132, 144
publicidade, 26, 30, 60, 98, 134, 137, 150, 157-58, 230, 240
  notícias e, 140-41
  televisão 132-33, 158
Punjab, 101

quality-adjusted life year (QALY), 53, 58
quebra do mercado de ações (1929), 122, 222

ÍNDICE

Quênia, 82, 101
Quiverfull, 95

racionalidade, 42, 81, 217-20
rádio, 51, 95, 143
Radiohead, 124-26, 138, 252
Rapa Nui, 187
Rawls, John, 216
Reagan, Ronald, 49, 122, 218, 223
recessão, 32, 62, 206, 215-16, 222, 270
reciprocidade, 125, 127, 165
recursos, 86-87, 155, 200, 204
    alocação de, 46, 48, 51, 108, 129, 188, 205, 215, 236, 244
    gratuitos, 205-6
Reforma Protestante, 180
regulamentação, 150
    bancária, 122, 135
Reinhart, Carmen, 216
Reino Unido, 120, 163
religião, *ver* fé; *religiões específicas*
remuneração de executivos, 114-16, 118
Renascença, 141-42
renda, 12, 18-19, 33, 58, 83, 87, 156, 171, 193-94, 199, 204, 234, 237
    casamento, 99
    desigualdade, 67, 74, 102-3, 123-25, 172, 199
    família, 89, 91, 98, 124-27, 200, 202
    felicidade e, 62, 63, 65, 67, 69-76, 184
    imposto sobre, 11, 118, 172
    nacional, 110, 121, 123, 125
    progresso tecnológico, 125
    redistribuição, 171-72, 216, 242
reprodução, 81-82, 96, 165
    investimento masculino versus feminino na, 82

Residential Mortgage-Backed Securities (RMBS), 213
restaurantes, 39, 127, 159, 233
revistas, 133-34
revolução verde (décadas de 1960 e 1970), 88
Reznor, Trent, 139-40
Ricardo, David, 28
Ricos También Lloran, Los (telenovela), 61, 237
rins, 164, 260
riscos, tomada de riscos, 49, 52, 96, 116, 153, 160, 217
Roach, Stephen, 76-77, 242
Rogoff, Kenneth, 216, 269
Roma clássica, 106
Roosevelt, Franklin D., 111, 122
Rosen, Shenwin, 114-15, 250
Ruanda, 88, 154
Rússia, 61, 94 107, 138, 150, 211

sacrifício, 206
    cultura e, 155, 171
    fé e, 168, 173-74, 176-77, 180-82, 185
Saint-Exupéry, Antoine de, 44, 47
salários, 11-12, 22, 56, 110, 111, 114-29, 136, 176, 182-85, 228
    de esportistas e pop stars, 118-20
    em Londres, 203, 204
    executivos, 119, 120-21
    fé e, 184, 185
    femininos, 91, 92-93
    mínimos, 114, 118, 122, 125, 173
    na Indonésia, 182, 183
    tempo e, 34
    ver também renda
salmonela, 53, 235

Salomão, rei, 79
São Tomé e Príncipe, 147-51, 256
Sarkozy, Nicolas, 62, 222
Schelling, Thomas, 52, 55, 235, 236
Schopenhauer, Arthur, 62, 63, 237,
Securities and Exchange Commission, 151-52
Segunda Guerra Mundial, 57, 71, 78, 90, 93, 117, 120, 196, 199
Segurança e Saúde Ocupacional, Administração de, 50
segurança interna, EUA, 15
segurança, 48-51
seguridade social, 13, 95, 111, 120, 160
seguro de saúde, 59, 224
seguros, 150
    saúde, 59, 224
    social, 13, 95, 120, 160
seleção natural, 181, 218
seleção sexual, 26, 81
Sen, Amartya, 63, 238
Senado, EUA, 59, 194
Serviço Nacional de Saúde britânico (NHS), 57, 59
serviços financeiros, 11, 121, 127-29, 159-60, 244-45
serviços, 23, 24, 71, 77, 237
    cultura e, 170-71
    financeiros, 11, 121, 127-29, 159-60
servidão, 107-09, 163
sexo, 68, 75, 81, 85, 89, 92-94
    cultura e, 157-58, 165
    fé e, 169
Shiller, Robert, 219
shows, 40, 114, 138, 139, 233
Símbolo perdido, O (Brown), 132
Simon, Julian, 205-07
sindicatos, 77, 111, 113, 120, 152

sistema jurídico, leis, 150, 183
sites de redes sociais, 41
Smith, Adam, 28, 72
Snoopy, 65
sobrepeso, 66, 183
sobrevivência, 35, 72, 104, 126, 152, 165, 173, 175, 218
Seguridade Social, 95, 111, 120
social-democracia, 77, 223, 223
Sociedade Americana para Medicina Reprodutiva, 162
sociedade, cultura e, 154
software, 33, 126, 132, 142
solteiros, 38, 39, 96, 104
"South-Sea Project, The" (Swift), 212, 268
Southwest Airways, 37
spam, 129
Standard Education Society, 128
Stark, Rodney, 182
Stationers' Company, 137
Steinbrück, Peer, 222
Stern Review on the Economics of Climate Change, 193, 199, 202
Stern, Nicholas, 193, 199-204
Stiglitz, Joseph, 63, 238
sucesso, 20, 26-27, 90, 125, 157, 160, 222
    poligamia e, 82
Suécia, suecos, 88, 95, 111, 115, 118, 142, 196
    cultura na, 154, 159-60
    The Pirate Bay e os, 131-32, 134, 139
suicídio, 66, 68, 71, 111, 173
Sullivan, Sir Arthur, 138
Summers, Lawrence, 11, 229, 249
Sunstein, Cass, 54, 236
Superfund, 50, 52

ÍNDICE

supermercados, 34, 36, 38, 40, 81, 183
Suprema Corte, EUA, 128
Suprema Corte da Coreia do Sul, 102
Swift, Jonathan, 212

tabaco, 53, 108, 117
   ver também tabagismo
tabagismo, 8, 9, 48, 50-51, 65-66, 183
Tailândia, 147, 150, 256
Taiwan, 104, 164, 248
Tanzânia, tanzanianos, 80, 88, 157
taxa de desconto, a discriminação
   201-02, 204, 267
   divórcio, 80, 86, 89, 92, 94, 96, 175, 243
   finanças e, 98, 99
Tea Party, 215, 224
tecnologia da informação, 76-77, 112, 211, 217
tecnologia de ultrassom, 101, 247
tecnologia VoIP, 126
tecnologia, 17, 89, 98, 101, 108, 112, 126, 136, 203
   ações, 229-30
   da informação, 76-77, 112, 211, 217
   Digital Rights Management (DRM), 131-32
   inovação e, 216
   ultrassonografia, 101, 247
   ver também computadores
tecnologias de Digital Rights Management (DRM), 131-32
telefones celulares, 47, 77, 143
telenovelas, 61-62, 78
Televisa, 78
televisão, 78, 114-15
   publicidade na, 126

televisores, 36, 78, 115
Templeton, Brad, 144
tempo, 10, 28
   fé e, 176, 179
   livre, 13, 29, 74-78
tempo, previsão do, 209
Tenenbaum, Joel, 131
Tennessee, 9, 34
Teoria da Classe Ociosa (Veblen), 26
teoria da fé baseada na oferta ou no livre mercado, 182
Teoria do Crescimento Econômico, A (Lewis), 86
teoria do valor-trabalho, 28-29
terra, alocação de, 17
terrorismo, 45, 47, 55, 173
testemunhas de Jeová, 182
Texas, felicidade no, 75
Thatcher, Margaret, 33, 152, 218, 223
Tha Carter III (álbum), 131
The General Theory of Employment, Interest and Money (Keynes), 213, 268, 269
The Pirate Bay, 131-32, 134, 139
Time Warner, 211, 268
Times of India, 98, 238
Times Magazine, 193
tinta, 31, 33
Titanic, botes salva-vidas em, 55
TiVo, 126
Togo, 65
trabalho, 65, 85-93, 110-29, 171, 190, 228
   baldeação, 15, 16, 75
   remuneração justa, 114-19
   escravidão, 110-14
   nos EUA em relação a outros países, 75, 118

remuneração feminina, 87-93, 98, 100, 115
trabalho, custo do, 111, 112, 117
Truman, Harry, 203
Turcomenistão, 150-52
Turquia, 94, 154, 182, 200

União Europeia, 70, 224
União Soviética, colapso da, 17, 61, 68
United Airlines, 45
United Auto Workers, 112
Universidade de Harvard, 103, 123, 162
Universidade de Princeton, 112, 123

vacinas, 56-57
valor, 14, 20, 27-29, 127, 217, 219
    do trabalho feminino, 85-91
Varian, Hal, 142-43
Veblen, Thorstein, 26
Veja, 40
Venables-Vernon, George, o segundo barão Vernon, 147
versão, 125, 140, 143
vida, preço da, 44-60
    11 de Setembro e, 45-46
    cuidados de saúde e, 56-60
Vietnã, vietnamita, 45, 109, 249
Vila Sésamo, 24, 230
vinho, 25, 28, 43
vírus do papiloma humano, 56

viúvas, 71, 86
Vogue, 90
voto, eleitores, 146-49, 153, 195, 204, 215

Waldfogel, Joel, 42, 233
Wall Street, 116
Walmart, 34
Warner Bros; 132
Watson-Short, Cathy, 92, 97
Waxman, Henry, 225
West Bengal, 89, 102
Westinghouse, fábrica de transformadores, 50
What Is Life Worth? (Feinberg), 47
Whitaker, Faylene, 117
Whitman, Christine Todd, 54
"Why the Weird Weather" (Kimble), 193
Wikipedia, 133
Willetts, James Frederick, 145
Wilson, William Julius, 161, 259
World Trade Center, 45, 46
World Values Survey, 65, 228, 258-59, 262

Zapruder, Abraham, 46
Zillow, 208
Zimbábue, 65, 136, 146

Conheça mais sobre nossos livros e autores no site
www.objetiva.com.br
Disque-Objetiva: (21) 2233-1388

markgraph

Rua Aguiar Moreira, 386 - Bonsucesso
Tel.: (21) 3868-5802   Fax: (21) 2270-9656
e-mail: markgraph@domain.com.br
Rio de Janeiro - RJ